"十三五"高等职业教育规划教材

市场营销实务

(第2版)

张晓青　陈基纯　主　编
张闻语　周淑敏　副主编
胡　平　主　审

中国财经出版传媒集团
中国财政经济出版社

图书在版编目（CIP）数据

市场营销实务／张晓青，陈基纯主编．--2版．--北京：中国财政经济出版社，2020.5（2022.8重印）
“十三五”高等职业教育规划教材
ISBN 978-7-5095-9752-1

Ⅰ.①市… Ⅱ.①张… ②陈… Ⅲ.①市场营销学－高等职业教育－教材 Ⅳ.①F713.50

中国版本图书馆CIP数据核字（2020）第059739号

责任编辑：康 苗　　责任校对：胡永立
封面设计：华乐功

中国财政经济出版社出版
URL：http：//www.cfeph.cn
E-mail：cfeph@cfeph.cn

社址：北京市海淀区阜成路甲28号　邮政编码：100142
营销中心电话：010-88191537
北京中兴印刷有限公司印刷　各地新华书店经销
787×1092毫米　16开　16.25印张　382 000字
2020年6月第2版　2022年8月北京第3次印刷
定价：39.00元
ISBN 978-7-5095-9752-1
（图书出现印装问题，本社负责调换）
本社质量投诉电话：010-88190744
打击盗版举报热线：010-88191661　QQ：2242791300

第2版前言

查看各类职位需求排行榜，企业对营销类人才的需求总是名列前茅。市场营销类人才始终是社会紧缺的人才之一。本书作为高等职业教育教材，以“认识市场营销”“进行市场调研”“分析市场营销环境”“进行市场分析”“目标市场营销”“制定产品策略”“制定价格策略”“制定分销渠道策略”“制定促销策略”和“进行市场营销管理”十大工作项目为主线，设计工作任务，以此为主线选取完成工作任务所需要的理论知识。本书打破以介绍营销概念、原理等知识传授为主要特征的传统学科课程模式，转变为以营销工作过程和工作任务为中心组织课程内容，让学生在进行市场营销活动的具体项目过程中掌握相关的营销理论知识与职业能力，学会完成相应的工作任务。同时，为了将来学生就业考证的需要，本书还融入营销职业资格证书相关知识、技能的要求。本书的主要特点如下：

1. 具有产教结合的特点

本书由既有丰富高职教育经验、又有市场营销实践经验的“双师型”教师编写，并且由具有20多年营销实战经验的企业总经理胡平先生担任主审。

2. 具有鲜明的职业教育特点

本书打破章、节编写模式，建立了以工作项目为导向，用工作任务进行驱动，以行动体系为框架，以典型案例情境为引导的教材体系。每个任务由“任务抛锚”“任务解析”“知识储备”“任务实施”或“实战演练”等内容构成，在保证基础理论的系统性同时，强调了实践操作的实用性，做到“教、学、做”一体化。任务之后配备有需要学生自主完成的“实战演练”技能训练，让学生带着任务进行理论知识的学习，可以极大地调动学生学习的积极性。

3. 教材体例符合高职教学要求

本书编写模式新颖，教材体系体现高职特色。全书内容全面，具有可读性、趣味性和广泛性，汇编了来自于教学、科研和企业、行业的最新典型案例，促进课程的学习，并设有社会热点方面的阅读材料。

4. 突出对学生技能的培养

书中的各项任务依据营销岗位对技能和知识的需求，重构教材的知识结构和能力结构体系，让学生完整体验市场营销工作的程序、内容和方法，有助于提高学生抽象思维能力和解决具体问题的能力。

本书由广州番禺职业技术学院张晓青、陈基纯担任主编，张晓青负责全书的统稿。广州番禺职业技术学院张闻语、广东水利电力职业技术学院周淑敏担任副主编。其中，张晓青撰写项目一、项目三、项目四、项目五和项目六；陈基纯撰写项目七和项目八；张闻语撰写项目二和项目九，并负责全书案例的收集与整理；周淑敏撰写项目十。本书由中国电信股份有限公司佛山分公司总经理胡平先生担任主审。本次修订是在第1版的基础上，重新组建编写团队，对全书内容进行了进一步的修订和完善，与时俱进，更新了书中陈旧的数据和案例。

本书在编写过程中，参考了大量资料，并从公开出版、发表的书籍、报刊和网站上选用了一些案例和资料，限于篇幅，书中只列出了主要参考文献，在此对这些作者表示衷心的感谢，如有遗漏，谨向作者致歉。由于编者水平有限，编写时间仓促，书中不尽如人意之处在所难免，恳请专家和读者批评指正，不胜感激！

为了方便教师教学，本书还配有电子教案和教学课件，请登录中财传媒在线教育网站（edu. cfemg. cn）下载。

编者

2020年2月于广州

目 录

项目一 1 认识市场营销

知识目标

1. 知道市场营销是怎么回事，你为什么要学习市场营销；
2. 掌握市场营销的核心概念；
3. 理解市场营销观念。

能力目标

1. 能区别营销与推销；
2. 能正确运用现代市场营销观念分析问题、解决问题。

学习任务1 揭开市场营销的面纱

任务抛锚

早上起床的时间到了，你被手机的闹钟叫醒。打开收音机，正在播放的是轻音乐、流行乐、摇滚乐，还是广告？今天上班是穿雅戈尔衬衫和李宁运动鞋还是其他服装？早餐是吃米旗蛋糕还是猴菇饼干？你会不会再喝上伊利、蒙牛或是其他品牌的牛奶，或者是冲泡一杯雀巢速溶咖啡？早餐后，你打算开着比亚迪汽车去上班，还是打算乘坐公交汽车去上班？也许你今天约好在本地的星巴克咖啡馆去见一位朋友，你在等朋友的时候一边喝着汇源果汁，一边上网查看你的电子邮件。

任务解析

以上情景是每天可能发生在每个人身边的事。在我们生存的社会中，你不可能远离营销，也不可能远离营销系统为你带来的那么多东西。营销无处不在，从农贸市场到购物中心，不论你在家、在学校，还是在工作场所、娱乐场所，几乎你做任何事情都可以看见营销，营销影响着我们生活的方方面面。

我们以星巴克咖啡馆为例，如果进一步分析，星巴克为什么能够吸引那么多顾客？能够使那么多顾客心满意足？1971 年，星巴克只不过是美国西雅图一家小小的公司。然而现在，星巴克在全世界 39 个国家拥有超过 3.4 万家门店，已经成为世界上最著名的品牌之一。假如它的营销理念非常简单，而获利又非常丰厚，别的企业为什么没有早点想到呢？假如这一理念非常容易模仿，星巴克又做了哪些与众不同的事情，使其成为“美国最受赞扬的十大企业之一”？假如你也想获得营销的成功，你的营销会是什么样的？准备如何达到目标？这些问题你将在下面的学习中找到答案。

知识储备

一、市场概述

市场是社会分工和商品经济发展到一定程度的产物，随着社会生产力的发展、社会分工的细化，商品的交换品种日益丰富、交换形式日益复杂，人们对市场的认识也日益深入。

狭义的市场是指商品交换的场所，如商店、集市、批发站、交易所等，这是最一般、最容易被人们理解的“市场”的概念。所有商品都可以从市场流进流出，实现商品由卖方向买方转换。

从经营者的角度来看，市场是指具有特定需要或欲望，愿意并能够通过交换来满足这种需要或欲望的全部潜在顾客。这种市场，既可以指一定的区域，如国际市场、国内市场、城市市场、农村市场；也可以指一定的商品，如食品市场、家电市场、劳动力市场等，甚至还可指某一类经营方式，如超级市场、百货市场、专业市场、集贸市场等。

企业在认识市场时，面对承载自己所经营、所销售的各种各样有形商品和无形服务的市场，首先看到的应该是人。但是，如果这些人没有购买力、没有钱，商品同样卖不出去。因此，有了人还要有钱，有钱的人才可能购买你的产品，才能实现你的销售愿望。这是两个基本的因素。除此之外，还要考虑有钱的人如果不想购买你的商品，那还是卖不出去。因此，有人、有钱以后还要有购买的欲望，这三个必要的因素若结合在一起，企业眼中的市场就变成了实实在在的买主、顾客或者客户。即：

市场 = 人 + 购买力 + 购买欲望

市场的这三个因素是相互制约、缺一不可的，只有三者结合起来才能构成现实的市场，才能决定市场的规模和容量。例如，一个国家或地区人口众多，但收入很低、购买力有限，则不能构成容量很大的市场；又如，购买力虽然很大，但人口很少，也不能成为很大的市场。只有人口多并且购买力高，才能成为一个有潜力的大市场。但是，如果产品不适合需要，不能引起人们的购买欲望，对销售者来说，仍然不能成为现实的市场。所以，市场是上述三个因素的统一。

在现实经济生活中，人们常常把卖方称为行业，而将买方称为市场，它们的关系如图1－1所示。

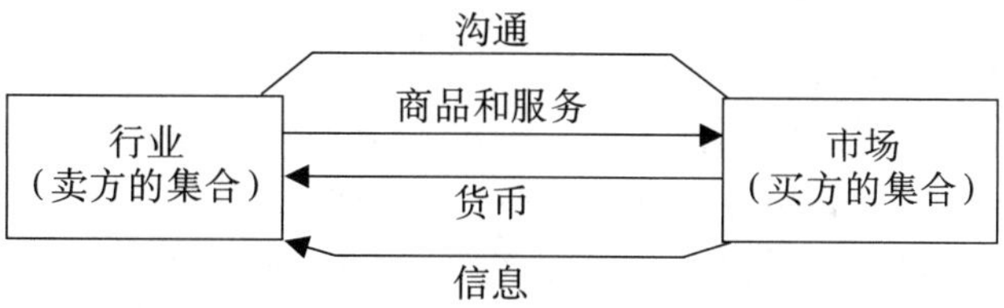

图1－1　市场与行业的关系

从宏观角度来看，市场是所有交换关系活动的总和，其交换内容可以是有形的，如商品市场、金融市场、生产要素市场等，也可以是无形的，如服务市场，这些由交换过程连接而形成的复杂市场就构成了一个整体市场，如图1－2所示。

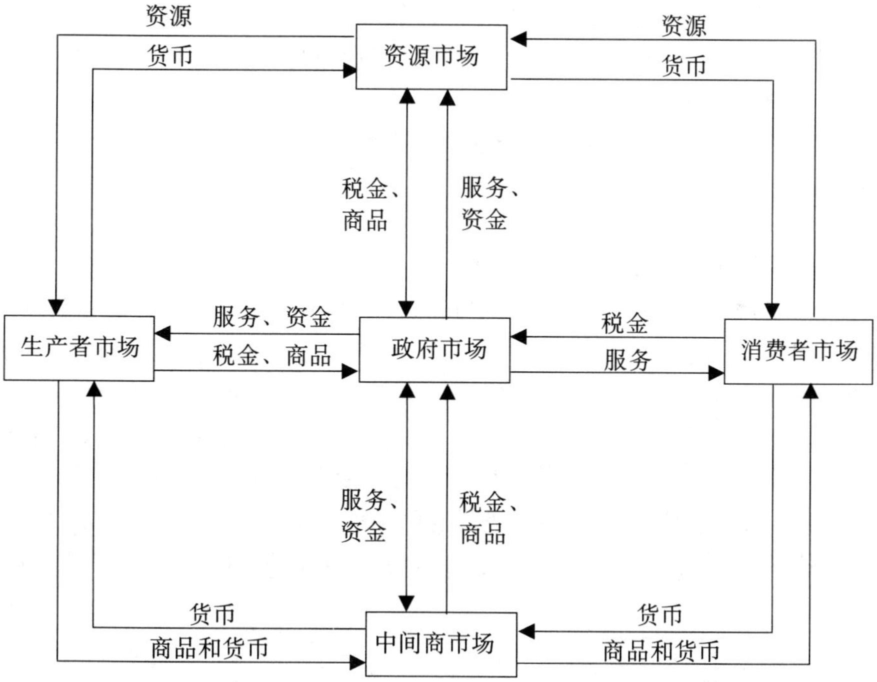

图1－2　整体市场的流程结构

二、市场营销概述

许多人认为，市场营销（Marketing）就是“销售”或“广告”。的确，两者都是市场营销的组成部分，但是，市场营销不仅仅是销售和广告。

为了说明市场营销所包含的内容，我们先举一个家用小汽车的例子。在全世界，开车的人自己不制造汽车，汽车是由通用、福特、大众、本田、东风等这些公司制造的。汽车发挥的功能都是一样的，无非就是把人们从一个地方送到另一个地方。但是，市场上可供人们选择的汽车的车型非常多，汽车的档次、种类、款式让人眼花缭乱。有小型车、紧凑型车、中高级轿车、高级车；有奔驰、宝马、凯迪拉克、凯雷德等豪华车，还有比亚迪、吉利等几万元的入门级车。如此多不同的档次、风格和款式就使得汽车的生产和销售变得非常复杂，因此，企业在决定生产并销售汽车的前后必须考虑以下问题：

（1）分析可能购买汽车的顾客需求，确定他们是需要同样的车型还是不同的车型；

（2）预测各种顾客会需要哪几种车型，确定本企业将努力满足哪几类顾客的需求；

（3）估计这几类想购车的顾客人数是多少，他们将在什么时候买车；

（4）确定购车顾客的地理位置，企业如何把汽车送到他们手中；

（5）估计他们愿意为购买汽车支付的价格，企业如果按照这一价格销售是否有利可图；

（6）确定使用何种促销办法，把有关本企业的汽车的信息传递给潜在顾客；

（7）估计有多少家企业也会制造汽车，它们将制造什么类型的汽车，价格是多少；

（8）确定假如顾客购买后发生问题，如何提供保修服务。

生产活动只是指制造产品或提供服务，而上述这些活动的涉及面更广，这就是营销。营销指导着企业生产的方向，确定企业应该生产什么产品和提供怎样的服务，如何把这些产品和服务送到消费者手中等。从以上小汽车的例子中我们看到，汽车厂除了制造汽车之外，还必须从事许多与顾客相关的活动。

所以，我们把市场营销定义为：市场营销是指个人或组织通过一定的商品交换形式，满足消费者的需要，获得企业利润而从事的一系列活动。

下面我们来分析一下这个定义：

1. 市场营销并不只是销售和广告

营销与销售（Sales）的概念并不完全相同。营销离不开销售，但仅靠销售实现不了营销的目标。销售仅仅是营销过程中的一个步骤或者一项活动，在整个营销活动中并不是最主要的部分。如果把营销比作一座冰山，那么销售就是冰山的顶端。营销这座冰山的最高点是尽可能多地实现产品的销售，可是这座冰山容易融化，如果做不好，山尖就没那么高，销售的目标就实现不了。著名的管理学大师德鲁克先生说："市场营销的目标是使销售成为多余。"营销的目的是识别顾客的需求，并设法以最佳方式满足这些需求，使产品的销售轻而易举。无论是某个商品，还是某项服务，甚至某一创意，都是如此。营销与销售的区别如图1－3所示。

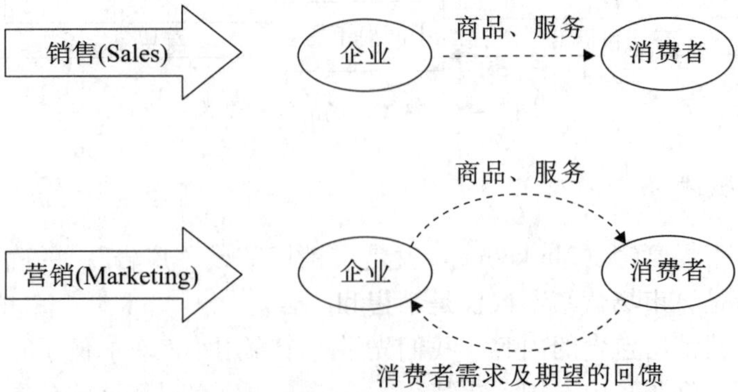

图1－3 营销与销售的区别

2. 市场营销应该从潜在顾客的需求开始，而不是从生产过程开始

企业在生产产品之前，要了解和预测顾客的需求，决定开发什么样的产品和服务，制定何种价格，采用什么样的销售渠道和促销方式。

3. 市场营销是通过市场交换满足顾客现实和潜在的需要

市场营销是一种通过自愿交换从而满足顾客需要的行为。营销者与顾客自由交换，满足顾客现实和潜在的需求。

4. 市场营销是一个复杂的系统管理过程

图1－4展示了现代营销体系的组成部分。一般情况下的营销活动是：向一个由最终消费者组成的市场提供服务，同时面临对手的竞争。公司和竞争者都通过直接或间接的方式（利用营销中介），向消费者传递本公司的商品信息。系统中的所有参与者都会受到各种环境力量的影响，如人口环境、政治法律、经济环境、技术环境、社会文化环境、地理环境等。

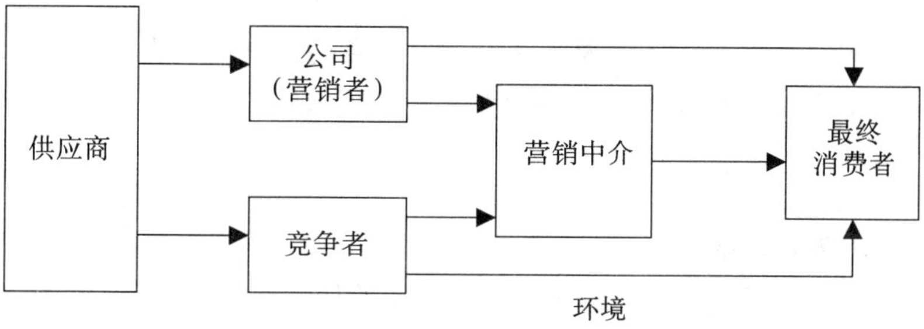

图1－4　市场营销体系的组成部分

三、市场营销核心概念

要对市场营销进行深入细致的研究，首先应该掌握它的一些基本核心概念。

（一）需要、欲望和需求

1. 需要（Need）

需要是指人们没有得到某些满足的感受状态。人类的需要是构成营销的最基本概念。人们为了生存，需要食物、衣服、房屋等生理需要及安全、归属感、尊重和自我实现等心理需要。需要是人类固有的本性，没有需要，就没有营销。这些需要都不是社会和企业所能创造的，而是人类自身本能的基本组成部分。营销者不能创造这种需要，而只能适应它。有远见的企业并不是完全被动地去满足消费者的需要，而是努力去创造性地激发和刺激消费者产生更多的需要。

2. 欲望（Want）

欲望是对满足需要的具体满足物的愿望。一种需要可以用不同的满足物来满足，从而就表现出不同的欲望。如，一个人需要食品，想要得到一个面包；一个人需要被人尊重，想要得到一辆豪华小汽车等。欲望是受文化和个人特征的影响而形成的，如中国人、日本人、韩国人都需要食物，但中国人喜欢吃米饭，日本人喜欢吃寿司，而韩国人喜欢吃泡饭。

3. 需求（Demand）

需求指有支付能力和愿意购买某种物品的欲求。许多人想购买高级名牌汽车，但只有具有支付能力的人才能购买。人们想用有限的金钱选择那些价值和满意程度最大的商品或服务，当有购买能力作为支持时，欲望就变成需求。人们的欲望是无穷的，但购买力是有限的。营销者不仅要了解有多少消费者想买其产品，还要了解他们是否有能力购买。

【小案例1-1】

日产（Nissan）在推出它的新型载货卡车（Titan）之前，开展了一个针对大型卡车司机的调研。在调查数据的基础上，日产还开展了一个深入的、高度结构化的焦点小组访谈。他们让司机们试开一系列相互竞争的不同品牌的卡车，询问司机哪种是他最喜欢的卡车，哪种卡车拥有最好的驾驶体验，哪种卡车拥有最好的转向系统和悬吊系统等。进而，日产的员工们开始跟随在卡车司机的左右，观察他们如何使用卡车，由此日产观察到卡车司机常会为卡车座上不方便的安全带感到烦恼，这个发现促使日产设计的卡车基座有一些轨道，从而使得安全带更为灵活。日产还跟随卡车司机周末旅行，当看到司机在努力往车内装载货物，而不断被困在门中间时，日产受到了启示，从而开发出了可旋转180度的车门。

（二）产品、服务和体验

产品（Goods）是能够满足人类某种需要或欲望的任何东西。产品分为有形产品与无形产品、物质产品和精神产品。产品的共同特点是可以满足人们不同的欲望和需要。企业提供给消费者的不仅仅是有形产品，还包括服务、活动或者利益，这些是不可触摸的，也不能被人所拥有，如金融服务、管理咨询服务和家庭维修服务等。

消费者购买产品的目的不是为了拥有这个产品实体本身，而是这些产品实体所产生的利益、满足或体验。人们购买小汽车不是为了观赏，而是它可以提供给人们的出行方便、驾车乐趣、自尊、身份地位象征等。如果生产者关心产品甚于关心产品所提供的利益或体验，往往会导致患上“营销近视症”，即生产者只会关注已存在的需求，而忽略了潜在的需求和市场的需求变化。

因此，精明的营销者超越了产品或服务的具体属性，而为消费者创造品牌内涵和品牌体验。例如，可口可乐（Coca-Cola）对消费者来说，不仅仅代表一种饮料，它已经成为一个拥有丰富历史和内涵的国际化标志；同样，耐克（Nike）也不仅仅是鞋子，它代表鞋子所能为你做的所有事情和能把你带到的地方。著名的耐克对钩标志代表了运动的高技能、著名运动员和一种“说做就做”（Just do it）的态度。

（三）价值和满意

1. 价值（Value）

消费者通常都面临许多能满足某一需要的产品，在这些不同产品之间进行选择时，一般都是依据产品所能提供的最大价值而做出购买决定的。这里所谓的价值，就是消费者付出与消费者所得之间的比率。一般来说，消费者在获得利益的同时也需要承担成本。消费者所获得的利益包括功能利益和情感利益，而成本则包括金钱、时间、精力以及体力。因此，价值可用以下公式来表示：

$$价值=\frac{利益}{成本}=\frac{功能利益+情感利益}{金钱成本+时间成本+精力成本+体力成本}$$

企业可以通过以下几种方法来提高购买者所得价值：①增加利益；②降低成本；③增加利益的同时降低成本；④利益增加幅度比成本增加幅度大；⑤成本降低幅度比利益降低幅度大。

2. 满意（Satisfaction）

满意是顾客通过对某产品可感知的效果与他的价值期望相比较后所形成的愉悦或失望的感觉状态。满意水平可表示为感知效果与价值期望之间的差异函数，即：

满意水平＝感知效果－价值期望

如果效果超过期望，顾客就会高度满意；如果效果与期望相等，顾客也会满意；但如果效果低于期望，顾客就会不满意。顾客满意是影响消费者未来购买行为的关键因素。满意的顾客会再次购买，并且会告诉他人自己愉快的购买经历和体验；不满意的顾客将会转向竞争者那里购买，并在他人面前诋毁该产品。

营销者应该认真确定适当的期望水平。如果设定的期望水平太低，可能会使购买者满意，不能吸引更多的购买者；如果设定的期望水平太高，可能会因无法达成购买者的预期而让其失望，导致购买者的不满意。

【小案例1－2】

在一个小镇上有一位年轻的米店商人，名叫华明，是该镇10位米商之一。他总是待在店内等候顾客，所以生意并不大好。

一天，华明意识到他应该更多地为该镇居民着想，了解他们的需求和期望，而不是简单地为那些到店里来的顾客提供大米。他认为应该为居民提供更多的价值，而不能仅仅只是提供和其他米商一样的服务。他决定对顾客的饮食习惯以及购买周期建立记录档案，并且开始为顾客送货。

首先，华明开始绕着该镇到处走动，敲开每一位顾客的家门，询问家里有多少口人、每天需要煮多少碗米、家里的米罐有多大等。之后，他决定为每个家庭提供免费的送货服务，并且每隔一段时间主动为每个家庭的米罐补满。

例如，某4口之家，平均每人每天大概需要2碗米，因此这个家庭每天需要8碗米。从他的记录里，华明可以知道该家庭的米罐能装60碗米或者说接近一袋米。

通过建立这些记录以及提供的全新服务，华明首先成功地与老年顾客沟通，进而与更多的其他居民建立起更为广泛、更深入的关系。他的业务也逐渐扩大，并且雇佣了更多的员工，其中一个人负责接待到店里买米的顾客，另外两个人负责送货。华明通过花时间拜访居民，处理好与供应商及其所熟识的居民之间的关系，生意日益兴隆。

（四）交换、交易和关系

当人们想通过交换来满足欲望和需要时就产生了营销。

1. 交换（Exchange）

交换是提供某种东西作为回报而与他人换取所需东西的行为，它需要满足以下五个条件：

（1）至少要有两方；

（2）每一方都要有对方所需要的有价值的东西；

（3）每一方都要有沟通信息和传递信息的能力；

（4）每一方都可以自由地接受或拒绝对方的交换条件；

（5）每一方都认为同对方的交换是称心如意的。

市场营销的中心任务就是促成交换。交换的最后一个条件是非常重要的，它是现代市场营销的一种境界，即通过创造性的市场营销，交换双方都达到共赢。

2. 交易（Transaction）

交易是交换的基本单元，是指买卖双方价值的交换。交换是一个过程，而不是一个事件，如果交换成功，就有了交易。如果双方通过谈判并达成协议，交易便发生。交易是以货币为媒介的，而交换不一定以货币为媒介，它可以是物物交换。例如，你想获得一部小米MI 2S手机就需付1600元。

课堂思考

除了交换，人们还可以通过哪些方式获得自己需要的东西？

3. 关系（Relation）

营销还包括为建立和保持与目标顾客的交易关系而采取的行为，这种交换关系涉及一种产品、服务、创意或其他东西，目标是为了维系顾客和发展与他们的关系。

精明的市场营销者十分重视与其顾客、分销商、经销商、供应商等建立起长期的互信互利关系。这就需要以公平的价格、优质的产品、良好的服务与对方交易，同时，双方的成员之间还需加强经济、技术及社会等各方面的联系与交往。双方越是增进相互信任和了解，便越有利于互相帮助。

（五）营销者

如前所述，市场营销就是以满足人们各种需要和欲望为目的，通过市场将潜在交换变为现实交换的活动。毫无疑问，这种活动是指与市场有关的人类活动。在这种交换活动中，对交换双方来说，如果一方比另一方更积极主动地寻求交换，则前者称为营销者，后者称为潜在顾客。具体来说，营销者就是指希望从他人那里得到资源，并愿以某种有价值的东西作为交换的人。很明显，营销者可以是一个卖主，也可以是一个买方。假如有几个人同时想买某幢漂亮的房子，每个想成为房子主人的人都力图使自己被卖方选中，这些购买者就都在进行营销活动，也都是营销者。

课堂思考

同学们可以体验一下国美的在线购物，请登录国美在线（http://www.gome.com.cn/），然后点击某一商品类型的图标。看到了吗？有多少不同制造商生产的产品？如果每家制造商都通过自己的网站直接出售产品，消费者购物是不是会更加便捷？

学习任务 2
树立正确的市场营销观念

任务抛锚

美国福特汽车公司的创始人亨利·福特有一次去参观屠宰场，看见一整只猪被分解成各个部分，分别出售给不同的消费群体。受此启发，福特产生了灵感，为什么不能把汽车的制造反过来，将汽车的生产像屠宰场的挂钩流水线一样，把零部件逐一安装起来，可组装成整车。于是，福特把他的想法付诸实践，将原来单件小批量的生产转变成大批量生产，公司的生产效率大幅度提高，产量大大增长，财富也高度积聚。1908 年秋，福特汽车公司推出了 T 型车，在大型总装车间发明的流水线装配法被发展成为了由机械传送带运送零件和工具，其流水线的生产速度已达到了 1 分钟 1 辆车的水平，5 年后又进一步缩短到每 10 秒钟 1 辆车。在福特之前，轿车是富人的专利、地位的象征，售价在 4700 美元左右。伴随福特流水线的大批量生产而来的是价格的急剧下降，T 型车在 1910 年销售为 780 美元，1911 年降到 690 美元，然后降到 600 美元、500 美元，1914 年降到每辆 360 美元。低廉的价格为福特赢得了大批的平民用户，小轿车第一次成为大众交通工具。1914 年福特公司的 1.3 万名工人生产了 26.7 万辆汽车；美国其余的 299 家的汽车公司 66 万工人仅生产了 28.6 万辆汽车。福特公司的市场份额从 1908 年的 9.4% 上升到 1911 年的 20.3%，1913 年为 39.6%，到 1914 年达到 48%，月盈利 600 万美元，在美国汽车行业占据了绝对优势。为了实现最高限度的专业化，以最大批量的流水线生产来达到最低成本，亨利·福特不允许汽车设计上有任何他认为多余的部件和装置；为了减少因为模具更换而损失的生产时间，也为了避免品种繁多所必然带来的设备费用和库存费用，亨利·福特只生产单一型号、单一色彩的 T 型车（见图 1-5）。他的销售人员多次提出要增加汽车的外观喷漆色彩，亨利·福特的回答是："不管顾客需要什么类型的车，我们只提供黑色 T 型车。"

针对福特汽车的价格优势，由 29 家厂商联合组成的通用汽车公司在阿尔弗雷德·斯隆的领导下，采用了多品牌、多品种的产品特色化策略，在联合公司的框架下，实行专业化、制度化管理，在采购、资金和管理取得规模经济效益的基础上，保留了众多相对独立的如雪

图1-5 T型车

佛莱、凯迪拉克、别克、朋迪埃克这样的著名品牌，在产品的舒适化、多样化、个性化方面下工夫。1924年，通用汽车公司推出了液压刹车、四门上下、自动排档，1929年又推出了六缸发动机，而福特的T型车仍然是四缸、双门、手排档。

面对通用汽车公司的攻势，亨利·福特根本不以为然，他不相信还有比单一品种、大批量、精密分工、流水线生产更经济、更有效的生产方式。对于销售人员提出的警告，福特认为他们无非都是出于营销部门局部利益的危言耸听。福特不止一次地说，福特汽车公司面临的唯一问题就是供不应求。而他对于长期沿用低价策略的问题视而不见。即使后来问题已经很明显，福特也不愿意从根本策略上去找原因，也不愿改动自己的汽车设计去适应市场要求，而只是寄希望于在现成的框架下解决问题。每次通用汽车公司推出一个新型号，亨利·福特的策略就是坚持其既定方针，以降价来应对。1920—1924年，福特共降价8次，其中1924年一年就降了2次。但是，长期沿用降价策略的前提是市场的无限扩张，而1920年以后，随着人们收入水平的提高，人们对汽车的需求转向多样化和舒适性。代步型的经济低价车的市场已经近乎饱和；同时，长期的降价经营使得福特公司的利润率已经很低，继续降价的余地很小。农夫型的T型车靠降价促销的道路已经走到了尽头。

眼看着通用汽车一点一点地蚕食福特的汽车市场，福特公司内许多人都非常着急，希望亨利·福特能够及时调整策略，按顾客需求重新设计产品。但是这些合理建议都遭到了福特的拒绝。

20世纪20年代后期，美国开始形成了一个巨大的旧车市场，大批质量相当不错的二手车只需几十甚至十几美元就可买到，这对一向以“价廉物美”而著称的T型车是一个极大的冲击。结果从1921年到1940年期间，福特公司在美国汽车市场的销售份额从55.7%降至18.9%，而通用公司的份额从12.7%升至47.5%。到1946年，亨利·福特不得不让位给孙子亨利·福特二世时，福特公司的亏损已达到每月1000万美元；只是因为福特公司的巨大规模和第二次世界大战的政府订货才使福特公司免遭倒闭的厄运。

福特公司这种巨大的变化说明了什么问题？

任务解析

福特汽车公司由独占美国汽车市场的半壁江山到差点倒闭，完全是因为其忽视了市场的变化和对顾客需求的研究。当顾客需要的是低价格、容易买到的产品时，企业采用低廉的价格就可以满足顾客的需要，企业可能获得极大的成功。但是，当顾客的需求和市场发生变化时，企业的营销策略如果不能适应市场需求的变化，往往会使企业陷入困境。上述福特公司的案例充分说明，企业的经营理念即市场营销观念，对一个企业是多么重要，它决定着企业的生死存亡和兴衰成败。

知识储备

市场营销观念产生于20世纪初期的美国，它是企业进行市场营销活动的指导思想和行为准则的总和。企业的市场营销观念决定了企业如何看待顾客和社会利益，如何处理企业、社会和顾客三方的利益关系。企业的市场营销观念经历了从最初的生产观念、产品观念、推销观念到市场营销观念和社会市场营销观念的发展和演变过程。

一、生产观念

生产观念盛行于19世纪末20世纪初。生产观念是指企业以生产为中心，以求实现开拓市场的一种营销观念。该观念认为，消费者喜欢那些可以随处买到和价格低廉的商品，企业应当组织和利用所有资源，集中一切力量提高生产效率和扩大分销范围，增加产量，降低成本。显然，生产观念是一种重生产、轻营销的指导思想，其典型表现就是“我们生产什么，就卖什么”。以生产观念指导营销活动的企业，称为生产导向企业。前面介绍的美国福特汽车公司的案例是最为典型、最为认可的例子，其生产的T型车就是在“生产导向”经营哲学的指导下创造出的奇迹。

【小案例1-3】

杜邦公司在1972年发明了一种具有钢的硬度，而重量只是钢的1/5的新型纤维。杜邦公司的经理们为这种新型纤维设想了大量的用途和一个10亿美元的大市场。然而这一刻的到来比杜邦公司所预料的时间要长得多。因此，只致力于大量生产或精工制造而忽视市场需求的最终结果是其产品被市场冷落，使经营者陷入困境。

二、产品观念

产品观念是与生产观念并存的一种市场营销观念，都是重生产、轻营销。产品观念认为，消费者喜欢高质量、多功能和具有某些特色的产品。因此，企业应致力于生产优质产品，并不断精益求精，提高质量。在这种观念的指导下，企业常常迷恋自己的产品，甚至没有意识到产品可能已经过时和市场需求的变化。产品观念产生于供不应求的卖方市场形势下，当企业发明了一种产品时最容易滋生产品观念。产品观念同样导致“营销近视症”，即不适当地把过多的注意力放在产品上，而不是市场需求上，在营销管理中缺乏远见，只看到自己的产品好，看不到市场需求在变化，致使企业经营陷入困境。

三、推销观念

推销观念盛行于20世纪三四十年代。由于科学进步、科学管理和大规模生产，逐渐出现了产品供过于求，卖主之间竞争激烈，许多企业感到要在日益激烈的市场竞争中求得生存和发展就必须重视推销工作。推销观念认为，消费者通常有一种购买惰性或抗衡心理，若听其自然，消费者就不会自觉地购买大量本企业的产品，因此，营销管理的中心任务是积极推销和大力促销，以诱导消费者购买产品。其具体表现是："我们卖什么，就设法让人们买什么。"在推销观念的指导下，企业相信产品是"卖出去的"，而不是"被买去的"。他们致力于产品的推广和广告活动，以求说服、甚至强制消费者购买。他们收罗了大批推销专家，做大量广告，对消费者进行无孔不入的促销信息"轰炸"。如美国皮尔斯堡面粉公司的口号由原来的"本公司旨在制造面粉"改为"本公司旨在推销面粉"，并第一次在公司内部成立了市场调研部门，派出大量推销人员从事推销活动。但是，推销观念与前两种观念一样，也是建立在以企业为中心的"以产定销"，而不是满足消费者真正需要的基础上。因此，前三种观念被称为市场营销的旧观念。

四、市场营销观念

市场营销观念是以满足顾客需求为出发点，即"顾客需要什么，就生产什么"。市场营销观念认为，实现企业各项目标的关键在于明确目标市场的需要和欲望，并且能比竞争者更有效地将顾客需要的产品和服务送到目标顾客手中，进而比竞争者更有效地满足目标市场的需要和欲望。从本质上说，市场营销观念是一种以顾客需要和欲望为导向的经营哲学。

市场营销观念的出现，使企业经营观念发生了根本性变化，也使市场营销学发生了一次革命。市场营销观念同推销观念相比具有重大的差别。

【小案例1-4】

日本本田汽车公司计划在美国推出雅阁牌新车。在设计新车前，他们派出工程技术人员专程到洛杉矶地区考察高速公路的情况，实地丈量路长、路宽，采集高速公路的柏油，拍摄进出口道路的设计。回到日本后，他们专门修了一条9英里长的高速公路，就连路标和告示牌都与美国公路上的一模一样。在设计行李箱时，设计人员之间的意见有分歧，他们就到停车场看了一个下午，看人们如何放取行李。这样一来，意见马上统一起来。结果，本田公司的雅阁牌汽车一到美国就倍受欢迎，被称为是全世界都能接受的好车。

五、社会市场营销观念

社会市场营销观念是对市场营销观念的重要补充与延伸。它的基本思想是：企业不仅要满足消费者的需求与欲望，而且要符合消费者和社会的长远利益，应将企业利润、消费需要、社会利益三方面协调统一。

与市场营销观念相比，社会市场营销观念在继续坚持通过满足消费者和用户需求及欲望而获取利润的同时，更加兼顾消费者和用户的眼前利益与长远利益，更加重视如何解决满足消费者和用户需求与社会公众利益之间的矛盾。

课堂思考

香格里拉的营销之道

香格里拉是国际著名的大型酒店连锁集团，它的经营策略很好地体现了酒店关系营销的内容。

香格里拉饭店与度假村是从1971年新加坡豪华香格里拉饭店的开业开始起步，很快便以其标准化的管理及个性化的服务赢得国际社会的认同，在亚洲的主要城市得以迅速发展。其总部设在香港，是亚洲最大的豪华酒店集团，并被许多权威机构评为世界最好的酒店集团之一，它所拥有的豪华酒店和度假村已成为最受人们欢迎的休闲度假目的地。香格里拉始终如一地把“顾客满意”当成企业经营思想的核心，并围绕它把其经营哲学浓缩于一句话：“由体贴入微的员工提供的亚洲式接待。”

香格里拉有8项指导原则：①我们将在所有关系中表现真诚与体贴；②我们将在每次与顾客接触中尽可能为其提供更多的服务；③我们将保持服务的一致性；④我们确保我们的服务过程能使顾客感到友好，员工感到轻松；⑤我们希望每一位高层管理人员都尽可能地多与顾客接触；⑥我们确保决策点就在与顾客接触的现场；⑦我们将为我们的员工创造一个能使他们的个人、事业目标均得以实现的环境；⑧客人的满意是我们事业的动力。

与航空公司联合促销是香格里拉酒店互惠合作的手段之一。香格里拉与众多的航空公司推出“频繁飞行旅行者计划”。入住香格里拉酒店时，客人只要出示“频繁飞行旅行者计划”的会员证和支付门市价时，就可得到众多公司给予的免费公里数或累计点数，如：每晚住宿便可得到德国汉莎航空公司提供的500英里的优惠，美国西北航空公司、联合航空公司500英里的优惠。提供优惠的其他航空公司还有加拿大航空公司、新加坡航空公司、瑞士航空公司、澳大利亚航空公司、马来西亚航空公司、泰国航空公司等。另外，香格里拉还单独给予顾客一些额外的机会来领取奖金和优惠，如香格里拉担保的公司选择价格。

顾客服务与住房承诺方面，则体现了酒店在承诺、信任原则上的坚持。香格里拉饭店的回头客很多。饭店鼓励员工与客人交朋友，员工可以自由地同客人进行私人的交流。饭店早在2000年的时候就建立起“顾客服务中心”，客人只需打一个电话就可解决所有的问题。饭店也因此可以更好地掌握顾客信息，协调部门工作，及时满足顾客。在对待顾客投诉时，绝不说“不”，全体员工达成共识，即“我们不必分清谁对谁错，只需分清什么是对什么是错”。“让客人在心理上感觉他赢了”，而我们在事实上做对了，这是最圆满的结局。每个员工时刻提醒自己多为客人着想，不仅在服务的具体功能上，而且在服务的心理效果上满足顾客。香格里拉饭店重视来自世界不同地区、不同国家客人的生活习惯和文化传统的差异，有针对性地提供不同的服务。如对日本客人提出“背对背”的服务：客房服务员必须等客人离开客房后再打扫整理客房，避免与客人直接碰面。饭店为客人设立个人档案长期保存，作为为客人提供个性化服务的依据。

（资料来源：豆丁网 http：//www. docin. com/p－115953199. html）

思考题：

（1）分析香格里拉饭店的营销观念。

（2）香格里拉饭店在顾客满意方面采取了哪些措施？你有何启示？

学习任务3
了解现代市场营销新观念

任务抛锚

“世界睡眠日”是每年的3月21日。在世界睡眠日到来之际，人们对睡眠与健康的话题十分关注，A公司便以此为契机推出了“体验优质睡眠环境，拥抱健康快乐生活”的主题活动，活动内容为在本市6个展场各摆放3张软床，其中一张为A公司产品，另两张为其他公司产品，去掉床上的所有商标、名称等。

A公司导购人员现场讲解劣质床对健康的危害、鉴别方法、优质软床的标准及A公司产品的特点等，然后请顾客根据刚刚了解的鉴别常识亲自试躺3张软床，如果测评出哪一张软床为A公司产品即送特制抱枕一个。通过这个活动，顾客在体验中亲自感受到了优质床与劣质床的区别，并加深了对A公司产品的印象及好感度。

同时，A公司在当地晚报、家装报上开辟专栏，其主题不是宣传产品，而是主要讲授如何鉴别软床的优劣、劣质软床对健康的危害等，旨在塑造一个以消费者健康为己任的健康睡眠专家形象。A公司通过空中、地面结合，虽未做任何产品的宣传与促销活动，但终端销售异常火爆，不仅塑造了品牌形象，扭转了消费者对本公司不良的印象，更促进了产品销售。

除此之外，A公司改变终端展示形式，改变以往单纯以展示软床为目的的大视角全方位展台式展示方法，而是营造一个美好、舒适、充满温馨的卧室环境为终端布置特点。每款床都有它独特的气质与内涵，或新颖活泼，或安静内敛，或成熟大气，或简约明快，不同的类型由符合其内在、外在特征的家庭环境来搭配，相配的墙壁颜色、灯光、音乐、地板，甚至是床头的一个小饰品都与产品相协调，使顾客产生一种对家庭、对卧室美好的憧憬与感觉。试想一下，一张摆在展台上的睡床和一张摆在温馨卧室中的睡床，您会选择哪一个？一定是后者，因为后者不仅卖的是一张软床，更是将家庭的温馨、休息空间的舒适和惬意一并打包卖给了你。同样的软床摆放在这种布置温馨的样品展示间内，销量增加了40%以上，因而A公司在各示范店推广。

任务解析

A公司成功的案例说明，在当今经济环境下，企业如果善于运用新的营销理念、营销手段，就能出奇制胜，在市场竞争中取得优势。A公司之所以在竞争激烈的市场中，扭转了过去消费者对A公司不良的印象，而且树立了新的品牌形象，提高了产品的销量，最主要的原因就是其运用了体验营销的理念和方法。体验营销是各类型中、小企业营销活动中低成本、高回报的营销利器，其关键在于企业是否能灵活运用、善于挖掘，因为体验营销的资源就在企业手中，如何挖掘、利用完全取决于营销管理者的思维。

知识储备

一、服务营销

服务营销是企业在充分认识满足消费者需求的前提下，为充分满足消费者需要在营销过程中所采取的一系列活动。服务作为一种营销组合要素，真正引起人们重视的是20世纪80年代后期，这个时期由于科学技术的进步和社会生产力的显著提高，产业升级和生产的专业化发展日益加速，一方面使产品的服务密集度日益增大，另一方面，随着劳动生产率的提高和消费者收入水平提高，消费需求也逐渐发生变化，需求层次也相应提高，并向多样化方向发展。

服务营销观念是以服务为导向，服务是企业从产品设计、生产到广告宣传、销售安装、售后服务等各个部门的事，甚至是每一位员工的事。在服务营销观念下，企业关心的不仅是产品是否成功售出，更注重的是用户在享受企业通过有形或无形的产品所提供的服务的全过程中的感受。因此，企业将更积极主动地关注售后维修保养、收集用户对产品的意见和建议并及时反馈给产品设计开发部门，以便不断推出能满足甚至超出用户预期的新产品。同时，企业在可能的情况下对已售出的产品进行改进或升级服务。

近十几年出现的关系营销、整合营销、客户关系管理（CRM）等理论，其核心也蕴涵着服务营销观念。在企业营销实践中以服务为导向而获得成功的企业也并不鲜见。

【小案例1-5】

海尔的掌门人张瑞敏强调，“我信奉的是：用户永远是对的”，“帮助用户成功就是企业的成功”，“海尔卖的不是产品，而是为用户提供某个方面服务的全面解决方案”。这就是最朴素的服务营销观念。20多年来，海尔在他这种为用户真诚服务的观念影响下，从一个濒临倒闭的小国企发展成为今天国际知名的跨国公司。在美国，海尔为了针对学生市场生产一种小冰箱，多次到校园向学生咨询，了解他们的需求，推出了深受学生欢迎的课桌式冰箱、电脑桌式冰箱，一举占领美国小型冰箱市场的半壁江山。

二、绿色营销

绿色营销是指企业在生产经营过程中，将企业自身利益、消费者利益和环境保护利益三者统一起来，以此为中心对产品和服务进行构思、设计、制造和销售。

绿色营销观念是企业以环保观念作为其经营指导思想，以绿色消费为出发点，以绿色文化作为企业文化核心，在满足消费者绿色消费需求的前提下，为实现企业目标而进行的营销活动。它是传统市场营销的进一步扩展和深层次延伸，比传统市场营销意义更深远、更具时代性。

随着人类进入环保时代，人们的消费观念也发生了重大变化，更加注重保健、环保，崇尚回归自然、追求健康的绿色消费之风蔚然兴起。根据联合国有关部门统计，目前世界“绿色消费”总量已达3000亿美元以上，带有绿色标志的产品日益博得消费者的青睐。据统计[①]，77%的美国人表示，企业的绿色形象会影响他们的购买欲，94%的意大利人表示在选购商品时会考虑绿色因素。在欧洲市场上40%的人更喜欢购买绿色商品，那些贴有绿色标志的商品在市场上更受青睐。欧盟的一项调查显示，德国82%的消费者和荷兰67%的消费者在超级市场购物时，会考虑环保问题。在亚洲，挑剔成癖的日本消费者更胜一筹，对普通的饮用水和空气都以"绿色"为选择标准，罐装水和纯净的氧气成为市场的抢手货；韩国和中国香港的消费者，竞相购买那些几乎绝迹的茶籽，作为天然的洗发剂。

开发绿色产品的生产与销售，发展绿色产业是绿色营销的基础，也是企业在绿色营销观念下从事营销活动成功的关键。

【小案例1－6】

日本一家超级市场要求顾客自备购物袋，以减少使用塑料袋。超级市场发给每位顾客一张登记卡，对于自备购物袋的顾客，商店每次会在登记卡上盖章，积累到一定数量后，商店免费赠送一定价值的商品。英国恩斯伯里超级市场集团不仅声称自己是"最绿杂货店"，而且推出了一系列"护绿"家庭用取代化学清洁剂的植物制成品，从而使其营业额大幅度上升，取得了竞争优势。在中国港台、日本、美国，被人们称为"生态服装"的图案、色彩、文字极富特色和寓意：用珍稀动植物作图案，以花草树木为色调，甚至用简洁明了的文字写在服装上，如"我爱大自然""保护臭氧层"等直接来表达消费者的心声。因此，各种"绿色广告"应运而生，不少著名的跨国公司和大企业纷纷利用"绿色商品"大做"绿色广告"，不少新兴的中小企业也不断强化自己的"绿色企业"形象，以谋求飞跃发展。美国生产尿布的企业，从环保角度出发，进行广告促销，强调布尿片埋在土里至少要经过500年才能分解，而纸尿片在土里很快分解。于是，纸尿片在公众心中树起了"绿色形象"，经过短短3年，销售量猛增到1.8倍。

三、整合营销

整合营销是指以消费者为核心重组企业行为和市场行为，综合协调地使用各种营销工具和各种形式的传播方式，以统一的目标、统一的传播形象，传播一致的产品信息，实现与消费者的双向沟通，迅速树立产品品牌在消费者心目中的地位，建立品牌与消费者长期密切的关系，更有效地达到产品传播和产品行销的目的。

整合营销强调从与消费者沟通的本质意义来开展营销活动，主张将广告、公关、直销等各种推广宣传工具有机的组合，以促成消费者最大程度的认知。整合营销可以从横向与纵向两个方面来进行。

横向整合营销主要是对各种传播工具进行整合。随着社会的发展，人们的生活方式及心理需求也越趋向多样化，如果仍然只采取传统的四大媒体（广播、电视、报纸、杂志）为传播工具，其效果将大打折扣。整合营销通过对各种新媒体的运用，特别是现代电子新媒体的运用，从不同的角度和渠道，将商品的信息准确、有效地传达给消费者。纵向整合营销强

---

① 资料来源：http：//www.795.com.cn/w2/81326－2.html。

调把企业的一切营销传播活动，如广告、促销、公关、CI、包装、产品开发等进行一元化的整合重组，让消费者从不同的信息渠道获得对某一品牌的一致信息，增强品牌诉求的一致性和完整性。

四、关系营销

传统营销观念认为，买卖双方是一种纯粹的交易关系，交易结束后双方关系便告终结，不再保持其他关系和往来。在这种交易关系中，企业认为售出商品后企业盈利就是成功，顾客是否满意并不重要。事实上，顾客的满意度直接影响到重复购买率，关系到企业的长远利益。因此，从 20 世纪 80 年代起美国理论界开始重视关系市场营销，即为了建立、发展、保持长期的、成功的交易关系进行的所有市场营销活动。它的着眼点是与和企业发生关系的供货方、购买方、中介组织等建立良好稳定的伙伴关系，最终建立起一个由这些牢固、可靠的业务关系所组成的“市场营销网”，以追求各方面关系利益最大化。这种从追求每笔交易利润最大化转化为追求同各方面关系利益最大化是关系市场营销的特征，也是当今市场营销发展的新趋势。

关系市场营销观念的基础和关键是“承诺”与“信任”。承诺是指交易一方认为与对方的相处关系非常重要而保证全力以赴去保持这种关系，它是保持某种有价值关系的一种愿望和保证。信任是当一方对其交易伙伴的可靠性和一致性有信心时产生的，它是一种依靠其交易伙伴的愿望。承诺和信任的存在可以鼓励营销企业与伙伴致力于关系投资，抵制一些短期利益的诱惑，而选择保持发展与伙伴的关系去获得预期的长远利益。因此，达成“承诺—信任”，然后着手发展双方关系是关系市场营销的核心。

五、文化营销

文化营销观念是指企业成员共同默认并在行动上付诸实施，从而使企业营销活动形成文化氛围的一种营销观念。文化营销观念反映的是现代企业营销活动中，经济与文化的不可分割性。企业的营销活动不可避免地包含着文化因素，企业应善于运用文化因素来实现市场制胜。

文化渗透于企业整个营销活动的始终。首先，产品中蕴含着文化，产品不仅仅是有某种使用价值的物品，同时，它还凝聚着审美价值、知识价值、社会价值等文化价值的内涵。“孔府家酒”之所以能誉满海外，倍受海外华人游子的青睐，不仅在于它的酒味香醇，更在于它满足了海外华人思乡恋祖的文化需要。日本学者本村尚三郎曾说过，“企业不能像过去那样，光是生产东西，而要出售生活的智慧和欢乐”；其次，经营中凝聚着文化。日本企业经营的成功得益于其企业内部全体职工共同信奉和遵从的价值观、思维方式和行为准则，即所谓的企业文化。营销活动中尊重人的价值、重视文化建设、重视管理哲学及求新、求变精神，已成为当今企业经营发展的趋势。美国 IBM 公司“尊重个人，顾客至上，追求卓越”三位一体的价值观体系，日本松下公司“造物之前先造人”的理念，瑞士劳力士手表“仁心待人，严格待事”的座右铭等，充分说明了企业文化是把企业各类人员凝集在一起的精神支柱，是企业在市场竞争中赢得优势的源泉和保证。

六、体验营销

体验营销是指企业通过采用让目标顾客观摩、聆听、尝试、试用等方式，使其亲身体验企业提供的产品或服务，让顾客实际感知产品或服务的品质或性能，从而促使顾客认知、喜好并购买的一种营销方式。这种方式以满足消费者的体验需求为目标，以服务产品为平台，以有形产品为载体，生产、经营高质量产品，拉近企业和消费者之间的距离。体验营销成为企业获得竞争优势的新武器。但体验营销并不适合所有行业和所有产品，产品只有具备不可察知性，其品质必须通过使用才能断定的特性，才可以运用这种方式。

体验营销（Experiential Marketing）是站在消费者的感官、情感、思考、行动和联想等五个方面，重新定义、设计的一种思考方式的营销方法。这种思考方式突破传统上“理性消费者”的假设，认为消费者在消费时是理性与感性同时具备的，消费者在消费前、消费中和消费后的体验才是购买行为与品牌经营的关键。比如，当咖啡被当成“货物”销售时，一磅咖啡卖300元；当咖啡被包装为商品时，一杯咖啡就可以卖25元；当其加入了服务、在咖啡店中销售时，一杯咖啡最少要35～100元；但如果能让顾客体验咖啡的香醇与生活方式，一杯咖啡就可以卖到150元甚至好几百元。星巴克（Starbucks）真正的利润所在就是“体验”。

体验营销在实际操作中，首先，要进行目标消费者的选择，即通过定位来划分出你要展开体验营销活动的对象，并对选定的目标顾客进行细分，深入了解所选择的目标消费者的特点、需求、顾虑、消费水平、文化结构等；其次，要对不同类型的顾客提供不同方式、不同水平的体验。在我国，受教育程度、经济收入影响，高端人群更容易接受体验营销。企业必须通过市场调查来获取这些信息，以保证客观、真实、有效，并对信息进行筛选、分析，以便提供最恰当的体验方式。企业从目标顾客的角度出发，以商品为媒介，以服务为手段，为消费者提供想要的、独特的、有价值的体验，同时获得实质的利益。企业要清楚顾客的利益点和顾虑点在什么地方，根据其利益点和顾虑点决定在体验过程中重点展示什么，回避什么，然后通过最恰当、最便捷的方式让目标顾客进行体验。企业在实行体验营销后，还要对整个活动运作进行总结，如成本回报率、需要改进的地方、值得保留的地方、顾客反馈意见等，以便下次活动做得更好。

实战演练

1. 训练目标：学会组建营销团队。
2. 训练内容：成立小微模拟公司。
3. 训练步骤：以项目小组为单位进行训练，步骤如下：

（1）选出公司负责人。

（2）设计并构建公司组织体系结构、招聘计划。

（3）对公司成员进行分工。

4. 实训成果：各模拟公司以文档形式提交符合要求的“×××公司组建筹划方案”，其内容包括：

（1）公司员工招聘方案：招聘计划、招聘广告、应聘测试题。

（2）公司组织体系架构图。

5. 成果考核：以模拟公司为单位进行考核。

项目二 2 进行市场调研

知识目标

1. 了解市场调研的步骤；
2. 掌握市场调研的方法与内容。

能力目标

1. 能设计市场调查问卷，运用观察法、访谈法进行实地调研；
2. 能够利用各种工具获取二手数据和基本数据，并对调研的结果进行分析；
3. 能够撰写较高质量的调研报告。

学习任务 1 制订市场调研方案

任务抛锚

小米科技有限责任公司正式成立于 2010 年 4 月。这是一家由前 Google、微软、金山等公司的顶尖高手组建、专注于智能手机自主研发的移动互联网公司。“为发烧而生”是小米的产品理念。小米公司首创了用互联网模式开发手机操作系统、发烧友参与开发改进的模式，并推出手机实名社区米聊和手机操作系统 MIUI。因此，小米手机、MIUI、米聊是小米公司旗下三大核心业务。

小米手机定位于低价格、高配置的智能手机，是专门为发烧友研制的高端智能手机。另外，小米手机青春版的定位人群是学生群体，其精确的产品定位为其带来了众多的“米粉”。随着手机市场竞争日趋加剧，在国内小米虽然拥有一批追随者，但与成名已久的大型公司在宣传和营销渠道方面有所差距，加之消费者对国产手机的不信任等，都对小米手机的经营产生压力。为了进一步开拓广州大学生市场，公司决定进行一次市场调研，需要制定一个可行的调研方案，那么需要做哪些考虑呢？

任务解析

市场调研是营销中最为重要的工作，在营销决策中不可或缺。小米公司要做好此次市场调研工作，首先要明确调研目标，并制订一个切实可行的调研方案。制订调研方案不是一件简单的事情，如果方案中缺失任何一个环节，都将对该市场调研项目造成很大的影响。小米公司的调研方案至少应该包括的要件有：①调研对象；②调研内容；③调研范围；④调研方法；⑤调研工具；⑥调研费用预算。

知识储备

一、市场调研概述

市场调研就是指运用科学的方法，有目的、系统地搜集、记录、整理有关市场营销信息和资料，分析市场情况，了解市场的现状及其发展趋势，为市场预测和营销决策提供客观的、准确的资料和依据。

【小案例 2－1】

早 学 公 司

20 世纪 80 年代，早学公司（The Early Company）的业务主要是通过邮购销售教育玩具和其他一些产品。为了扩大经营，公司调查研究了一些特定区域的消费者数据，其数据来源是依据消费者的邮政编码。当公司发现有足够多的消费群时，认为建立一个实体的零售店将是一个很好的机会，于是他们选择了合适的地区进行调研，并在那里建立了实体商店。该商店鼓励公司现有的老顾客到新的商店购物，并采取激励手段鼓励他们带来新的顾客。实践证明，这个战略是极其成功的，该公司成为这个地区的行业领导者。

二、市场调研的内容

（一）宏观市场调研

1. 市场需求调研

市场需求调研主要包括市场商品需求量、需求结构和需求时间的调研，即了解消费者在何时、何地需要什么，需要多少。

2. 市场环境调研

（1）政治、法律环境调研。对国际、国内政治形势调研，主要是分析研究相关国家的社会性质和政治体制，了解其政局稳定情况。

（2）经济与技术环境调研。经济环境的调研，主要是对社会购买力水平、消费者收入状况、消费者支出模式、消费者储蓄和信贷以及通货膨胀、税收、关税等情况变化的调研。技术环境的调研，主要是对科技革命的新动向、新产品、新技术给人民生活方式带来的变化以及对企业营销活动影响的调研。

（3）社会文化环境调研。了解不同国家、不同地区的文化环境对企业经营方式的重要影响。

（二）微观市场调研

1. 目标市场需求调研

它包括现有顾客需求情况（包括需求什么、需求多少、需求时间等）；现有顾客对本企业产品（包括服务）满意程度；现有顾客对本企业产品信赖程度；影响需求的各种因素变化情况；顾客的购买动机和购买行为；潜在顾客需求情况（包括需求什么、需求多少、需求时间等）。

【小案例2-2】

世纪城市医院私人膳宿服务

当美国绝大多数医院积极削减经营成本的时候，位于洛杉矶的世纪城市医院却开办了豪华世纪病房来提供高档次的私人膳宿服务。这个举动是建立在广泛市场调研的基础上，调研的方法包括分析公开出版的数据资料和举行大规模的调研活动。调研结果表明，50%的高收入的当地居民习惯于享受好的膳宿条件，而且非常看重隐私和个人空间，因此，世纪城市医院的这项决策使它获得了一个高收益的市场份额。

2. 产品调研

它包括产品设计（包括功能设计、用途设计、使用方便和操作安全的设计、产品的品牌和商标设计以及产品的外观和包装设计等）；产品系列和产品组合；产品生命周期；对老产品改进；新产品开发；如何做好销售技术服务等。

【小案例2-3】

福特汽车公司的市场调研

福特汽车公司开办了一个市场调研所，对自己的车型设计进行检测。该所邀请客户在预定的路线上进行新车型试驾体验，同时，派一位经过训练的调研人员坐在驾驶人员的旁边，记录驾驶人员对汽车的全部反应。驾驶结束以后，给每一位参与者一份长达6页的调研问卷，询问参与者对汽车每一部分优缺点的评价。通过参与者提供的信息，福特汽车公司了解了消费者对新车型的反应，然后作适当的改进，使之更受目标消费者的欢迎。例如，改进1996年福特PROBE红色双门四座跑车的车尾灯以增强安全性的方案就是通过市场调研所获得的。

3. 价格调研

它包括市场供求情况及其变化趋势；影响价格变化的各种因素；产品需求价格弹性；替代产品价格；新产品定价策略；目标市场对本企业品牌价格水平的反应等。

4. 促销调研

促销调研的主要内容是企业的各种促销手段、促销政策的可行性，其中一般企业较为重视的有广告和人员推销的调研。

5. 竞争对手调研

它包括竞争对手的数量（包括国内外）及其分布、市场营销能力；竞争产品的特性、市场占有率、覆盖率；竞争对手的优势与劣势、长处与短处；竞争对手的市场营销组合策略；竞争对手的实力、市场营销战略及其实际效果；竞争发展的趋势等。

以上各项内容，是从市场调研的一般情况来讲的。各个企业的市场环境不同，所遇到的问题不同，因此，企业应根据自己的具体情况来确定调研内容。

课堂思考

下列这些市场营销调研行为各属于哪种调研？

（1）请若干专家来讨论电子商务未来的发展趋势。

（2）请市场营销专家对公司近年的广告效果做一分析和评价。

（3）向公司销售人员了解本公司价格水平是否比竞争对手高。

（4）请小朋友回忆本公司的广告用语。

三、市场调研的步骤

市场调研的步骤如图 2－1 所示：

图 2－1　市场调研的步骤

（一）明确调研目标和问题

进行市场调研首先要明确市场调研的目标，根据企业的不同需要，市场调研的目标有所不同。每个企业都会面临这样或那样的问题，但一项调研的目标不能漫无边际；相反，只有将每次调研所要解决的问题范围限定在一个确切的限度内，才便于有效地制订计划和实施调研。而且，问题提得越明确，越能防止调研过程中不必要的浪费。如某企业的营销人员确定了产品市场占有率确实在下降，原因可能有以下几种：①产品质量下降；②竞争对手推出了具有明显优势的新产品；③消费者的兴趣发生转移；④原有的经销商推销不力。如果企业能通过初步调研将这四种假设减少到两个，调研的工作量自然会大大减少。

一般而言，企业的营销管理人员最了解有哪些问题需要调研，市场调研人员则知道具体调研的方法，因此，只有两类人员结合，才能对所要调研的问题范围做出准确的界定。

【小案例2-4】

××汽车公司在一次调研活动中将调研问题定义为："在汽车中安装全球卫星定位系统（GPS）是否能为公司带来更多的利益?"

为了回答这个问题，这次调研活动拟定了以下具体的调查内容：

（1）公司各个目标顾客群体对GPS的了解程度；

（2）GPS对不同的目标顾客群体的作用；

（3）不同的顾客群体对GPS系统可以接受的价格水平；

（4）哪些类型的顾客最有可能购买安装有GPS系统的汽车；

（5）向顾客提供GPS系统对公司在各个目标市场中的市场份额有何影响。例如，在面包车中以2000美元的价格安装GPS系统可以使公司的市场份额提高4%左右。

（二）制订调研方案

制订调研方案，是整个市场调研过程中最复杂的阶段。它主要包括：

1. 确定调研对象

确定调研对象，就是根据市场调研目标选择符合条件的调研活动参与者。市场调研的对象一般为消费者、零售商和批发商。零售商和批发商为经销本公司产品的商家，消费者一般为使用该产品的消费群体。

2. 确定调研内容

调研内容是收集资料的依据，是为实现调研目标服务的，可根据市场调研的目标确定具体的调研内容。如调查消费者行为时，可按消费者购买、使用、使用后评价三个方面列出调查的具体内容项目。调研内容的确定要全面、具体，条理清晰、简练，避免面面俱到、过于繁琐，避免把与调查目的无关的内容列入其中。

3. 确定调研范围

调研范围应与企业产品的销售范围一致。当在某一城市做市场调研时，调研范围应为整个城市。但由于调研样本数量有限，调研范围不可能遍及城市的每一个地方，一般可根据城市的人口分布情况，在城市中划定若干个小范围调研区域，这样可相对缩小调研范围，减少实地访问工作量，提高效率，减少费用。

4. 确定调研方法

调研方法有二手资料调研方法和一手资料调研方法。二手资料调研方法是通过内部资料和外部资料收集来了解有关市场信息，这种方法相对简单。一手资料调研方法是指通过实地调研收集资料。实地调研的方法有多种，归纳起来可分为询问法、观察法和实验法。后面主要介绍一手资料调研方法。

5. 确定调研工具

市场调研人员在收集一手资料的时候可以选择的调研工具有两种：第一种是调查表，它是迄今用于收集一手资料最普遍的工具；第二种是仪器，它在市场调研中使用较少。

6. 确定调研费用预算

编制费用预算的基本原则是：在保证实现调研目标的前提下，力求使调研费用支出最少。市场调研费用预算主要有调查表设计印刷费、访问员培训费、访问员劳务费、礼品费、调查表统计处理费等。

（三）收集资料

在市场调查中，常用的资料收集方法有询问法、观察法和实验法（详见学习任务 2）。

（四）整理和分析资料

运用科学方法，对调研资料进行编校、分类和分析，使之系统化、条理化，并以简明的方式准确反映调研问题的真实情况。整理和分析资料步骤如下：

1. 编校资料

对收集到的资料进行检验、检查，验证各种资料是否真实可靠合乎要求，剔除调研中取得的不符合实际的资料。

2. 分类和整理资料

把经过编校检验的资料，分别归入适当的类别，并制作成有关的统计表或统计图，以便观察分析。资料的整理方法一般可采用统计学中的方法，利用 Excel 工作表格，可以很方便地对调查表进行统计处理，获得大量的统计数据。

3. 分析资料

根据调研方案的规定，按照统计清单处理数据，把复杂的原始数据变成易于理解的资料，并对其给予全面系统的统计和理论分析。

（五）撰写调研报告

撰写调研报告是市场调研的最后一个环节。调研工作的成果将体现在最后的调研报告中，调研报告将成为企业制定市场营销策略的依据。提交市场调研报告是完成调研的标志。

实战演练

1. 背景资料：请同学们登录北京小米科技有限责任公司的官网，了解公司的经营情况。

2. 训练目标：学会制订市场调研方案。

3. 训练内容：运用所学的知识为北京小米科技有限责任公司制订一个针对广州大学生市场的调研方案。

4. 训练步骤：以模拟公司为单位进行训练，步骤如下：

（1）模拟公司成员每人先设计一份简单的市场调研方案。

（2）以模拟公司为单位进行讨论，最后形成统一方案。

（3）每个模拟公司选一名代表向全班同学介绍调研方案。根据各模拟公司汇报的情况，先由模拟公司之间相互提问，进行辩论，最后由教师进行点评。

5. 实训成果：各模拟公司上交一份完整的市场调研方案。

6. 成果考核：以团队为单位进行考核为主，同时考核个人在团队中的表现。

学习任务2
设计调查问卷

任务抛锚

在制定了市场调研方案之后，小米公司就要按照调研方案进行实施。小米公司首先要采用问卷调查法对广州大学生市场进行一次深入的调研。接下来的一个重要工作就是设计调查问卷，如何设计一份既切实可行、又能反映市场真实情况的问卷呢？

任务解析

在现代市场调研中，应将事先准备好的询问提纲或调查表作为调查的依据，这些文件统称为问卷。问卷系统地记载了需要调查的具体内容，是企业了解市场信息资料、实现调研目标的一种重要形式。采用问卷进行调查是国际通行的一种方式，也是我国近年来推行最快、应用最广的一种调查手段。市场调查的形式和方法有很多种，而且根据不同的市场环境和企业特点，在操作过程中往往会有所变化，但是作为一个最重要、也是最有效的办法——问卷调查法，始终被业内人士看作制胜的法宝。

知识储备

一、问卷设计概述

问卷设计是根据调查目的，将所需调查的问题具体化，使调查者能顺利地获取必要的信息资料，并便于统计分析。调查问卷设计是否科学合理，将直接影响问卷的回收率，进而影响资料的真实性与实用性。

一份成功的问卷设计应该具备两个功能：一是能将所要调查的问题明确地传达给被调查者；二是设法取得对方合作，并取得真实、准确的答案。但在实际调查中，由于被调查者的个性不同，他们的文化水平、理解能力、道德标准、宗教信仰、生活习惯、职业和家庭背景等都具有较大差异，加上调查者本身的专业知识与技能高低不同，将会给调查者带来困难，并影响调查的结果。具体表现为以下几个方面：

（1）被调查者不了解或是误解问句的含义，不是无法回答就是答非所问。

（2）被调查者虽然了解问句的含义，愿意回答，但是自己记不清应有的答案。

（3）被调查者了解问句的含义，也具备回答的条件，但不愿意回答，即拒答。具体表现在：①被调查者对问题毫无兴趣。导致这种情况发生的主要原因是，对问卷主题没有兴趣，问卷设计呆板、枯燥，调查环境和时间不适宜。②对问卷有畏难情绪。当问卷时间太长，内容过多，较难回答时，常会导致被调查者在开始或中途放弃回答，影响问卷的回收率和回答率。③对问卷提问内容有所顾虑，即担心如实填写会给自己带来麻烦。其结果是不回答或随意作答，甚至做出迎合调查者意图的回答，这种情况的发生是调查资料失真的最主要原因。例如，在询问被调查者每月收入时，如被调查者每月收入超过 3500 元时，他就会将纳税联系在一起，从而有意压低收入的数字。

（4）被调查者愿意回答，但无能力回答，包括被调查者不善于表达意见、不适合回答和不知道自己的答案等。例如，当询问消费者购买某种商品的动机时，有些消费者对动机的含义不了解，很难做出具体回答。

因此，在市场调查中，应对问卷设计给予足够的重视。

二、问卷设计的格式

一份完整的调查问卷通常包括标题、问卷说明、被调查者基本情况、调查主题内容、编码、调查者情况等内容。

（一）标题

问卷的标题是概括说明调查研究主题，使被调查者对所要回答什么方面的问题有一个大致的了解。确定标题应简明扼要，易于引起被调查者回答的兴趣。例如“大学生上网状况调查”“公众广告意识调查”等。而不要简单采用“问卷调查”这样的标题，它容易引起被调查者因不必要的怀疑而拒答。

（二）问卷说明

问卷说明旨在向被调查者说明调查的目的、意义。有些问卷还有填表须知、交表时间、地点及其他事项说明等。问卷说明一般放在问卷开头，通过它可以使被调查者了解调查目的，消除顾虑，并按一定的要求填写问卷。问卷说明既可采取简洁、开门见山的方式，也可在问卷说明中进行一定的宣传，以引起调查对象对问卷的重视。

（三）被调查者基本情况

这是指被调查者的一些主要特征，如在消费者调查中，消费者的性别、年龄、民族、家庭人口、婚姻状况、文化程度，职业、单位、收入、所在地区等。又如，对企业调查中的企业名称、地址、所有制性质、主管部门、职工人数、商品销售额（或产品销售量）等情况。这些项目便于对调查资料进行统计分组、分析。在实际调查中，列入哪些项目、列入多少项目，应根据调查目的、调查要求而定，并非多多益善。

（四）调查主题内容

调查的主题内容是调查者所要了解的基本内容，也是调查问卷中最重要的部分。它主要是以提问的形式提供给被调查者，这部分内容设计的好坏直接影响整个调查的价值。主题内容主要包括以下几个方面：

（1）对人们的行为进行调查，包括对被调查者本人行为进行了解或通过被调查者了解他人的行为。

（2）对人们的行为后果进行调查。

（3）对人们的态度、意见、感觉、偏好等进行调查。

（五）编码

编码是将问卷中的调查项目变成数字的工作过程。大多数市场调查问卷均需加以编码，以便分类整理，易于进行计算机处理和统计分析。所以，在问卷设计时，应确定每一个调查项目的编号和为相应的编码做准备。通常是在每一个调查项目的最左边按顺序编号。如：（1）您的姓名，（2）您的职业。而在调查项目的最右边，根据每一调查项目允许选择的数目，在其下方划上相应的若干短线，以便编码时填上相应的数字代号。

（六）调查者情况

在调查表的最后，附上调查员的姓名、访问日期、时间等，以明确调查人员完成任务的性质。如有必要，还可写上被调查者的姓名、单位或家庭住址、电话等，以便于审核和进一步追踪调查。但对于一些涉及被调查者隐私的问卷，上述内容则不宜列入。

三、问卷设计的程序

（一）准备阶段

准备阶段是根据调研方案中的调研主题的范围和调研问题，将所需问卷资料一一列出，分析哪些是主要资料，哪些是次要资料，哪些是调查的必备资料，哪些是可要可不要的资料，并分析哪些资料需要通过问卷来取得，需要向谁调查等，对必要资料加以收集。同时，要分析调查对象的各种特征，即分析了解各被调查对象的社会阶层、行为规范、社会环境等社会特征；文化程度、知识水平、理解能力等文化特征；需求动机、行为等心理特征，以此作为拟定问卷的基础。在此阶段，应充分征求有关各类人员的意见，了解问卷中可能出现的问题，力求使问卷切合实际，能够充分满足各方面分析研究的需要。可以说，问卷设计的准备阶段是整个问卷设计的基础，是问卷调查能否成功的前提条件。

（二）初步设计

在准备工作基础上，设计者就可以按照设计原则设计问卷初稿，主要是确定问卷结构，拟定并编排问题。在初步设计中，首先要标明每项资料需要采用何种方式提问，并尽量详尽地列出各种问题，然后对问题进行检查、筛选、编排，设计每个项目。对提出的每个问题，都要充分考虑是否有必要，能否得到答案。同时，要考虑问卷是否需要编码，或需要向被调查者说明调查目的、要求、基本注意事项等。这些都是设计调查问卷时非常重要的工作，必须精心研究，反复推敲。

（三）试答和修改

一般来说，所有设计出来的问卷都存在着一些问题，因此，需要将初步设计出来的问卷在小范围内进行试验性调查，以便弄清问卷在初稿中存在的问题，了解被调查者是否乐意回答和能够回答所有的问题，哪些语句不清、多余或遗漏，问题的顺序是否符合逻辑，回答的时间是否过长等。如果发现问题，应做必要的修改，使问卷更加完善。试调查与正式调查的目的是不一样的，它并非要获得完整的问卷，而是要求回答者对问卷各方面提出意见，以便修改。

（四）付印

付印就是将最后定稿的问卷，按照调查工作的需要打印复制，制成正式问卷。

四、问卷设计的技术

（一）问题设计

1. 直接性问题、间接性问题和假设性问题

（1）直接性问题是指在问卷中能够通过直接提问方式得到答案的问题。直接性问题通常给回答者一个明确的范围，所问的是个人基本情况或意见，比如，“您的年龄”“您的职业”“您最喜欢的手机是什么牌子的?”等，这些都可获得明确的答案。这种提问对统计分析比较方便，但遇到一些窘迫性问题时，采用这种提问方式，可能无法得到所需要的答案。

（2）间接性问题是指那些不宜于直接回答，而采用间接的提问方式得到所需答案的问题。通常是指那些被调查者因对所需回答的问题产生顾虑，不敢或不愿真实地表达意见的问题。调查者不应为得到直接的结果而强迫被调查者，使他们感到不愉快或难堪。这时，如果采用间接回答方式，使被调查者认为很多意见已被其他调查者提出来了，他所要做的只不过是对这些意见加以评价罢了，这样，就能排除调查者和被调查者之间的某些障碍，使被调查者有可能对已得到的结论提出自己不带掩饰的意见。

例如，“您认为妇女的权利是否应该得到保障?”大多数人都会回答“是”或“不是”。而实际情况则表明许多人对妇女权利有着不同的看法。如果改问：

A：有人认为妇女权利应该得到保障的问题应该得到重视。

B：另一部分人认为妇女权利问题并不一定需要特别提出。

您认为哪种看法更为正确?

对 A 种看法的意见：

①完全同意；②有保留的同意；③不同意。

对 B 种看法的意见：

①完全同意；②有保留的同意；③不同意。

（3）假设性问题是通过假设某一情景或现象存在而向被调查者提出的问题。例如：“有人认为目前的网络广告过多，您的看法如何?”“如果在购买汽车和住宅中您只能选择一种，您可能会选择何种?”这些语句都属于假设性提问。

2. 开放性问题和封闭性问题

（1）开放性问题是指所提出的问题并不列出所有可能的答案，而是由被调查者自由作答的问题。开放性问题一般提问比较简单，回答比较真实，但结果难以做定量分析。在对其做定量分析时，通常是将回答进行分类。

（2）封闭性问题是指已事先设计了各种可能的答案的问题，被调查者只要或只能从中选定一个或几个现成答案的提问方式。封闭性问题由于答案标准化，不仅回答方便，而且易

于进行各种统计处理和分析。但缺点是回答者只能在规定的范围内被迫回答，无法反映其他各种有目的的、真实的想法。

3. 事实性问题、行为性问题、动机性问题、态度性问题

（1）事实性问题是要求被调查者回答一些有关事实性的问题。例如，“您通常什么时候上网?”这类问题的主要目的是为了获得有关事实性资料。因此，问题必须清楚，使被调查者容易理解并回答。通常在一份问卷的开头和结尾都要求被调查者填写其个人资料，如职业、年龄、收入、家庭状况、教育程度、居住条件等，这些问题均为事实性问题，对此类问题进行调查，可为分类统计和分析提供资料。

（2）行为性问题是对被调查者的行为特征进行调查。例如，“您是否拥有小米手机?”“您一周看几次电影?”

（3）动机性问题是为了解被调查者行为的原因或动机问题。例如，“您为什么购买小米手机?”“为什么喜欢看电影?”等。在提动机性问题时，应注意人们的行为可以是由有意识动机，也可以是由半意识动机或无意识动机产生的。对于前一种，有时会因各种原因不愿真实回答；对于后两种，可能因被调查者者对自己的动机不十分清楚，也会造成回答的困难。

（4）态度性问题是关于对被调查者的态度、评价、意见等问题。例如：“您是否喜欢小米手机?”

在实际调查中，以上几种类型的问题往往是结合使用的。在同一个问卷中，既有开放性问题，也有封闭性问题。甚至同一个问题中，也可将开放性问题与封闭性问题结合起来，组成结构式问题。例如，“您家里目前有汽车吗? 若有，是什么牌子的?”同样，事实性问题可采取直接提问方式，但对于被调查者不愿直接回答的问题，也可以采取间接提问方式，问卷设计者可以根据具体情况选择不同的提问方式。

（二）问句的答案设计

在市场调查中，无论是何种类型的问题，都需要事先对问句答案进行设计。在设计答案时，可以根据具体情况采用不同的设计形式。

1. 二项选择法

二项选择法也称真伪法或二分法，是指提出的问题仅有两种答案可以选择。“是”或“否”，“有”或“无”等。这两种答案是对立的、排斥的，被调查者的回答非此即彼，不能有更多的选择。例：“您家里现在有电脑吗?”答案只能是“有”或“无”。

这种方法的优点是：易于理解，并可迅速得到明确的答案，便于统计处理和分析，但难以反映被调查者意见与程度的差别，了解的情况也不够深入。这种方法，适用于互相排斥的两项择一式问题及询问较为简单的事实性问题。

2. 多项选择法

多项选择法是指所提出的问题事先预备好两个以上的答案，被调查者可任选其中的一项或几项。

例：“您喜欢下列哪一种牌号的手机?”（在您认为合适的□内划√）

华为□　苹果□　三星□　小米□　酷派□　TCL□　其他□

由于所设答案不一定能表达出填表人所有的看法，所以在问题的最后通常可设“其他”

项目，以便被调查者表达自己的看法。

这个方法的优点是比二项选择法的强制选择有所缓和，答案有一定的范围，也便于统计处理。但采用这种方法时，设计者要考虑以下两种情况：

（1）要考虑到全部可能出现的结果以及答案可能出现的重复和遗漏。

（2）要注意选择答案的排列顺序。有些回答者常常喜欢选择第一个答案，从而使调查结果发生偏差。此外，如果答案较多使回答者无从选择，或产生厌烦。一般这种多项选择答案应控制在8个以内，当样本量有限时，多项选择易使结果分散，缺乏说服力。

3. 顺位法

顺位法是列出若干项目，由被调查者按重要性决定先后顺序。顺位法主要有两种：一种是对全部答案排序；另一种是只对其中的某些答案排序。究竟采用何种方法，应由调查者来决定。具体排列顺序，则由被调查者根据自己所喜欢的事物和认识事物的程度等进行排序。

例如："您选购手机的主要条件是（请将所给答案按重要顺序1，2，3……填写在□中）

价格便宜□　　外形美观□　　维修方便□　　牌子有名□

经久耐用□　　功能齐全□　　　其他□

顺位法便于被调查者对其意见、动机、感觉等做衡量和比较性的表达，也便于对调查结果加以统计。但调查项目不宜过多，过多则容易分散，很难顺位，同时所询问的排列顺序也可能对被调查者产生某种暗示影响。这种方法适用于对要求答案有先后顺序的问题。

4. 回忆法

回忆法是指通过回忆，了解被调查者对不同商品质量、牌子等方面印象的强弱。例如："请您列举最近在电视广告中出现的手机有哪些牌子"，调查时可根据被调查者所回忆牌号的先后和快慢以及各种牌号被回忆出的频率进行分析研究。

5. 比较法

比较法是采用对比提问方式，要求被调查者做出肯定回答的方法。

例如："请比较下列不同牌号的牙膏，你认为哪种更好？"（在您认为好的牙膏牌子□中划√）

黑人　□　　　　高露洁□

两面针□　　　　中华　□

佳洁士□　　　　舒适达□

黑妹　□　　　　冷酸灵□

比较法适用于对质量和效用等问题做出评价。应用比较法要考虑被调查者对所要回答问题中的商品牌号等项目是否相当熟悉，否则将会导致空项发生。

6. 自由回答法

自由回答法是指提问时可自由提出问题，没有拟定好答案，被调查者可以自由发表意见。例如，"您觉得软包装饮料有哪些优缺点？""您认为应该如何改进电视广告？"等。

这种方法的优点是涉及面广，灵活性大，被调查者可充分发表意见，可为调查者搜集到某种意料之外的资料；缺点是由于被调查者提供答案的想法和角度不同，在答案分类时资料较难整理，还可能因被调查者表达能力的差异形成调查偏差。另外，由于时间关系或缺乏心理准备，被调查者往往放弃回答或答非所问。因此，此种问题不宜过多。这种方法适用于那些不能预期答案或不能限定答案范围的问题。

7. 过滤法

过滤法又称“漏斗法”，是指最初提出的是离调查主题较远的广泛性问题，再根据被调查者回答的情况，逐渐缩小提问范围，最后有目的地引向要调查的某个专题性问题。这种方法询问及回答比较自然、灵活，使得双方合作的氛围轻松活跃，能够获得被调查者较为真实的想法。但要求调查人员善于把握被调查者心理，具有较高的询问技巧。该方法的缺点是不易控制调查时间。当被调查者在回答问题时有所顾虑，或者一时不便于直接表达对某个问题的具体意见时可采用此法。例如，涉及被调查者自尊或隐私等问题，如收入、文化程度、妇女年龄等问题。

（三）问卷设计应注意的几个问题

问卷设计总的要求是：问卷中的问句表达要简明、生动，注意概念的准确性，避免提似是而非的问题，具体应注意以下几点：

1. 调查表的设计要重点突出，避免提一般性问题

例如：“您对某超市的印象如何？”这样的问题过于笼统，很难达到预期效果，可具体提问：“您认为某超市商品品种是否齐全、营业时间是否恰当、服务态度怎样？”等。

2. 避免用不确切的词和含糊不清的句子

例如“普通”“经常”“一些”等，以及一些形容词，如“美丽”等。这些词语，各人理解往往不同，在问卷设计中应避免或减少使用。例如：“您是否经常购买洗发液？”回答者不知经常是指一周、一个月还是一年，可以改问：“您上月共购买了几瓶洗发液？”

再如：“您最近是出门旅游，还是休息？”出门旅游也是休息的一种形式，它和休息并不存在选择关系，正确的问法应该是：“您最近是出门旅游，还是在家休息？”

3. 避免出现被调查者不好回答、不愿回答或令被调查者难堪的问题

提太难的问题，你就会得出虚假的数据，被调查者往往会捏造答案。如果有些问题非问不可，也不能只顾自己的需要穷追不舍，应考虑被调查者的自尊心。

例如：“您去年家庭的生活费支出是多少？用于旅游、食品分别为多少？”除非被调查者连续记账，否则很难回答出来。一般可问：“您家上月购买食品的支出是多少？”显然，这样缩小时间范围可使问题回忆起来较容易，答案也比较准确。

再如：“您是否离过婚？离过几次？谁的责任？”等。又如，直接询问女士年龄也是不太礼貌的，可列出年龄段：20 岁以下，20～30 岁，30～40 岁，40 岁以上，由被调查者挑选。

4. 避免引导性提问和断定性的问题

如果提出的问题暗示出调查者的观点和见解，力求使被调查者跟着这种倾向回答，这种提问就是“引导性提问”。例如：“消费者普遍认为××牌子的手机好，你的印象如何？”引导性提问会导致两个不良后果：一是被调查者不加思考就同意所引导问题中暗示的结论；二是由于引导性提问大多是引用权威或大多数人的态度，被调查者考虑到这个结论既然已经是普遍的结论，就会产生心理上的顺向反应。此外，被调查者对于一些敏感性问题，在引导性提问下不敢表达其他想法等。因此，这种提问是调查的大忌，常常会引出和事实相反的结论。

再如：“你一天抽多少支烟？”这种问题即为断定性问题，被调查者如果根本不抽烟，

就会造成无法回答。正确的处理办法是此问题可加一条“过滤”性问题。即：“您抽烟吗?”如果回答“是”，可继续提问，否则就可终止提问。

5. 要避免问题与答案不一致

所提问题与所设答案应做到一致，例如，“您经常看哪个栏目的电视?”

选项为：①经济生活；②电视红娘；③电视商场；④经常看；⑤偶尔看；⑥根本不看。

6. 问题次序要条理清楚，符合逻辑顺序

一般可将容易回答的问题放在前面，较难回答的问题放在中间，敏感性问题放在最后；封闭式问题在前，开放式问题在后。

实战演练

1. 背景资料：请同学们登录北京小米科技有限责任公司的官网，了解公司的经营情况。

2. 训练目标：能够设计出操作性强、切实可行的调查问卷。

3. 训练内容：运用所学的知识为北京小米科技有限责任公司设计一个针对广州大学生市场的调查问卷。

4. 训练步骤：以模拟公司为单位进行训练，步骤如下：

（1）各模拟公司成员每人设计一份市场调查问卷。

（2）小组集中讨论，剔除内容重复的问题，在讨论中达成共识，最后形成小组的统一调查问卷。

（3）每个模拟公司选一名代表向全班同学展示本公司设计的调查问卷。根据各模拟公司汇报的情况，先由模拟公司之间相互提问，进行辩论，最后由教师进行总结。

5. 实训成果：各模拟公司以文档形式提交一份市场调查问卷。

6. 成果考核：个人考核由所在模拟公司进行考核；团队考核以各模拟公司最后提交的问卷为依据。

学习任务 3
进行实地调研

任务抛锚

根据市场调研方案的要求，公司既要获取广州大学生市场的一手资料，也要收集二手资料，但重点放在一手资料的收集上。该如何进行实地调研呢?

任务解析

市场调查分为一手资料的调查与二手资料的调查。二手资料的调查就是传统意义上的“案头调研”，也就是从现有资料中收集信息并进行分析；而一手资料，则是要经过实地调研才能取得。在市场调研中，常用的一手资料收集方法有询问法、观察法和实验法。一般来说，第一种方法适宜于描述性研究，后两种方法适宜于探测性研究。小米公司根据实际调研项目的要求选择询问法。这一阶段的实际工作量最大，支出费用最大，而且最容易出错。这个阶段的任务还包括根据调研任务和规模要求建立调查组织或外请专业调查公司，训练调查人员，准备调查工具，展开实地调查等。

知识储备

一、询问法

询问法是指通过询问的方式向被调研者了解市场信息的一种方法，又可分为面谈法、邮寄法、电话调查法、留置法等。

（一）面谈法

面谈法是调研人员直接访问被调研对象，向被调研对象提问有关问题，以获取信息资料的方法。通常调研人员会根据事先拟好的问卷或调研提纲进行提问，但有时也可采用自由交谈的方式进行。使用面谈法进行调研，可以采用个人访问法，即一对一的面谈，也可以采用集体访问法，即几个人的集体面谈。

面谈法的优点是能直接与被调研对象面对面交流，听取被调研者的意见，观察其反应，灵活性较大，没有固定套路，可以泛泛而谈，也可深入详谈，所涉及的问题范围可宽可窄；问卷或调研表回收率较高且质量易于控制。但缺点是调研成本比较高，调研结果受调研人员业务水平和被调研者回答问题真实与否的影响很大。

（二）邮寄法

邮寄法是将事先设计好的问卷或调研表，通过邮件的形式寄发给被调研对象，由他们填好以后按规定的时间邮寄回来。使用此法最大的优点是选择调研范围不受任何的限制，即可以在很广的范围选取样本；被调研者有比较充裕的时间来考虑答复的问题，使问题回答得更为准确；不受调研人员在现场的影响，得到的信息资料较为客观真实。其缺点是邮件回收率很低，因而容易影响样本的代表性；问卷回收期长，时效性差；缺乏调查对象的控制；由于问卷或许是由指定地址之外的其他人填写，可能会出现错误的答复或不真实信息。

（三）电话调查法

电话调查法是通过电话询问的形式向被调研对象获取信息资料的方法。电话询问法的优点在于：可以短时期内调研较多的对象，成本也比较低，并能以统一的格式进行访问，所得信息资料便于统计处理。其缺点是不易得到被调研者的合作；不能询问较复杂的问题，调研难以深入。

（四）留置法

留置法就是由调研人员将事先设计好的问卷或调研表当面交给被调研对象，并说明回答问题的要求，留给被调研对象自行填写，然后，由调研人员在规定的时间收回。这种询问方式的优点是，调研问卷回收率高，被调研者可以当面了解填写问卷的要求，避免由于误解调研内容而产生的误差。同时，采用留置法，被调研者的意见可以不受调研人员意见的影响，填写问卷的时间较充裕，便于思考回忆。其主要缺点是，调研地域范围有限，调研费用较高，也不利于对调研人员的活动进行有效的监督。

二、观察法

观察法是指通过感觉器官或借助一定的仪器，有目的、有计划跟踪、记录被调研对象的行为特征来取得第一手资料的调研方法。在观察过程中，可以通过耳听、眼看或借助于摄影设备和仪器等手段来获得某些主要信息。在现代市场营销活动中，观察法通常用于消费者行为的调查以及对商品的花色、品种、规格、质量、技术服务等方面的调查。

【小案例 2－5】

伊维德罗森希尔公司的观察法

帕科·安德希尔（Paco Underhill）成立了一家名为伊维德罗森希尔（Environsell）的公司，它 20 年来一直追踪观察购物者。其客户包括麦当劳、星巴克、雅诗兰黛和百事达。他们研究不同的零售店，并且利用独特的方法记录下购物者的行为。他们还应用剪报板、跟踪单、视像设备以及敏锐的眼睛来描述购物者行为的每个细微差别。

他们的调研结果给很多商店提出了许多实际的改进措施。例如，他们用一卷胶片拍摄了一家主要是青少年光顾的音像商店，发现这家商店把磁带放在孩子们拿不着的很高的货架上。安德希尔指出应把商品放低 18 英寸，结果销售量大大增加。

又如一家叫伍尔沃思的公司发现商店的后半部分的销售额远远低于其他部分，安德希尔通过观察和拍摄现场解开了这个谜。在销售高峰期，收银台前顾客排着长长的队伍，一直延伸到商店的另一端，这实际上妨碍了顾客从商店的前面走到后面。后来商店专门安排了结账区，结果商店后半部分的销售额增加得很快。

他们还出过很多的点子。例如，建议在仟仟百货增加椅子，放一台电视机，让丈夫观看电视，耐心地等待妻子逛商店。

三、实验法

实验法是指市场调研者有目的、有意识地改变一个或几个影响因素，来观察市场现象在这些因素影响下的变动情况，通过实验对比来取得市场情况第一手资料的调研方法。例如，为了提高商品包装的经济效果，可以运用实验法在选择的特定地区和时间内进行小规模试验性改革，试探性了解市场反应，然后根据试验的初步结果，考虑是否需要大规模推广或者决定推广的规模。这样做有利于提高工作的预见性，减少盲目性。同时，通过实验对比，还可以比较清楚地了解事物发展的因果联系，这是询问法和观察法不易做到的。因此，在条件允许时，采用实验法进行市场调研还是大有益处的。实验法将实践与认识统一为调查研究过程，企业的经营活动中经常运用这种方法，如开展一些小规模的包装实验、价格实验、广告实验、新产品销售实验等，来测验这些措施在市场上的反应，以实现对市场总体的推断。

实战演练

1. 背景资料：请同学们登录北京小米科技有限责任公司的官网，了解公司的经营情况。

2. 训练目标：学会收集和整理第一手资料，会使用问卷星网站统计整理资料。

3. 训练内容：根据设计出的调研方案和问卷，运用问卷调查法、询问法进行实地调研，每个模拟公司完成50份调查问卷、10个面对面访谈。

4. 训练步骤：以模拟公司为单位进行训练，步骤如下：

（1）以模拟公司为单位，公司负责人对此次调研进行分工。

（2）利用课余时间，1～2人为单位在校园或大学城进行调研。

（3）每个模拟公司选一名代表向全班同学介绍本公司是如何进行实地调研的，要求有图片和视频作为佐证材料。

（4）各模拟公司将本公司收集到的一手资料上传到问卷星网站。

（5）各模拟公司以全班收集的资料为样本，以问卷星统计的结果为基础，用PPT做出调研分析，在全班汇报。根据各模拟公司汇报的情况，先由模拟公司之间相互提问，进行辩论，最后由教师进行总结。

5. 实训成果：各模拟公司提交一份实地调研情况汇报。

6. 成果考核：对个人和模拟公司同时考核。个人主要考核在实地调查中的表现，完成任务情况；团队主要考核总体任务完成情况。

学习任务4 撰写市场调研报告

任务抛锚

通过采用询问法的调查和文献资料的整理，小米科技有限责任公司获得了大量的一手和二手资料。市场调研的最后一个环节，也是最重要的一个环节就是撰写市场调研报告。怎样才能撰写出高质量的市场调研报告呢？

任务解析

调研报告是整个调查工作，包括计划、实施、收集、整理等一系列过程的总结，是调查研究人员劳动与智慧的结晶，也是决策者需要的最重要的书面结果之一。它是一种沟通、交流形式，其目的是将调查结果、战略性的建议以及其他结果传递给公司决策人员。因此，认真撰写调研报告，准确分析调查结果，明确给出建议是市场调研人员的重要职责之一。

知识储备

一、市场调研报告概述

市场调研报告是对市场的全面情况，或某一侧面、某一问题进行深入细致的调查研究后所写成的书面报告，是针对市场状况进行的调查与分析，因而有着不同于其他报告的特点。市场调研报告的作用在于帮助企业管理者掌握市场的现状和趋势，并以此作为营销决策的依据和基础，增强企业的应变能力和竞争能力。

二、市场调研报告的格式

（一）标题

标题是市场调研报告的题目，一般有两种构成形式：

1. 公文式标题

即由调研对象和内容、文种名称组成，例如：《关于2013年大学生消费支出情况的调研报告》。

2. 文章式标题

即用概括的语言形式直接交代调研的内容或主题，例如：《广东省大学生潜在购买力动向》。在市场调研的实践中，这种类型的市场调研报告的标题多采用双题（正副题）的结构形式，更为引人注目，例如：《市场在哪里——广州地区电动车用户调查》。

（二）目录

如果调查报告的内容、页数较多，为了方便读者阅读，应当使用目录或索引形式列出报告的主要章节和附录。一般来说，目录的篇幅不宜超过一页。

（三）摘要

摘要是市场调研报告正文的前置部分，要写得简明扼要、精练概括。一般应交代调研的目的、时间、地点、对象、范围、方法等以及调研者自身相关的情况，也可概括市场调研报告的基本观点或结论，以使读者对全文内容、意义等获得初步了解。

（四）正文

正文是调查报告的主体。这部分是市场调研报告的核心，也是写作的重点和难点所在。

正文对调查得来的事实和有关材料进行叙述，对所调查的结果进行综合分析，在此基础上提出有针对性的对策和建议。具体包括以下三个方面的内容：

1. 情况介绍

情况介绍是对调研所获得的基本情况进行介绍和描述，是全文的基础和主要内容。一般采用叙述和说明相结合的表达方式，将调研对象的情况等表述清楚，力求做到准确、具体、富有条理性，以便为下文的分析和建议提供充分的依据。

2. 分析预测

分析预测是在对调研所获基本情况进行分析的基础上对市场发展趋势做出预测，它直接影响到管理者的决策行为，因此，此处必须下大工夫。要采用议论的表达方式，对调研所获得的资料进行科学的研究和推断，并据以形成符合市场变化规律的结论性意见。

3. 营销建议

这部分内容是市场调研报告的写作目的和宗旨，要在调研情况和分析预测的基础上，提出具体的建议和措施，供决策者参考。要注意所提建议必须具有针对性和可行性，能够切实解决问题。

（五）附件

附件是指调研报告正文包含不了或没有提及，但与正文有关必须附加说明的部分。它是对正文报告的补充或更详尽的说明。例如，为调研选定样本的有关细节资料及附录，包括以下内容：①调研问卷。②技术细节说明，比如对一种统计工具的详细阐释。③其他必要的附录，比如调研所在地的地图、调研期间所使用的文件副本等。

三、撰写市场调研报告应注意的问题

（一）明确调研报告的阅读对象

为了提高调研报告的可阅读性，应做到版面设计合理、语言简洁、字迹清晰、书写工整。同时，市场调研报告是为特定的对象撰写的，他（们）可能是管理部门的决策者，也可能是一般的用户。因此，撰写者不但要考虑这些读者的文化水平、对调查项目的兴趣，还应当考虑他们可能在什么环境下阅读报告以及他们会如何使用这个报告。有时候，调研报告的读者可能具有不同的文化水平或对项日有不同的兴趣。

（二）以真实准确的数据材料为依据，用事实说话

市场调研是为了揭示事物的真相和反映客观现实问题，要求在研究过程中实事求是，按照严格的程序进行科学的研究，克服个人偏见和主观影响。因此，调研报告也必须以实事求是的科学态度，真实、准确、全面地总结和反映调查结果，不能有任何虚假内容。同时，要注意信息资料的全面性，避免因结论和建议的片面性对决策者造成误导。

（三）简明扼要，重点突出

调研报告应该是精炼的，其内容应该密切结合调查宗旨，重点突出调研目标完成和实现情况。一份高质量的调查报告既要具备全面性、系统性，又要具备针对性和适用性。因此，

在编写调查报告时必须对信息资料进行严格分类和筛选，剔除一切无关资料。

（四）资料的解释要充分和相对准确

在进行资料的解释时，注意解释的充分性和相对准确性。解释充分是指利用图、表说明时，要对图表进行简要、准确的解释；解释相对准确是指在进行数据的解释时尽量不要产生误导。例如，在一个相对小的样本中，把引用的统计数字保留到两位小数以上常会造成虚假的准确性。“有 55. 12% 的被调研者偏好我们的产品。”这种陈述会让人觉得 55. 12% 这个数是非常精确的。

实战演练

1. 背景资料：请同学们登录北京小米科技有限责任公司的官网，了解公司的经营情况。

2. 训练目标：学会撰写市场调研报告。

3. 训练内容：根据前面的调研统计结果，撰写一份质量较高的调研报告。

4. 训练步骤：分别以个人和模拟公司进行训练，步骤如下：

（1）模拟公司里的每个成员撰写一份市场调研报告，交给老师指导；

（2）每个成员根据老师指导的意见修改报告；

（3）小组讨论，评选出好的调研报告在全班交流。

5. 实训成果：各个模拟公司提交一份完整的市场调研报告。

6. 成果考核：以模拟公司为单位进行考核。以市场调研报告撰写的质量为考核依据。

项目三

3 分析市场营销环境

知识目标

1. 熟悉宏观环境和微观环境的主要内容；
2. 掌握分析和评价环境要素的基本方法及其对策。

能力目标

1. 能够分析影响企业营销的宏观和微观因素；
2. 会使用 SWOT 分析模型分析营销环境。

学习任务 1 分析宏观环境

任务抛锚

肯德基炸鸡是美国家喻户晓的熟食品，它的起源可追溯到 1930 年。那时有个叫桑德斯的商人在美国肯德基州的小城科宾开了一家餐馆和加油站，生意做得很不错。5 年之后，桑德斯被肯德基州长授予“肯德基上校”荣誉称号。到了 1939 年，肯德基炸鸡出现在美国著名的饮食指南《美食的探险》一书中，从此，桑德斯餐馆的炸鸡——肯德基炸鸡便闻名于世了。

肯德基炸鸡对技术要求很高，对其制作和销售都有特殊规定。但附加的菜因各地的风俗习惯、口味不同而加以调整。如给英国人的配菜是炸薯片；关岛的炸鸡却是用辣油和酱油加在米饭里一起吃；在中东则用一种叫塔布里的生菜沙拉；而在美国的炸鸡店，一般都用玉米、凉拌包心菜、土豆泥等作为附加餐。

进入 20 世纪 70 年代之后，由于日本经济的迅速发展，人民的消费水平得到大幅度的提高，使日本成为世界上仅次于美国的最大消费国。肯德基公司决定打入日本市场。

肯德基进入日本市场将面对哪些宏观环境？如何才能适应这些宏观环境呢？

任务解析

市场营销环境是企业生存和发展的条件。营销环境的变化，既可以给企业带来市场机会，也可以给企业造成严重威胁。当代企业的外部营销环境变化远远超过了企业内部因素变化的速度，企业的生存和发展愈来愈决定于其适应外界营销环境变化的能力。营销者的职责在于正确识别市场营销环境所带来的可能机会和威胁，从而调整企业的营销策略以适应环境变化。

肯德基要进入完全陌生的日本市场，首先必须要了解企业面临的宏观环境和微观环境。宏观环境包括：人口环境、经济环境、社会文化环境、自然环境、政治法律环境和科学技术环境；微观环境包括：企业内部条件、供应商、营销中介、顾客、竞争者和社会公众等因素。具体如图 3－1 所示。

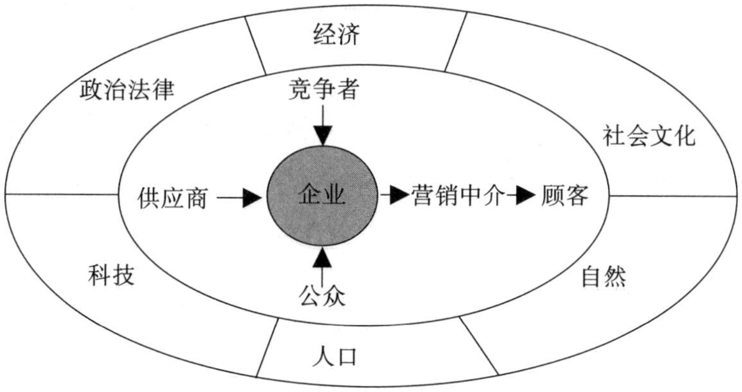

图 3－1　营销环境

知识储备

一、市场营销环境的特点

任何企业的营销活动都要在一定的市场营销环境中进行。市场营销环境是指影响企业市场营销活动及其目标实现的各种因素及条件，可分为宏观环境和微观环境两大类。研究营销环境的目的就是要通过对环境变化的观察来把握其趋势以发现企业发展的新机会和避免这些变化所带来的威胁。企业要在复杂多变的环境下驾驭市场，就必须认真研究市场环境的特征。一般来说，企业市场营销环境有以下特点：

（一）客观性

营销环境是客观存在的，不以企业的意志为转移，其发展变化是企业不可控制的。企业研究环境，目的就是为了适应不同的环境，求得生存和发展。对于所有影响企业营销活动的环境因素，企业不但要主动地去适应，而且要不断地创造和开拓出对自己有利的环境。

（二）多变性

构成企业营销环境的因素是多方面的，而每一个因素都会受到诸多因素的影响，都会随着社会经济的发展而不断变化。营销环境的变化，既给企业提供了机会，也为企业带来了威胁，这要求企业必须追踪变化的环境因素和条件，不断调整其营销策略。

（三）差异性

不同的国家与地区之间，宏观环境存在着广泛的差异。不同的企业，其微观环境也千差万别。营销环境的差异性不仅表现在不同企业受不同环境的影响，还表现为同一环境因素的变化对不同企业的影响也是不同的。正是由于外界环境因素对企业作用的差异性，各个企业为应付环境变化而采取的营销策略也各不相同。

（四）相关性

构成营销环境的各个因素不是孤立的，而是互相影响、互相制约的。

（五）可利用性

营销环境的变化虽然不以企业的意志为转移，但可以被企业利用。企业可以根据环境因素的变化来主动调整市场营销战略，或料事于未萌，或避危于未发，甚至可以通过众多的联合力量去冲破环境制约。

二、宏观环境的构成因素

（一）人口环境

人口是构成市场的基本因素。在收入一定的情况下，一个国家或地区总人口的多少，决定了市场容量和规模的大小。人口环境包括人口规模、人口增长、人口结构、人口的地理分布密度等因素。市场营销活动是围绕市场来开展的，而市场又是由具有购买欲望和购买力的人群组成的。因此，人口环境就成为企业营销首要分析评估的宏观环境因素。

1. 人口规模对企业营销的影响

一般来说，在经济发展和收入水平相同的情况下，一个国家的人口规模越大，市场规模也越大。人口规模对市场规模大小的影响，主要表现在人们对基本生活资料方面的需求，例如食物、衣着、日用品等。因此，人口规模就成为企业营销活动预测基本生活资料市场大小的主要因素。随着世界及我国人口规模的扩大，世界及我国的市场规模也会不断扩大。

2. 人口增长对企业营销的影响

对营销者来说，除了要通过人口规模来了解现有市场规模，还需要关注人口发展的趋势。因为人口增长速度的快慢，直接影响着未来市场需求增长和变化的方向。目前，发展中国家或地区的人口增长率远高于发达国家，有些西欧、北欧国家的人口增长率甚至为负。这意味着发展中国家或地区的消费需求会不断增长，市场潜力很大；相反，有些西欧、北欧国家或地区人口出生率下降，则可能会造成这些国家儿童用品消费需求总量的相对减少，对营销儿童用品的企业是一种“环境威胁”，但对另一些行业，如旅游业、交通运输业、餐饮业等来说，可能是增加了市场机会。但要注意，人口的迅速增长也可能导致人均收入下降，限制经济的发展，从而降低市场的吸引力。

【小案例 3 -1】

“尿布大王”——尼西奇公司

尼西奇公司在20世纪40年代是一个生产雨衣、游泳帽、卫生巾、尿布等橡胶、塑料制品的综合型企业。当时由于经济不稳、订货不足，曾面临倒闭的危险。身为公司董事长的多川博清楚地认识到，如果不生产一种需要量大的产品，公司就站不住脚。他从日本政府发布的人口普查资料中获悉，日本每年大约出生250万个婴儿。这个数字给了他启示：如果每个婴儿每年只用2块尿布，那么就需要500万条，除此以外，潜在市场需要也很大。于是他决定企业转产，专门生产经营尿布，并集中力量创建名牌产品。经过几十年的努力，终于使尼西奇尿布在日本与丰田汽车、东芝彩电、夏普音响一样有名。

目前，日本婴儿所使用的尿布，每三条中有两条是他们生产的。不仅如此，尼西奇公司生产的尿布还远销欧洲、非洲、大洋洲、美洲的70多个国家和地区。近几年来，公司的销售额每年持续递增20%，年销售额高达70亿日元，从而成为世界上最大的尿布生产厂商。公司也连年被日本政府命名为“出口有功企业”，并被誉为“尿布大王”。

3. 人口结构对企业营销的影响

营销者除了要了解掌握人口规模、人口增长以外，还要注意分析人口的结构。因为人口结构的不同导致消费者对商品有着不同的需求。分析不同的人口结构，能够为企业寻找目标市场提供依据。人口结构主要包括：人口的年龄结构、性别结构、学历结构、家庭结构、社会结构以及民族结构。

（1）年龄结构 。不同年龄的消费者，对商品有着不同的需求，形成各具特色的市场。例如，婴儿需要奶粉和尿布；儿童需要玩具；青少年需要书籍、文具；老年人对保健品有较大需求等。人口年龄通常分为六个阶段：学龄前儿童、学龄儿童、青少年、25～40岁青年人、40～60岁中年人和60岁以上的老年人。目前，世界人口呈老龄化上升趋势，发达国家65岁以上的老人占总人口的比重已达13%以上，预计到2025年将达到23.6%。人口的年龄结构发生了极大的变化。

（2）性别结构。人口的性别不同，会给市场需求带来明显的差异。不同性别的消费者，不仅对商品的需求不同，在购买行为和习惯方面也表现出极大的差别。企业营销者有必要掌握人口性别的差异给企业产品营销带来的差异影响，以便制定和调整营销策略。

（3）学历结构。人口学历结构反映人口受教育程度的高低。人们受教育程度不同，对商品的要求也不尽相同，会表现出不同的消费差别。

（4）家庭结构。家庭构成市场的基本单位。家庭的数量直接影响到某些商品的需求数量。不同的家庭结构类型对商品也有不同的需求，产生不同的购买行为，进而影响企业的市场营销行为。

(5) 社会结构。我国的农村人口约占总人口的80%左右，农村是一个具有巨大潜力的市场。这一社会结构的客观因素决定了我国企业，特别是一些中小企业，市场开拓的重点也应放在农村，应大力开发价廉物美的、能够满足农村市场需要的商品。

(6) 民族结构。世界各国的民族结构有单一的，也有多元的。像日本，几乎所有的人都是属于一个民族，即大和民族。而在我国，除了占人口大多数的汉族以外，还有55个少数民族，他们在饮食、服饰、居住、婚丧、节日等物质和文化生活各方面各有特点，这些不同的需求与风俗习惯影响了消费者需求的构成和购买行为。因此，企业营销者要注意民族市场的营销，重视开发适合各民族特性、受其欢迎的商品。

4. 人口地理分布及区间流动对企业营销的影响

人口的地理分布是指人口在不同地区的密集程度。由于受自然条件以及经济发展程度的影响，人口的分布不可能均匀。人口的分布与市场消费需求有着密切关系，住在不同地区的人群，受地理环境、气候条件、自然资源、风俗习惯的影响，对商品的种类、数量有不同需求，购买习惯和行为都会有较大差异。最明显的是在服装、饮食上的爱好不尽相同。随着经济不断发展，人口的区域流动性越来越大。在发达国家，除了国与国、地区与地区、城市与城市之间的人口流动外，还有一个突出的现象就是城市人口向农村流动。我国人口的区域流动表现为农村人口向城市或工矿地区流动，内地人口向沿海经济开放地区流动，从而增加了人口流入较多地区的基本需求量，给当地企业带来较多的市场营销机会。

课堂思考

我国的人口分布有什么特点？

（二）经济环境

经济环境指企业营销活动所面临的外部经济因素，一个国家或地区的经济状况及发展趋势会直接或间接地对企业营销活动产生影响。

1. 消费者收入

购买力是影响市场规模大小的决定因素，也是影响企业营销活动的直接经济因素。消费者购买力的大小取决于消费者收入的多少，但消费者并不是把全部收入都用来购买商品或劳务，购买力只是其收入的一部分。影响市场营销活动的直接经济因素包括：

(1) 国内生产总值。它是衡量一个国家经济实力与购买力的重要指标。从国内生产总值的增长幅度，可以了解一个国家经济发展的状况和速度。国内生产总值增长越快，对商品的需求和购买力就越大；反之，就越小。一般来说，工业品的营销与这个指标关系更密切。

(2) 人均国民收入。这是用国民收入总量除以总人口的比值。这个指标大体反映了一个国家人民生活水平的高低，也在一定程度上决定了商品需求的构成。一般来说，人均收入增长，对商品的需求和购买力就大；反之，就小。

(3) 个人可支配收入。这是在个人收入中扣除税款和非税性负担后所得余额。它是个人收入中可以用于消费支出或储蓄的部分，构成了实际的购买力。

(4) 个人可任意支配收入 。这是在个人可支配收入中减去用于维持个人与家庭生存不可缺少的费用（如房租、水电、食物、衣着等项开支）后剩余的部分。这部分收入是消费需求变化中最活跃的因素，也是企业开展营销活动时所需要考虑的主要因素。因为这部分收入主要用于满足人们基本生活需要之外的开支，一般用于购买高档耐用消费品、旅游、储蓄等，它是影响非生活必需品和服务销售的主要因素。

2. 消费者支出模式

消费者支出模式指的是消费者收入变化与需求结构之间的对应关系。随着消费者收入的变化，消费者支出模式会发生相应的变化，进而影响到消费结构。研究消费者支出模式的一个重要理论是由著名的德国统计学家恩斯特·恩格尔（Ernst Engel）提出的“恩格尔定律”。

恩格尔定律指出，随着家庭收入的增加，用于购买食品的支出占家庭收入的比重越来越小；用于住房及家庭日常支出的比重保持不变；而用于服装、娱乐、保健、教育、储蓄等方面的支出将会上升。其中，食物费用占总支出的比例称为恩格尔系数（恩格尔系数 = 食物支出变动百分比 ÷ 收入变动百分比 ）。一般地，食物开支占总消费量的比重越大，恩格尔系数越高，生活水平越低；反之，食物开支占总消费量的比重越小，恩格尔系数越低，生活水平越高。

3. 消费者储蓄和信贷变化

消费者的储蓄与信贷规模大小，也直接影响了消费者某个时期内的现实购买力的大小。

(1) 储蓄。储蓄指人们将一部分可任意支配收入存储待用。消费者的储蓄形式一般有银行存款、债券、股票、保险、不动产等。较高的储蓄率会推迟现实的消费支出。在其他条件不变的情况下，储蓄增加，意味着当期支出减少，未来支出则有可能增加。对于日用消费品和服务，购买力会因此下降；但对耐用品及高档昂贵商品来说，能够形成有现实意义的购买能力。尤其在我国消费信贷不发达的情况下，高档耐用品的购买力仍然主要源于储蓄，企业应当对此给予充分的关注。

(2) 信贷。这里主要指消费信贷，通常理解为金融或其他商业机构向有一定支付能力的消费者通融资金的行为。消费信贷使消费者可以先凭信用取得商品使用权，然后再按约定期限分期归还贷款。消费信贷可以增加当期购买力，在西方国家被广泛应用。最常用的是三种形式：（日常用品）短期赊销；（住宅、汽车及其他昂贵耐用品）分期付款；消费贷款（信用卡）等。

（三）社会文化环境

社会文化环境是指一个国家、地区或民族的传统文化，通常由社会结构、社会风俗和习惯、信仰和价值观念、行为规范、生活方式、文化传统等内容所构成。社会文化环境是影响企业营销诸多变量中最复杂、最深刻、最重要的变量。社会文化影响和制约着人们的消费观念、需求欲望及特点、购买行为和生活方式，对企业营销行为产生直接影响。

1. 语言文字

语言文字是人类重要的交流沟通工具，也是不同文化之间最明显的标志。不同国家、不同民族都有自己独特的语言文字。即使同一国家也会有不同的语言文字；即使语言文字相同，也可能表达交流的方式不同。营销者应注意语言文字因翻译出现的沟通问题，这在国际营销中尤为重要。例如，美国百事可乐公司著名的广告“Come alive with Pepsi ”被译成德文后是“从坟墓中复活”；美国通用汽车公司的雪佛莱品牌车“神枪手”的英文“NOVA ”译成西班牙语成了“跑不动”的意思，结果在使用西班牙语的国家中其营销受到了很大影响。

2. 价值观念

价值观念是指人们对社会生活中各种事物的态度和看法。价值观念对人们的消费行为、消费方式都会产生重大影响。如在西方国家，许多人的价值观念是“能挣会花”，用明天的钱追求今天的享受。因此，分期付款、信贷、赊销等形式在西方国家非常普遍；而我国多数崇尚“勤俭节约”，消费原则是“量入为出”，不习惯借债消费。在不同文化背景下，人们的价值观念往往有着很大的差异，消费者对商品的色彩、标识、式样以及促销方式都有自己褒贬不同的意见和态度。企业必须根据消费者不同的价值观念设计产品，提供服务，如在产品的设计、造型、颜色的选择，广告、推销方式等方面都应充分考虑不同的价值观念的重要影响。

3. 宗教信仰

宗教是构成社会文化的重要因素。不同的宗教信仰有不同的文化倾向和戒律，从而影响人们的生活方式、价值观念和行为准则。宗教对人们消费需求和购买行为的影响很大。不同的宗教有自己独特的对节日礼仪、商品使用的要求和禁忌，能够带来特殊的市场需求。特别是在一些信奉宗教的国家和地区，宗教信仰对市场营销的影响力巨大。信仰和禁忌限制了教徒的消费行为，如印度教徒视牛为圣物，不吃牛肉；伊斯兰教徒忌食猪肉和含酒精的饮料；佛教徒不沾荤腥。这些都是企业营销时必须注意的因素。

某些宗教组织甚至在教徒购买决策中有决定性的影响。一种新产品出现，宗教组织有时会提出限制和禁止使用，认为该商品与该宗教信仰相冲突；相反，有的新产品出现，得到宗教组织的赞同和支持，会号召教徒购买、使用，起到了一种特殊的推广作用。为此，企业可以把影响大的宗教组织作为自己的重要公共关系对象。同时，在营销活动中也要注意到不同的宗教信仰，以避免由于矛盾和冲突给企业营销活动带来的损失。

【小案例3-2】

“指南针地毯”的启示

比利时的一个地毯商人在穆斯林身上动起了脑筋。这个名叫范德维格的商人，聪明地将扁平的指南针嵌入祈祷地毯。这种特殊的指南针，不是指南或指北，而是直指圣城麦加。这样，伊斯兰教徒不管走到哪里，只要把地毯往地上一铺，麦加方向顷刻之间就能准确找到。这种地毯一推出，在穆斯林居住地区立即成了抢手货，几个月内，范德维格在中东和北非一下子就卖掉了25000多张地毯，赚了大钱。

范德维格并不满足已取得的成绩，在非洲又推出织有领袖头像的小地毯，因为他发现在非洲国家的机关里总要挂元首的照片，但由于气候湿热，照片容易发黄变形。把领袖照片织成地毯，既美观又耐用，销路自然不会发愁。

4. 消费习俗

消费习俗是指人们在长期经济与社会活动中所形成的一种消费方式与习惯。不同的消费习俗，具有不同的商品要求，在饮食、服饰、居住、婚丧、信仰、节日、人际关系等方面，都表现出独特的心理特征、伦理道德、行为方式和生活习惯。不同的国家、不同的民族有不同的风俗习惯，对消费者的消费嗜好、消费模式、消费行为等具有重要的影响。研究消费习俗，不但有利于组织好消费用品的生产与销售，而且有利于正确、主动地引导健康的消费。了解目标市场消费者的禁忌、习惯、避讳等是企业进行市场营销的重要前提。

不同的国家、民族，对图案、颜色、数字、动植物等都有不同的使用习惯，如：中东地区严禁带六角形的包装；英国忌用大象、山羊做商品装饰图案；中国人以红色表示喜庆，白色表示丧事，而西方人的结婚礼服则用白色，表示爱情的纯洁；伊拉克人视绿色代表伊斯兰教，但视蓝色为不利；日本人在数字上喜欢“3”而忌用“4”，因在日语发音中，“4”同死相近。

5. 教育状况

受教育程度的高低，影响到消费者对商品功能、款式、包装和服务要求的差异性。通常文化教育水平高的国家或地区的消费者要求商品包装典雅华贵，对附加功能也有一定的要求。因此，企业开展的市场开发、产品定价和促销等活动都要考虑到消费者所受教育程度的高低，采取不同的策略。

课堂思考

谈谈你家乡的风俗习惯对营销策略有什么影响?

6. 审美观

审美观是一个人用什么样的审美观点、持什么样的审美态度和运用什么样的审美方法对自然景观、社会生活、文学艺术和人生进行审美活动的总称，是一个人的审美情趣和审美理想的集中表现。由于社会文化环境不同，人们的审美观念也不尽相同。营销者在产品的包装、色彩、标识、式样等方面要适应目标消费者的审美观，否则会影响产品的销售。

【小案例 3-3】

可乐的颜色

可口可乐与百事可乐在日本的遭遇大不相同，原因就在于二者的颜色不同。

日本人喜爱的是红色，如国旗上的红太阳。可口可乐的包装主色正是红色。而百事可乐包装的主色调是黄色，还有青色、白色和红色的搭配，不但与日本人的色彩喜好不一致，而且给人的印象也很杂乱。二者在日本的竞争被称为“红黄之战”。结果，只有可口可乐在日本感到“可乐”，百事可乐则“不可乐”，而且销售欠佳。

（四）自然环境

营销学上的自然环境，主要是指自然物质环境，即自然界提供给人类各种形式的物质财富，如矿产资源、森林资源、土地资源、水力资源等。自然环境也处于发展变化之中。当代自然环境最主要的动向是：自然资源日益短缺，能源成本趋于提高，环境污染日益严重，政府对自然资源的管理和干预不断加强，如图 3-2 所示。所有这些，都会直接或间接地给企业带来威胁或机会。因此，企业必须积极从事研究开发，尽量寻求新的资源或代用品。同时，企业在经营中要有高度的环保责任感，善于抓住环保中出现的机会，推出“绿色产品”“绿色营销”，以适应世界环保潮流。譬如，开发控制污染的技术及产品，如清洗器、回流装置等可创造一个极大的市场，并探索一些不破坏环境的方法去制造和包装产品。

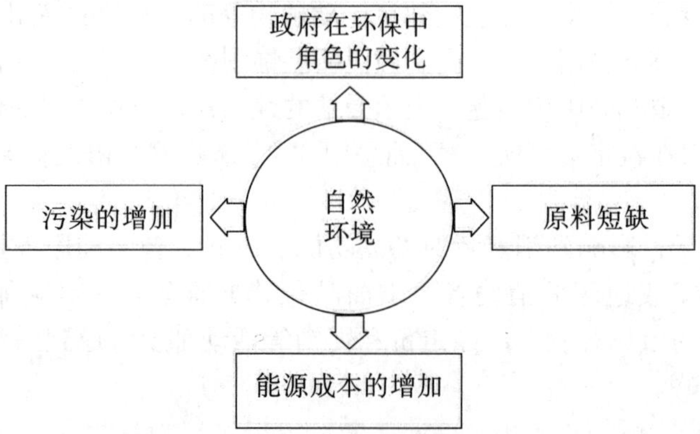

图 3－2　当代自然环境的动向

对营销管理者来说，应该注意自然环境发展变化的趋势，并从中发现企业的营销机会和威胁。

1. 原料短缺

自然资源短缺，使很多企业将面临原材料价格大涨，生产成本大幅度上升的威胁，但另一方面又迫使企业研究更合理地利用资源的方法和开发新的资源或代用品，这些又为企业提供了营销机会。

2. 环境污染日趋严重

一方面引导企业开发有利于环境保护、人体健康的新产品，做到既加速企业的发展，又优化生态环保。另一方面，也为那些治理环境污染的技术、设备提供了广阔的市场，使符合环保要求的新的生产技术和包装方法大有发展前途。

3. 能源短缺导致成本增加

能源的短缺给汽车及其他许多行业的发展带来了巨大困难，但无疑为开发研究如何利用风能、太阳能、原子能等新能源及研究如何节能的企业提供了有利的营销机会。

4. 政府对自然资源加大管理及干预力度

各国政府从长远利益及整体利益出发，对自然资源的管理逐步加强。许多限制性的法律法规的出台，对企业造成了巨大的威胁及压力，同时也给许多企业创造了发展良机。

【小案例 3－4】

海尔的绿色产品设计

海尔在产品设计中既考虑人的需求，又充分考虑生产、使用、废弃时对环境的影响，致力于找寻可以为社会和用户提供最佳的绿色生活解决方案。海尔主动推出节能环保冰箱、洗衣机、空调、冷柜、油烟机等多个产品，成为国内通过节能认证产品系列最多、规格最全的企业。目前，海尔已开发了多项关键回收处理技术，建设了中国第一个国家级废旧家电资源化综合利用示范基地和第一个绿色环保教育示范基地。

（五）政治法律环境

从国内来说，政治法律环境主要指国家的方针、政策、法令、法规及其调整变化对企业营销活动的影响。企业的营销活动作为社会生活的组成部分，总是要受到政治法律环境的影响和制约。国家的方针政策，不仅规定了国民经济的发展方向和速度，也直接关系到社会购买力的提高与市场消费需求的增长状况。国家的法令法规，特别是与经济相关的立法，不仅规范着企业的行为，也会使消费需求的数量、质量和结构发生变化，将直接鼓励或限制某些产品的生产与销售。

从国际上说，政治法律环境主要涉及政治权利和政治冲突问题。特别是在经济全球化的趋势下，企业认真了解、追踪这两者对营销活动的影响，随时准备应对相关国际政治法律环境的变化，及时调整自己的营销策略显得更为重要。

（六）科学技术环境

科学技术是社会生产力新的且是最活跃的因素，作为市场营销环境的一部分，科技环境不仅直接影响着企业内部的生产和经营，还与其他环境因素互相依赖、相互作用，尤其与经济环境、文化环境的关系更为紧密，如新技术革命既给企业的市场营销创造了机会，同时也造成了威胁。

科学技术对企业市场营销的影响是多方面的。科技环境的变化带来了社会生产方式、人们思维方式及消费习惯、生活方式的历史性变化，最终必将对市场带来极其深刻的影响。网络营销已经使传统零售业受到巨大冲击，消费者购物行为和习惯发生了巨大改变，也对营销者提出了新的要求。

企业在研究科学技术环境时，要特别注意新技术革命对市场营销的影响，密切关注新技术革命的发展变化，及时地跟上新技术革命的大趋势，才能求得生存与发展。

课堂思考

有人说科技环境是“双刃剑”，你同意这种观点吗？为什么？

任务实施

肯德基在进入日本市场之前，首先作了两次试探性的销售，一次是在大阪的博览会上，另一次是在东京的一家百货公司，试销的结果令人鼓舞。在大阪博览会上，仅一个月的营业额就超过了10万美元，打破了肯德基炸鸡的销售纪录。之后，他们又进行了分析研究，认为日本土地面积狭小，自然资源匮乏，造成了他们对舶来品的极度崇拜，美国货是很容易被日本人接受的。如可口可乐和百事可乐在日本饮料市场的占有率高达50%，还有凯乐格的玉米片、那必斯可的饼干都极受日本人的喜爱。就餐饮业的情况来看，日本的餐饮业相当发达，号称世界餐饮业的首都，尤其是近些年来由于人们收入水平的提高，空闲时间增加，餐饮业就更加繁荣，特别是简速食品大受欢迎。1979年，仅东京地区就有1100家速食店，日本平均每81人就有一家饮食店。就炸鸡来看，情况也很乐观，因为鸡在日本是很普通的东西，另外，肯德基炸鸡的味道有点像日本的烧鸡，而烧鸡则是日本人最喜欢吃的食物之一。

但是，由于现代经营方式与传统文化的交融，使日本人形成了一套自己特有的交易方式，因此，很多不了解这种交易方式的外国厂商在进入日本市场时也常常受到阻碍，美国许多大公司就曾受过这样的冷遇。日本人做生意的方式很独特，如他们所说的“好”，常常是指“好，我知道你的意思了”，而并非是指“好，我同意”。在日本，亲密的私人关系往往能导致良好的生意关系。日本人很讲信用，有时握个手甚至比一份契约还管用。这些都是外国厂商所不熟悉的。另外，由于日本餐饮业的繁荣，竞争也非常激烈。

根据以上情况，肯德基炸鸡公司决定和日本三菱公司建立股份各半的协定，由三菱公司负责和日本政府打交道，使肯德基炸鸡能适应日本的有关法律，并遵守当地的风俗习惯。同时，三菱公司还负责提供良好的货源。

营业前的首要问题就是选择店铺的位置。在美国，肯德基炸鸡店的店铺都是自成一家、卓然独立的，每家规格一样。但在日本，这种办法就难以行通，因为日本人口密集，土地面积有限，地皮特别紧张，所以店面只能选在已有的建筑物内，并比美国的标准炸鸡店要小。鉴于这种情况，公司只要能找到一块合适的地皮，他们就想方设法挤进去，尽量把设备缩小，有时还要重新设计，以免多占空间。尽管肯德基炸鸡在日本的店面规模只有美国的1/3，但销量是美国的2倍。

肯德基炸鸡如在其他国家一样也变了一些花样来迎合日本人的口味。例如，日本人不喜欢在美国和澳洲最受欢迎的薯泥烧肉汁，所以他们就换上日本人爱吃的薯条；日本人觉得凉拌包心菜太甜，他们就把糖减少一半。另外，还供应了日本人爱吃的熏鸡、乳果和炸土豆片。按照日本的习俗，每家餐馆窗里都摆放着食品的模型，这些模型都是以实物作样本，用蜡和矽为原料制造而成。肯德基炸鸡店也遵从了这一传统，以每套85美元的价格请一个加工厂做了炸鸡模型，每个分店各摆一套。除此之外，来日本负责经营的美国总管魏士敦又别出心裁地从美国买来桑德斯上校的雕像，在每家分店门外的人行道上都摆了一具。声誉卓著的品牌和货真价实的产品在日本是很受欢迎的。

在餐馆开张前，遵照日本工商界的惯例，肯德基炸鸡公司专门派代表拜访了店铺周围的商人、店老板，向他们做自我介绍，并赠送炸鸡和开张的优待券。开店那天，店门外摆满了附近商人所赠的花篮。公司每次开张新店的日子都选择日本日历上12个福日之一。“3”在日本是个幸运数字，所以有一次肯德基炸鸡在3月3日同时开了3家新店。另外，公司还专门请了中国的风水大师决定店门所开的方向，有一个店的店门方向很特别，据说只有朝着这个方向这家店的生意才会兴隆。还有，肯德基炸鸡店的房子像个塔，而公司的颜色正好是日本国旗的颜色——红和白，这两种颜色在日本代表了吉祥。

自从20世纪70年代初肯德基炸鸡公司进入日本市场，便以独特的风味和灵活的经营策略迅速登上了日本简速食品的第一位。日本人都称肯德基炸鸡公司为“幸运公司”。

学习任务 2
分析微观环境

任务抛锚

1987 年 11 月，肯德基在北京开设了中国的第一家餐厅。当时诸多难题使肯德基的决策者犹豫不决。面对完全陌生的中国市场，肯德基的纯西方风味能否为中国消费者所接受？在不断的实践中，肯德基提出了“立足中国，融入生活”的总战略，为中国而改变，全力打造“新快餐”。肯德基在中国的成功，最重要的原因是其能够适应中国传统的文化和不同消费者的需求。针对儿童开发的儿童套餐深受小朋友喜欢，油条、豆浆、米饭、烧饼等各类中国消费者所熟悉的食品都陆续出现在肯德基餐厅。如今，肯德基“传统洋快餐”的记忆已经模糊，华丽转身后的“新快餐”形象渐入人心。在肯德基进入中国 30 多年后的今天，它将面临哪些微观市场营销环境呢？

任务解析

虽然微观环境与宏观环境都是影响企业的外部因素的集合，但两者是有区别的：第一，微观环境对企业市场营销活动的影响比宏观环境更为直接；第二，微观环境中的一些因素在企业的努力下可以不同程度地得到控制。

肯德基进入中国市场后，面临的微观营销环境主要有：企业内部环境、供应商、营销中介单位、顾客、竞争者和社会公众等因素。肯德基不仅要了解中国市场的这些微观环境，还要去适应这些环境。

知识储备

一、微观环境概述

宏观环境与微观环境属于市场环境系统中的不同层次，所有微观环境都受宏观环境的制约，而微观环境也对宏观环境产生影响。企业的营销活动就是在这种外界环境相互联系和作用的基础上进行的。

二、微观环境的构成因素

（一）企业内部环境

企业是由各职能机构，如计划、财务、技术、供销、制造、后勤等部门组成的以营利为目的的经济单位。企业内部各职能部门的分工合作科学、和谐与否，会影响公司的整个经营活动。但分析营销环境，重点考虑的是营销部门与企业其他各部门间的协调及相互关系问题。营销部门与其他职能部门之间既有合作关系，又在争取资源方面存在矛盾。因此，营销部门与其他职能部门的相互关系是否协调，对营销决策的制定与实施影响极大。

（二）市场营销渠道企业

任何一家企业都不可能自己承担产品和服务的所有营销活动，企业必须与营销渠道中的其他企业合作，才能完成生产和营销任务。

一个企业的市场营销渠道企业包括：

1. 供应商

供应商是指向企业及其竞争者提供生产经营所需资源的企业或个人。供应商所提供的资源主要包括原材料、零部件、设备、能源、劳务、资金及其他用品等。供应商对企业的营销活动有着重大的影响。供应商对营销活动的影响主要表现在：①供货的稳定性与及时性；②供货的价格变动；③供货的质量水平。

2. 营销中介

营销中介是指协助企业融通资金、销售产品给最终购买者的企业或个人，包括中间商、实体分配公司、营销服务机构、金融机构等。它们是企业进行营销活动不可缺少的中间环节，企业的营销活动需要它们的协助才能顺利进行。

（1）中间商。中间商是协助企业寻找消费者或直接与消费者进行交易的商业企业，包括经销中间商和代理中间商。经销中间商和代理中间商的区别是，前者对其经营的商品有所有权，如批发商、零售商；后者又称经纪商，对其经营的产品无所有权。

（2）实体分配公司。实体分配公司主要是指协助生产企业储存产品并将产品从原产地运往销售目的地的仓储物流公司。实体分配包括包装、运输、仓储、装卸、搬运、库存控制和订单处理等方面，基本功能是解决产品在时空上的背离，以利适时、适地和适量地帮助完成商品由生产者到消费者的流转过程。

（3）营销服务机构。营销服务机构包括市场调研公司、广告公司、传媒机构及市场营销咨询公司等，主要是为生产企业提供市场调研、产品促销、营销咨询等方面的营销服务。

（4）金融机构。金融机构包括银行、信托公司、保险公司等。金融中介服务机构不直接从事商业活动，主要是协助生产企业融资，保障货物的购买与销售风险，对工商企业的经营发展至关重要。

（三）竞争者

竞争是市场经济的普遍规律，竞争者的营销战略和策略的变化，会直接影响到企业的营销活动。从营销角度分析，企业在市场上面临着四类竞争者：

1. 愿望竞争者

愿望竞争者是指提供不同的产品以满足不同需求的竞争者。例如，消费者要选择一种万元消费品，他所面临的选择就可能有电脑、电视机、摄像机、出国旅游等，这时电脑、电视机、摄像机以及出国旅游之间就存在着竞争关系，成为愿望竞争者。

2. 属类竞争者（一般竞争者）

属类竞争者又称为一般竞争者，指以不同的方法满足消费者同一需要的竞争者。比如航运和客运之间的竞争。

3. 产品形式竞争者

产品形式竞争者也称行业竞争者，是指生产同种产品，但提供不同规格、型号、款式的竞争者。如：自行车就有男式车、女式车、轻便车、加重车、平车、山地车、赛车等。由于这些同种但形式不同的产品对同一种需要的具体满足上存在着差异，购买者有所偏好和选择，因此，这些产品的生产经营者之间便形成了竞争关系，互为产品形式竞争者。

4. 品牌竞争者

品牌竞争是指满足相同需求的、规格和型号等相同的同类产品的不同品牌之间在质量、特色、服务、外观等方面所展开的竞争。因此，当其他企业以相似的价格向同一顾客群提供类似产品与服务时，营销者将其视为竞争者。品牌竞争者之间的产品相互替代性较高，因而竞争非常激烈，各企业均以培养顾客品牌忠诚度作为争夺顾客的重要手段。以电视机为例，康佳、长虹、夏普等众多产品之间就互为品牌竞争者。

上述后两种竞争者是同行业竞争者。在同行业竞争中，企业应当关注卖方密度（同一行业或同类产品生产经营者的数目）、产品差异（不同企业生产同类产品的差异程度）、进入难度（企业希望进入某行业时的困难程度）等。卖方密度直接影响企业市场份额的大小及竞争的激烈程度；产品差异使产品各具特色而互相区别；不同行业所要求的技术资金及规模都有差异，直接影响了该行业企业的进入。

此外，除了本行业现有的竞争者外，市场上还存在着代用品生产者、潜在加入者、原材料供应者及购买者等多种竞争力量。如：原材料供应者可以通过抬高价格或降低产品及劳务质量，对企业形成威胁；潜在的加入者随时准备跻入现有的竞争行列，从企业手中夺走一部分顾客或市场；购买者作为一个集团在同企业讨价还价，从而加剧了生产者之间的竞争。

企业应当加强对竞争者的研究，寻求增强本企业产品吸引力的方法，这样才能在竞争中占有优势。

（四）顾客

顾客是微观营销环境中最重要的因素，是企业的最终服务对象，也是企业市场营销活动的出发点和归宿。顾客是公司产品的直接购买者，顾客购买行为的变化意味着公司市场的获得或丧失。顾客市场可划分为消费者市场、企业市场、中间商市场、政府市场、国际市场这五种顾客市场，企业应当仔细研究其顾客市场。

（五）公众

企业所面临的公众主要有以下六类：

1. 金融公众

金融公众主要包括银行、投资公司、股东等。金融公众对企业的融资能力有重要的影响。

2. 媒介公众

媒介公众指的是报纸、杂志、电台、电视台等传播媒体。他们掌握传媒工具，具有广泛的社会联系，能直接影响社会舆论对企业的认识和评价。

3. 政府公众

政府公众指负责企业的业务、经营活动的政府机构和企业的主管部门，如主管有关经济立法及经济政策、产品设计、定价、广告及销售方法的机构；工商行政管理局、税务局、各级物价局等。

4. 社团公众

社团公众指与企业营销活动有关的非政府机构，如消费者组织、环境保护组织以及其他群众团体。企业营销活动涉及社会各方面的利益，来自社会公众的意见、建议对企业营销决策有着十分重要的影响。

5. 社区公众

社区公众主要指企业周围居民和团体组织。他们对企业的态度会影响企业的营销活动。企业要保持和社区的良好关系，为社区的发展作一定的贡献，得到社区居民的好评，他们的口碑能帮助企业树立形象。

6. 内部公众

内部公众是指企业内部的管理人员及一般员工。企业的营销活动离不开内部公众的支持。处理好内部公众关系是搞好外部公众关系的前提。

公众对企业的生存和发展产生巨大的影响，企业必须采取积极适当的措施，主动处理好同公众的关系，树立企业的良好形象，促进市场营销活动的顺利开展。

实战演练

1. 背景资料：请同学们查找资料，了解肯德基在中国市场的经营情况。

2. 训练目标：学会分析宏观营销和微观环境。

3. 训练内容：分析中美两国饮食文化的差别，分析肯德基当前在中国市场面临的宏观环境和微观环境。

宏观环境：

（1）政治法律环境：________________________________

____

（2）人口环境：____________________________________

____

（3）经济环境：____________________________________

____

（4）自然环境：____________________________________

____

（5）社会文化环境：________________________________

____

（6）科技环境：________________________________

____

微观环境：

（1）企业内部环境：________________________________

____

（2）市场营销渠道企业：________________________________

____

（3）竞争者：________________________________

____

（4）顾客：________________________________

____

（5）公众：________________________________

____

4. 训练步骤：以模拟公司为单位进行训练，步骤如下：

（1）个人上网收集资料。了解肯德基在中国市场面临的宏观环境和微观环境。

（2）模拟公司集中讨论，每个人说出自己的看法，最后达成共识。

（3）每个模拟公司选一名代表向全班同学汇报，先由模拟公司之间相互提问，进行辩论，最后由教师进行总结。

5. 实训成果：以文档形式提交一份营销环境分析报告。

6. 成果考核：根据汇报的情况，以模拟公司为单位进行考核。

学习任务 3 分析市场机会与环境威胁

任务抛锚

2014 年 3 月 24 日，肯德基餐厅全面启用新菜单，随着 15 款产品的华丽登场，“菜单大革新”活动吹响了肯德基全新出发的号角，也显示了肯德基挑战传统、打破框框的“变身”决心和魄力。这 15 款新登场的产品中，有 10 款新产品和 5 款重新上市的产品，包括荣耀回归的第一代“劲爆鸡米花”“培根蘑菇鸡柳饭”；也有因为解决了供应周期问题，由每年短期上市成为一年 365 天都可以品尝到的“骨肉相连”；另外，基于消费者各种需求而推出的创意新品也被寄予厚望。例如，考虑到当下轻食需求，“脆鸡八分堡”便是一款为小胃消费者特别推出的新品；“楚味烤翅”则显然是一款充分融入中国地方风味的新品。

问题：此次肯德基的“菜单大革新”能否成功？将会面临哪些市场机会和环境威胁？

任务解析

企业是一个开放系统，它与周围环境之间不断进行能量、信息、物质等方面的交换。企业的市场营销活动，是在一定的环境里进行的，而环境是由许多因素组成的，每个因素都有其自身的运动方式和轨迹。因此，企业的营销环境呈现出不规则的动态变化。企业必须采取措施，监视和预测周围市场营销环境的发展和变化，准确、细致地认识和把握市场营销环境，充分认识到市场营销环境＝营销机会＋威胁，以便使企业能审时度势、扬长避短，从而达到利用机会、化解威胁的目的，保证企业的健康发展。

肯德基实施“菜单大革新”，首要的工作任务是：

（1）辨清市场营销环境给公司带来的各种威胁或机会；

（2）采取相应的市场营销策略。

知识储备

一、市场机会与环境威胁概念

营销环境的变化不仅会给企业带来威胁，同时也给企业带来了市场机会。企业分析市场营销环境的意义在于使企业能抓住机会、避免威胁。

（一）市场机会

市场机会是指环境中所出现的对企业经营富有吸引力的领域。如：我国老龄化的出现为保健品行业提供了大量营销的机会；全民健身运动热潮创造的体育用品销售机会。市场机会的出现来自于营销环境的变化，如新产品、新市场的开发，竞争对手的失误等，都可能为市场带来新的未被满足的需求，从而为企业提供市场机会。

【小案例3－5】

美国传奇商业人物——亚默尔

美国具传奇色彩的商业人物——罐头大王亚默尔，1875年的某一天，偶然从报纸上看到一则新闻，说是墨西哥畜群中发现了病畜，有专家怀疑是某种传染性较强的瘟疫。亚默尔立刻想到，毗邻墨西哥的美国加州、德州是全国肉类供应基地，如有瘟疫，政府将必然禁止该地区的牲畜进入市场，将造成全国肉类供应紧张，价格必然上涨。于是，他在派专业人员进行调查核实消息后，果断决策，倾其所有，迅速从加、德两州大量采购活畜及猪、牛肉，运往美国东部地区，结果净赚900万美元。

（二）环境威胁

所谓营销环境威胁，是指环境中出现的对企业不利的发展趋势及由此形成的冲击和挑战。面对威胁，如果企业不采取果断的市场营销行动，这种不利趋势将影响和损害企业的市场地位。如禁烟对香烟行业造成的威胁。

二、市场机会与环境威胁的特点

（一）客观性

市场机会和环境威胁是营销环境因素变化的结果，无论企业是否重视它们，它们都是客观存在的，不以企业的意志为转移。

（二）均等性

市场机会和环境威胁在一定范围内对同一类企业都是均等的，企业能否很好地利用营销机会，避免环境威胁，完全取决于企业本身的素质和能力。

（三）可变性

市场机会和环境威胁是随时变化的。在一定范围内，市场机会会随着时间的推移而减弱和消失，甚至会转为环境威胁。同样，环境威胁也会随着时间的推移而逐渐加重甚至恶化。可变性的另一个含义是时间上的不可逆性，营销机会稍纵即逝，不可复得；对威胁而言，若不能及时处理，也会愈来愈趋于严重甚至恶化，使企业丧失减轻威胁的时机。

（四）差异性

对同一企业来说，环境的变化既可以给企业带来市场机会，也可能形成某种威胁；同样的环境变化，对某些企业可能是机会，但对另外一些企业可能是威胁。

（五）可控性

市场机会和环境威胁，总体上说是企业所不能控制的。但在某一局部、某一范围、某一时段，企业可以在一定程度上对市场机会和环境威胁实施一定的控制和影响，甚至在一定程度上改变营销环境因素的变化，使有利的市场机会更多，或避开环境威胁，使其朝有利于企业的方向转化、发展，创造出某种机会。

三、环境威胁与市场机会的分析与评价

任何企业往往都面临着若干威胁和市场机会。然而，并不是所有的环境威胁都有一样的严重性，也不是所有的市场机会都有同样的吸引力。企业可以利用“环境威胁矩阵图”和“市场机会矩阵图”来加以分析、评价。

（一）环境威胁分析与对策

1. 环境威胁分析

营销者对环境威胁的分析主要结合两个方面来考虑：一是环境威胁对企业的影响程度；二是环境威胁出现的概率大小，如图 3－3 所示。

影响程度 \ 出现概率	高	低
大	1	2
小	3	4

图3－3　环境威胁分析矩阵图

图3－3中的4个象限，象限1是企业必须高度重视的，因为其影响程度高，出现的概率大，企业必须严密监视和预测其变化发展趋势，并及时制定措施应对环境因素。象限2和象限3也是企业应当密切关注其发展趋势的环境因素。因为象限2中的因素虽然出现概率低，但一旦出现会给企业营销带来极大的影响。象限3中的因素虽然对企业影响不大，但出现的概率很大，因此也应当给予关注，随时准备应有的应对措施。象限4中的因素影响程度及出现概率均低，对其只需进行必要的追踪观察以监测其是否有向其他象限因素变化发展的可能。

2. 企业对策

（1）反抗，即努力设法限制或扭转不利因素的发展，化不利为有利，促进环境因素转变。例如，因木材资源减少，威胁到木器加工企业的生产，企业可主动与林业部门联营，实现林业生产——木材供应——木器生产一条龙。

（2）减轻。企业主动调整营销策略，改变营销战略，去适应市场环境变化，减轻环境的威胁。如面临木材资源短缺的企业，还可以改进木材加工工艺，增用辅料或代用材料，减少木材消耗；也可以开展综合利用，提高木材利用率，以减轻资源短缺带来的困难。

（3）转移，即躲开环境威胁，将企业的业务转移到其他盈利更多的行业。

（4）改良，即对自身产品进行改良，增强对环境威胁的防御能力。

（二）市场机会分析与对策

1. 市场机会分析

有效地捕捉和利用市场机会，是企业营销成功和发展的前提。只要企业能够密切关注营销环境变化带来的市场机会，适时地做出恰当的评价，并结合企业自身的资源和能力，及时将市场机会转化为企业机会，就能够开拓市场、扩大销售，提高企业的市场占有率。

课堂思考

环境机会是否就是企业的机会呢？

分析评价市场机会主要考虑两个方面：一是市场机会的潜在吸引力大小；二是市场机会带来的成功可能性大小，如图3－4所示。

潜在的吸引力 \ 成功的可能性	大	小
大	1	2
小	3	4

图 3－4　市场机会分析矩阵图

图 3－4 中的 4 个象限，象限 1 是企业特别应当重视的市场条件，因为其潜在吸引力与成功可能性都较大，是企业应当把握并全力发展的机会。象限 2 和象限 3 同样也是企业不可忽视的市场条件。象限 2 中的机会虽然成功可能性较低，但一旦把握住可以为企业带来巨大的潜在利益。象限 3 中的机会虽然潜在吸引力不大，但出现的概率很大，因此需要企业充分关注，并制定相应的营销措施与对策。象限 4 中的市场机会，潜在吸引力与成功可能性都较低，对企业来说，主要是密切观察其发展变化，积极改善自身条件，审慎地开展营销活动。

2. 企业对策

（1）抢先策略。市场机会稍纵即逝，企业在利用机会的过程中必须抢先一步，争取主动。在市场营销活动中，企业在利用市场机会的过程中，谁能“抢先”，谁就赢得了时机，赢得了主动。其他企业要利用同一市场机会，往往要付出几倍乃至几十倍的努力。

（2）创新策略。市场机会对每个企业都是均等的，自己觉察到的这些机会别人也能觉察到。这就要求企业在利用市场机会时不仅要抢先，更要大胆创新，做到“人有我优”。

（3）利用策略，又称紧跟策略。企业通过分析，认为机会对企业的吸引力大，但经营风险也大。在市场上已有企业进入的情况下，采取紧跟策略，既可避免风险，又可以较早进入市场。

（4）维持策略，又称观望策略，是一种较保守的策略。即企业对机会采取观望态度，一旦时机成熟再加以利用。这一策略比较适合中小企业。

（三）综合环境分析

在企业实际面临的客观环境中，单纯的威胁环境与机会环境是极少见的。一般情况下，营销环境都是机会与威胁并存。

综合上述两个分析矩阵，不同水平的环境威胁、市场机会与企业共同作用，又可产生四种情况，形成图 3－5 所示的环境分析综合评价图。如图所示，企业面临着以下四种综合环境：

1. 理想环境

即高机会、低威胁环境，这种环境是企业难得的好环境。企业应当及时抓住机遇，开拓市场。

机会水平＼威胁水平	低	高
高	1. 理想环境	2. 冒险环境
低	3. 成熟环境	4. 困难环境

图3－5　环境分析综合评价图

2. 冒险环境

即高机会、高威胁环境。这种环境既存在较大利益，又面临较大风险，企业必须加强调查研究，进行全面的环境分析，审慎决策，降低风险，争取利益。

3. 成熟环境

即低机会、低威胁环境，这是一种较为平稳的环境。企业一方面要按常规经营、规范管理。通过正常运营以取得平均利润；另一方面要积蓄力量，为进入理想环境或冒险环境做准备。

4. 困难环境

即低机会、高威胁环境。在困难环境里风险大于机会，企业处境困难，必须设法扭转局面，果断决策，改变环境或转移目标市场，重新定位以求发展。

面临不同的环境威胁及市场机会，企业营销部门要认真分析，制定恰当的营销对策，慎重行事。有时有需要未必就有市场，有市场未必就有购买者；有时虽然有购买者，但目前未必是一个好市场；有些机会也许是个陷阱，而有些看上去是陷阱也许是很好的机会。

（四）SWOT分析矩阵

企业不仅要对宏观和微观环境进行分析，还要根据企业自身条件进行分析，找出企业的优势、劣势及核心竞争力，这就是SWOT分析方法。SWOT分析模型见表3－1。其中，S代表strength（优势），W代表weakness（弱势），O代表opportunity（机会），T代表threat（威胁）；S、W是内部因素，O、T是外部因素。

1. 外部环境分析（机会与威胁分析）

市场机会的实质是指市场上存在着“未满足的需求”。它既可能来自于宏观环境，也可能来自于微观环境。随着消费者需求不断变化和产品寿命周期的缩短，旧产品不断被淘汰，要求开发新产品来满足消费者的需求，从而使市场上出现了许多新的机会。

市场机会对不同的企业是不同的，同一个市场机会对一些企业可能成为有利的机会，而对另一些企业可能就造成威胁。市场机会能否成为企业的机会，要看此机会是否与企业目标、资源及任务相一致，企业利用此机会能否比其竞争者获得更大的利益。

环境威胁主要来自两个方面：一方面是环境因素变化引起的，如政府颁布《环境保护法》，它对造成环境污染的企业来说，就构成了巨大的威胁；另一方面，企业的目标、任务及资源同市场机会相矛盾，如人们对自行车的需求转为对摩托车的需求，与自行车厂的目标和资源这一市场机会相矛盾。自行车厂要将“市场机会”变成“企业机会”，需放弃原来的产品，更换全部设备，学习新的生产技术，这对自行车厂无疑是一种威胁。摩托车的需求量增加，自行车的销售量必然减少，给自行车厂又增加了一份威胁。

2. 内部环境分析（优势与劣势分析）

一些对企业有吸引力的机会，若企业没有利用这一机会的条件和竞争能力，也不能够成为真正的机会。营销管理者要定期检查企业的营销、财务、制造和组织能力，每一个要素都要按照特强、稍强、中等、稍弱或特弱划分等级，以此分析企业是否能够利用环境中的机会。

表 3－1　　SWOT 分析模型

内部环境分析 / 外部环境分析	优势 S 列出优势	劣势 W 列出劣势
机会 O 列出机会	SO 战略 发挥优势，利用机会	WO 战略 利用机会，克服劣势
威胁 T 列出威胁	ST 战略 利用机会，避免风险	WT 战略 使劣势最小，避免风险

实战演练

1. 背景资料：请同学们查找资料，了解肯德基“菜单大革新”在中国市场的优势、劣势、机会与威胁。

2. 训练目标：学会使用 SWOT 分析模型。

3. 训练内容：用 SWOT 分析肯德基“菜单大革新”。

机会：____

____

____

威胁：____

____

____

优势：____

____

____

劣势：____

____

____

4. 训练步骤：以模拟公司为单位进行训练，步骤如下：

(1) 个人上网收集资料，了解肯德基“菜单大革新”面临的机会、威胁、优势和劣势。

（2）模拟公司集中讨论，最后达成一致意见，将最终讨论结果做成 PPT。

（3）每个模拟公司选一名代表向全班同学汇报。

5. 实训成果：PPT 形式的 SWOT 分析。

6. 成果考核：根据各模拟公司汇报的情况，先由模拟公司之间相互提问，进行辩论，最后由教师进行总结，以团队为单位进行考核。

项目四
4 进行市场分析

知识目标

1. 了解消费者市场、生产者市场的特点；
2. 掌握影响消费者市场和生产者市场购买行为的主要因素；
3. 掌握消费者市场和生产者市场的购买过程，并区分两者购买过程的不同之处。

能力目标

1. 会分析消费者购买商品的影响因素；
2. 能够判断消费者购买行为的类型；
3. 能够根据不同消费者的行为类型，采取不同的营销手段。

学习任务 1
分析消费者市场

任务抛锚

阿雯是广州市天河区的一位白领，今年 35 岁，月收入万元。2018 年她周围的朋友与同事纷纷加入了购车者的队伍，她看到同事每天不用再乘坐拥挤嘈杂的公交车和地铁，不觉开始动心。由于她家离天河区距离较远，加上交通拥挤，每天来回花在路上的时间近 3 个小时，所以，她的购车欲望越来越强烈。这时的阿雯除了仅有的坐车体验与直觉上喜欢鲜艳的红色和流畅的车型之外，她对车几乎是一无所知。那么，阿雯会如何满足自己的购车欲望，实现她的购车行为？汽车营销者应该针对阿雯这样的购买者采取什么相应的营销策略呢？

（资料来源：根据百度文库“阿雯买车”案例改编。）

任务解析

人的购买行为可以简单归纳为刺激与反应的过程。美国心理学家、行为心理学的创始人约翰·华生（John Watson）建立的“刺激—反应”原理指出，人的行为是受到刺激后的反应，而刺激来自两个方面：一方面来自人的身体内部的刺激，另一方面来自外部环境的刺激。人的反应总是随着刺激出现的，不同的人可能产生完全不同的反应。每个消费者每天要处理数以百计的各种信息（刺激），并做出相应的反应。营销者的使命就是通过外部刺激，改变消费者的行为。营销者应该从以下三个方面分析消费者的行为：①了解消费者行为的一般模式；②分析影响消费者行为的主要因素；③分析消费者购买决策的过程。

知识储备

一、消费者市场概述

消费者市场是指为满足自身需要而购买的一切个人和家庭构成的市场。任何企业都必须研究消费者市场，因为只有消费者市场才是最终市场。组织市场的购买数量虽然很大，但仍然要以最终消费者的需要和偏好为转移。可见，消费者市场是一切市场的基础。成功的市场营销者能够有效地提供对消费者有价值的产品，并运用行之有效的营销策略将产品提供给消费者。消费者市场具有以下特点：

（一）购买的多样性和分散性

消费者市场购买的产品花色多样、品种复杂。在消费者市场上，购买者不仅人数众多，而且地域分布广，从城市到乡村，从国内到国外。另外，购买者成交次数频繁，但每次购买数量较少。

（二）购买的非盈利性和复杂性

消费者购买商品是为了获得某种使用价值，满足自身的生活消费的需要，而不是为了盈利去转手销售。购买者受个人因素影响较多，购买时间不固定。

（三）购买的非专业性和可诱导性

消费者市场购买的商品大都专用性不强，大多数商品都是可找到替代品或可以互换使用的商品。消费者一般缺乏专门的商品知识和市场知识，所以，在购买商品时往往容易受厂家、商家广告宣传、促销方式、商品包装和服务态度的影响。

二、消费者购买行为

消费者购买行为，指的是消费者为获取、使用、处置消费物品或服务所进行的一系列有意识的活动。这一购买过程从引起需要开始，经过形成购买动机、评价选择、决定购买到购买后的评价行为等。研究影响消费者购买行为的主要因素及其购买决策过程，对于开展有效的市场营销活动至关重要。

（一）消费者购买行为的一般模式

消费者行为是与产品或服务的交换密切联系在一起的。企业研究消费者行为要立足于与消费者建立和发展长期稳定的交换关系。因此，企业不仅要了解消费者是如何获取产品与服务的，也要了解消费者是如何消费产品以及产品在用完之后是如何被处置的。消费者行为的一般模式如图 4－1 所示。

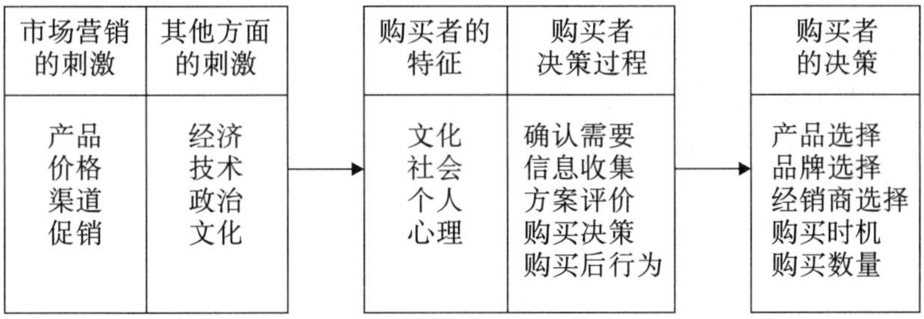

图 4－1 消费者行为的一般模式

（二）影响消费者购买行为的主要因素

影响消费者购买行为的主要因素包括文化因素、社会因素、个人因素和心理因素，如图 4－2所示。

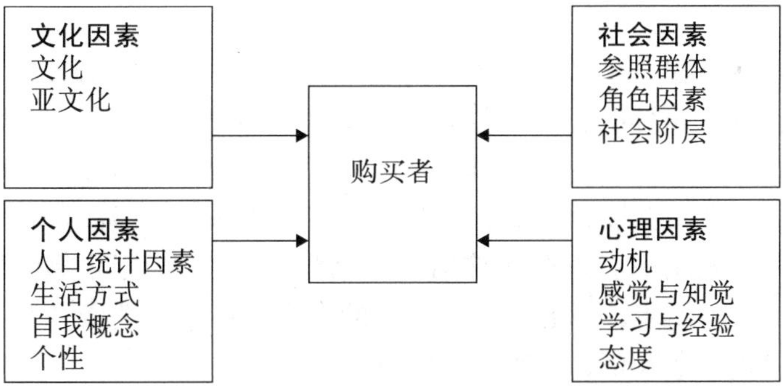

图 4－2 影响消费者购买行为的因素

1. 文化因素

（1）文化。在消费者行为研究中，主要是关心文化对消费者行为的影响，所以，文化包括信念、价值观和习惯等。文化有广义与狭义之分。广义的文化是指人类创造的一切物质财富和精神财富的总和；狭义的文化是指人类精神活动所创造的成果，如哲学、宗教、科学、艺术、道德等。

广义的文化包括四个层面：一是物态文化层，是人的物质生产活动及其产品的总和，如饮食文化、建筑文化、服饰文化等；二是制度文化层，由人类在社会实践中建立的各种社会规范构成，包括社会经济制度、婚姻制度、家族制度、政治法律制度、民族、国家、宗教社团、教育、科技、艺术组织等；三是行为文化层，以民风民俗形态出现，具有鲜明的民族、地域特色，如各地都有自己的饮食起居习惯、婚丧习俗等；四是心态文化层，由人类社会实践和意识活动中经过长期孕育而形成的价值观念、审美情趣、思维方式等构成，是文化的核心部分。

（2）亚文化。亚文化是社会文化的组成部分，又称副文化。它是指仅仅为社会上一部分社会成员所接受或为某一社会群体所特有的文化。亚文化的形成主要是由于一个国家或地区的社会内部并不是整齐划一的，其中某些社会成员由于在民族、地域、职业、年龄、性别、教育程度、宗教信仰等方面有着共同特性而组成一定的社会群体或集团。在某一个群体或集团内的社会成员之间往往具有相同的价值观念和习俗，相互之间具有认同感，从而构成了该社会群体特有的亚文化。亚文化一般并不与主文化相抵触。由于社会成员一般都归属于不同的群体，亚文化对其心理和行为的影响更为直接和具体，比主文化的影响力更强。亚文化一般分为以下几种类型：

①民族亚文化。不同的民族，都各有其独特的风俗习惯和文化传统。民族亚文化对消费者行为的影响是巨大的。

②宗教亚文化。不同的宗教群体，具有不同的文化倾向、消费习俗和禁忌。不同宗教的信仰者都有各自的信仰、生活方式和消费习惯。宗教能影响人们的行为，也能影响人们的价值观。

③种族亚文化。白种人、黄种人、黑种人都各有其独特的文化传统、文化风格和态度。他们即使生活在同一国家甚至同一城市，也会有自己特殊的需求、爱好和购买习惯。

④地理亚文化。地理环境上的差异也会导致人们在消费习俗和消费特点上的不同。

2. 社会因素

从社会因素的角度出发，有以下四个方面的因素影响消费者的购买行为：

（1）相关群体。相关群体是指那些直接和间接影响消费者的看法和购买行为的个人或集体。相关群体有四种形式：一是主要团体，包括家庭成员、亲朋好友和同窗同事。主要团体对消费者的购买行为产生直接和主要的影响。二是次要团体，即消费者所参加的工会、职业协会等社会团体和业余组织。这些团体对消费者购买行为产生间接的影响。三是期望群体，消费者虽不属于这一群体，但这一群体成员的态度、行为对消费者有着很大影响。四是厌恶群体，就是消费者非常厌恶、希望远离的群体。

相关群体对消费者行为的影响表现在以下几个方面：

①示范性。即相关群体向消费者展示新的行为和生活方式，因而可推动群体成员改变原来的购买行为模式或形成新的购买行为模式。

②仿效性。相关群体的消费行为能够引起人们的仿效欲望，从而影响人们对某种商品的态度和引起消费者价值观念的变化。

③一致性。即由仿效而使消费行为趋于一致，从而影响人们对某一商品品种、款式的选择，有助于某个消费时尚的形成。

相关群体对消费者购买不同商品的影响是不同的。一般来说，当消费者购买引人注目的产品如汽车、服装等，受相关群体的影响较大，而购买使用时不太引人注意的产品如洗衣粉等，则不受相关群体的影响。

（2）家庭。家庭是社会的细胞，是最重要的购买组织。购买者的家庭成员对购买者的行为影响很大。人在整个人生历程中所受的家庭影响，基本上都来自两个方面：一是来自自己的父母，二是来自自己的配偶和子女。这样构成的家庭组织，是社会上最重要的消费者购买单位，营销人员要注意分析家庭不同成员，如丈夫、妻子、子女在许多商品购买中所起的作用和影响。一般来说，夫妻购买的参与程度随着产品的不同而不同。家庭主妇通常采购家庭的生活用品，特别是在食物、服装和日用杂品方面的购买。但是随着妇女就业的增加，丈夫愿意更多地参与家务劳动，这种妻子支配家务型的观念正在改变。当然，在家庭的购买决策中，并不总是由丈夫或妻子单方做出的。实际上，有些价值昂贵或是不常购买的产品，往往是由夫妻双方共同做出购买决定的。不过这里仍有一个到底夫妻哪一方对购买决定有较大影响力的问题，可能是丈夫支配，也可能是妻子支配，或是夫妻双方共同支配。

（3）角色和地位。角色是一个人在特定社会或群体中占有的位置和被社会或群体所规定的行为模式。对于特定的角色，无论是由谁来承担，人们对其行为都有相同或类似的期待。

一个角色包含了周围人期望其进行的所有活动。个人所扮演的每个角色，都会影响其购买行为。每一个角色都附着一种地位，地位可以反映出该角色在社会中受尊重的程度。例如，一些成功的商人，会购买能够显示其身份与地位的高级日用品和奢侈品。人们在社会中所扮演的角色都将在某种程度上影响其购买行为。营销人员应该注意与产品和品牌有潜在联系的地位标志（Status symbol）的变化。

（4）社会阶层。社会阶层是由具有相同或类似社会地位的社会成员组成的相对持久的群体。每一个群体都会在社会中占据一定的位置，使社会成员分成高低有序的层次或阶层。社会阶层是一种普遍存在的社会现象。导致社会阶层的最根本原因是社会分工和财产的个人所有。

在现代社会中，消费者所处的社会阶层不同使得他们的生活方式、消费习惯和价值观念都有很大的差别。这些差别必然会影响到其购买行为。不同社会阶层消费者的行为在很多方面存在差异，比如：支出模式上的差异、休闲活动上的差异、信息接收和处理上的差异、购物方式上和购买动机上的差异等。比如，同样是买牛仔裤，劳动阶层的消费者可能看中的是它的耐用性和经济性，而上层社会的消费者可能注重的是它的流行程度和自我表现力。

3. 个人因素

（1）年龄和生命周期阶段。不同年龄的人的购买方式和行为会有明显的不同。消费者对产品的需求会随着年龄的增长而变化，在生命周期的不同阶段，相应需要各种不同的商品。如在幼年期，需要婴儿食品、玩具等；而在老年期，则更多需要保健和延年益寿的产品。不同性别的消费者，其购买行为也有很大差异。

消费者的家庭状况，因为年龄、婚姻状况、子女状况的不同，可以划分为不同的生命周期，在生命周期的不同阶段，消费者的行为呈现出不同的特性。

①单身阶段：处于单身阶段的消费者一般比较年轻，几乎没有经济负担，消费观念紧跟潮流，注重娱乐产品和基本的生活必需品的消费。

②新婚夫妇：经济状况较好，具有比较大的需求量和比较强的购买力，耐用消费品的购买量高于处于家庭生命周期其他阶段的消费者。

③满巢期（Ⅰ）：指最小的孩子在6岁以下的家庭。处于这一阶段的消费者往往需要购

买住房和大量的生活必需品，常常感到购买力不足，对新产品感兴趣并且倾向于购买有广告的产品。

④满巢期（Ⅱ）：指最小的孩子在6岁以上的家庭。处于这一阶段的消费者一般经济状况较好，但消费慎重，已经形成比较稳定的购买习惯，极少受广告的影响，倾向于购买大规格包装的产品。

⑤满巢期（Ⅲ）：指夫妇已经上了年纪但是有未成年的子女需要抚养的家庭。处于这一阶段的消费者经济状况尚可，消费习惯稳定，可能购买富余的耐用消费品。

⑥空巢期（Ⅰ）：指子女已经成年并且独立生活，但是家长还在工作的家庭。处于这一阶段的消费者经济状况最好，可能购买娱乐品和奢侈品，对新产品不感兴趣，也很少受到广告的影响。

⑦空巢期（Ⅱ）：指子女独立生活，家长退休的家庭。处于这一阶段的消费者收入大幅度减少，消费更趋谨慎，倾向于购买有益健康的产品。

⑧鳏寡就业期：尚有收入，但是经济状况不好，消费量减少，集中于生活必需品的消费。

⑨鳏寡退休期：收入很少，消费量很小，主要需要医疗产品。

（2）职业。由于所从事的职业不同，人们的价值观念、消费习惯和行为方式存在着较大的差异。职业的差别使人们在衣食住行等方面有着显著的不同。譬如，通常不同职业的消费者在衣着的款式、档次上会做出不同的选择，以符合自己的职业特点和社会身份。

（3）生活方式。生活方式是一个人在生活中所表现出来的活动、兴趣和看法的生活模式。人们由于生活方式的不同，有相同职业、相同收入和相同社会地位的人，其日常生活的内容、兴趣、见解也大相径庭。

（4）个性与自我形象。个性是一个人在特定的生活环境和社会环境中长期生活而形成的对现实世界产生的较为稳定的态度和习惯性行为的心理特征。消费者的个性对品牌的选择和新产品的接受程度有很大影响。由于个性的不同，消费者对某一品牌会自然地判断出是否适合自己。不同个性的人会表现出不同的购买行为，有时表现为购买过程的差异，有时表现为品质选择的差异。

自我形象是一个人对自身一切的知觉、了解和感受的总和。自我形象有时是指一个人希望把自己塑造成什么形象，有时是指在社会交往中，别人怎样看待自己。一般来说，消费者将选择那些与其自我形象相一致的产品与服务，避免选择与其自我形象相抵触的产品和服务。所以，研究消费者的自我形象对企业特别重要。在很多情况下，消费者购买产品不仅仅是为了获得产品所提供的功能效用，还要获得产品所代表的象征价值。对于购买“劳斯莱斯”的消费者来说，显然不是购买一种单纯的交通工具。

一般来说，能够成为表现自我形象的象征品应具有三个方面的特征。首先，应具有使用时的易见性，即这些产品的购买、使用和处置能够很容易被人看到。其次，应具有差异性，即某些消费者有能力购买，而另一些消费者无能力购买。如果每人都可拥有一辆“劳斯莱斯”，那么这一产品的象征价值就所剩无几了。最后，应具有拟人化性质，即能在某种程度上体现使用者的特别形象。比如汽车、珠宝等产品均具有上述特征，因此，它们很自然地被人们作为传递自我概念的象征品。

营销人员应该尽力开发与目标市场顾客自我形象相匹配的产品和品牌形象，或者引导目标顾客变化自己的自我概念从而对本企业产品的品牌形象产生响应。

4. 心理因素

（1）动机。动机指引起、维持、促使某种活动向某一目标进行的内在作用。人的动机是由需要引起的，没有需要就没有动机。当一种需要达到一定程度时就会变成一种动机。动机是一种急迫到使一个人去寻求满足的需要。

美国心理学家马斯洛试图解释为什么人们会在特定的时间被特定的需求所驱使，为什么有些人在追求个人安全上花大量的时间精力，而有些人却把时间花在如何获得别人的尊重上面。马斯洛的答案是：人们的需求呈现出如图 4－3 所示的金字塔状。他把人的需要分为五个层次：第一个需要层次是生理的需要；第二个需要层次是安全的需要；第三个需要层次是归属和爱的需要；第四个需要层次是尊重的需要；第五个需要层次是自我实现的需要。

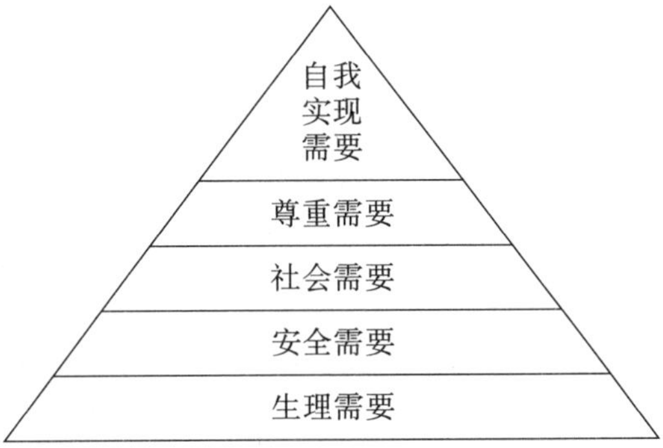

图 4－3　马斯洛需求层次

课堂思考

一只小猴想进城，可没人拉车。他想呀想，终于想出了一个好主意。他在车上系了三个绳套：一个长，一个短，一个不长也不短。他叫来了小老鼠，让他闭上眼，拉长套。又叫来小狗，让他闭上眼，拉短套。他再叫来小猫，在小猫背上系了一块肉骨头，让小猫闭上眼，拉不长不短的绳套。小猴爬上车，让大家一起睁开眼。

小老鼠看见身后有猫，吓得拉着长套拼命跑；小猫看见前面有只老鼠，拉着套使劲地追；小狗看见猫背上的肉骨头，馋得直往前撵。

小猴快快活活地坐在车里，不一会儿就进了城。

问题：这个案例给了我们什么启发？营销人员应如何利用消费者的动机促进销售？

（2）感知。一个受强烈动机驱使的人会随时准备行动。这个人如何行动受到他对所处环境的感知的影响，通过五种感官来获得信息：视觉、听觉、嗅觉、触觉和味觉。但每个人都用各自不同的方式来接受、整理和理解这些感官信息。感知是人们为了对世界形成一个有意义的图像而选择、整理和理解信息的过程。人们对相同的刺激可以形成不同的感知。

选择性注意：在日常生活中人们面对众多刺激，只选择性地对极少数刺激产生注意，这就是选择性注意。营销人员必须确定什么刺激能吸引消费者的注意力。

选择性扭曲：每个人都会用固定的思维方式来处理和接收信息，人们按自己的理解方式对信息加以扭曲和解释，使之合乎自己意思的倾向就是选择性扭曲。营销者必须了解消费者固定的思维模式，并且了解消费者的所谓模式将如何影响对广告和促销信息的理解。

选择性保留：人们会忘记许多信息，但他们倾向于保留那些和自己态度和信念相符的信息。选择性保留告诉我们，营销人员在给目标顾客传递产品和服务信息时，需要采用大量戏剧性手段和重复手段，以使顾客记住他们的产品和服务。

（3）学习。学习是指人在生活过程中，因经验而引起的个人的行为变化。人类行为大多来源于学习，购买行为也是通过后天的学习得来的，同时伴有行为或能力的改变。此外，学习所引起的行为或能力的变化是相对持久的。一个人的学习是通过驱动力、刺激物、诱因、响应和强化的相互作用而产生的，如图4－4所示。

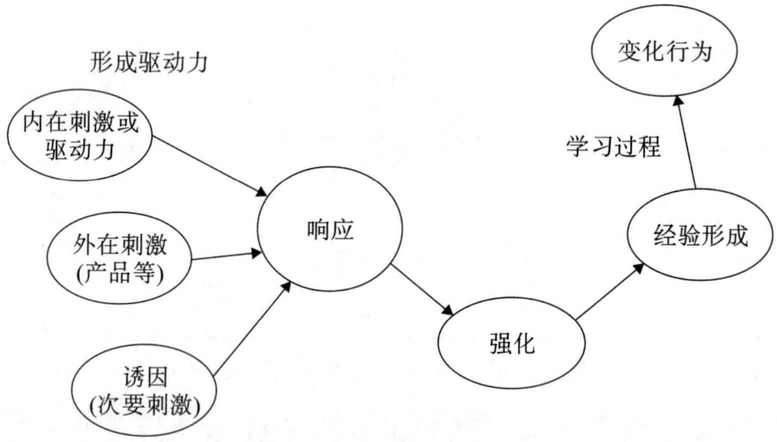

图4－4　消费者的学习

课堂思考

如果你去就餐，发现一家餐厅就餐人数很多，基本没有位置；一家餐厅环境不错，但基本没有顾客；一家餐厅环境一般，有少数人正在就餐，你会选哪家餐厅？

（4）态度。态度是人们对某事物或观念所持的一致评价、感受和倾向。这种评价和倾向在购买行为方面常常表现为对某种商品或品牌的特殊偏爱或喜恶感情。态度影响消费者的学习兴趣与学习效果，并将影响消费者对产品、商标的判断与评价，进而影响购买行为。消费者的态度对购买行为有重要影响。

态度一般通过购买意向来影响消费者的购买行为，但是态度与行为之间在很多情况下并不一致。造成不一致的原因，除了主观规范、意外事件以外，还有很多其他的因素，如购买动机、购买能力、情境因素等。

（三）消费者的购买决策

1. 参与购买的角色

对于某些产品来说，购买者很容易确认，如男人购买香烟和啤酒，妇女购买洗涤用品等。但是有些产品的消费是以家庭为单位的，如电脑、电视等，这些产品的购买参与者并非一个家庭的全体成员，许多时候是一个家庭的某个成员或某几个成员，而且由几个家庭成员组成的购买决策层，其各自扮演的角色也是有区别的。人们在一项购买决策过程中可能充当以下角色：

（1）发起者：首先想到或提议购买某种产品或劳务的人。

（2）影响者：其看法或意见对最终决策具有直接或间接影响的人。

（3）决策者：能对购买问题做出决策的人。

（4）购买者：实际购买商品的人。

（5）使用者：直接消费或使用所购商品或劳务的人。

营销者要了解每一个购买者在购买决策中扮演的角色，并针对其角色地位与特性，采取有针对性的营销策略。比如购买一辆汽车，提出这一要求的可能是孩子；是否购买由夫妻共同决定，而丈夫对汽车的品牌做出决定，这样汽车商就可以对丈夫作更多有关品牌方面的宣传，以引起其对本公司品牌的注意和兴趣；妻子在汽车的造型、色调方面有较大的决定权，公司则可设计一些在造型、色调等方面受妻子喜爱的产品……只有了解购买决策过程中的参与者的作用及其特点，公司才能够制定出有效的营销策略。

2. 购买决策的内容

消费者购买决策主要包括以下几个方面的内容：

（1）为什么买？即购买动机。消费者的购买动机是多种多样的，在诸多的购买动机中，消费者首先要进行权衡，做出选择。

（2）买什么？即确定购买对象。这是决策的核心和首要问题。决定购买目标不只是停留在一般类别上，而是要确定具体的对象及具体的内容，包括商品的名称、厂牌、商标、款式、规格和价格。

（3）买多少？即确定购买数量。购买数量一般取决于实际需要、支付能力及市场的供应情况。

（4）何地买？即确定购买地点。购买地点是由多种因素决定的，如路途远近、可挑选的品种数量、价格以及服务态度等。

（5）何时买？即确定购买时间。这也是购买决策的重要内容，它与主导购买动机的强烈程度密切相关；购买时间也和市场供应状况、营业时间、交通情况和消费者可供支配的空闲时间有关。

（6）如何买？即确定购买方式。以什么方式购买商品，也是购买决策的重要内容。购买方式包括直接到商店选购、邮购、网购、预购、代购、分期付款等。

3. 购买决策过程

消费者购买决策是指消费者从思考到做出购买决定的心理过程。消费者决策过程一般分为五个阶段，如图 4－5 所示。

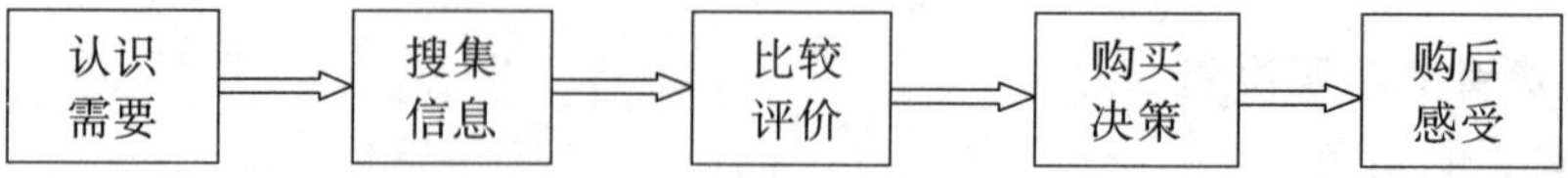

图 4－5　消费者决策的一般模式

实际上，消费者并不是每次购买时都要经过以上五个阶段。某些商品的购买过程就非常简单。这个模式所展示的是消费者面临新的或较复杂的购买情况时所进行的一系列考虑和活动，是一个较全面的购买过程。

（1）认识需要。认识需要是消费者购买决策过程的起点。当消费者在现实生活中感觉到或意识到自己的需要时，购买的决策便开始了。消费者的这种需要的产生，既可能是人体内机能的感受所引发的，也可能是由外部条件刺激所诱发的，当然，有时候消费者的某种需求可能是内外因素共同作用的结果。

在此阶段营销人员必须研究：消费者有哪些需要和问题？这些需要和问题是怎么产生的？这些需和问题如何驱使消费者购买特定产品？掌握了这些情况，营销者就可以在适当的时间用适当的策略，来提示消费者购买其产品。

（2）搜集信息。认识问题之后，消费者要进行广泛的内部与外部的信息搜集。消费者信息的来源主要有四个方面：①个人来源。从家庭、亲友、邻居、同事等个人交往中获得信息。②商业来源。这是消费者获取信息的主要来源，其中包括广告、推销人员的介绍、商品包装、产品说明书等提供的信息。这一信息源是企业可以控制的。③公共来源。消费者从电视、广播、报纸杂志等大众传播媒体所获得的信息。④经验来源。消费者从自己亲自体验、使用商品的过程中得到的信息。

上述四种信息来源中，商业来源最为重要。从消费者角度看，商业信息不仅具有通知的作用，而且一般来说具有针对性、可靠性，个人和经验来源只能起验证作用；而对企业来说，商业信息是可以控制的。消费者可以通过商业信息的渠道了解本企业的产品，进而购买本企业的产品。一个公司必须设计营销策略使它的品牌被消费者知晓和了解，以便消费者进行分析和比较。

（3）比较评价。当消费者从不同的渠道获取到有关信息后，便对可供选择的品牌进行分析和比较，并对各种品牌的产品做出评价。图 4－6 描述了消费者在备选产品之间进行评价和选择的过程。

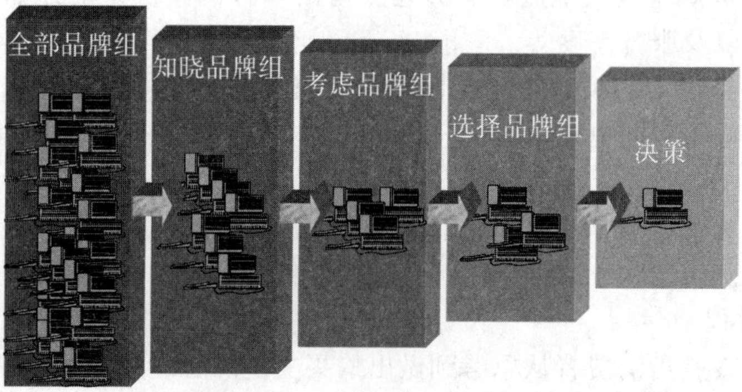

图 4－6　购买评价与选择过程

消费者如何对所选的品牌进行评价取决于消费者个体和具体的购买情境。评价标准是不同品牌的特性和利益，它们是消费者根据特定消费问题，用来对不同品牌进行比较的依据。

（4）购买决策。消费者在对各种方案进行充分比较评价之后，便可以从中选择最优方案，即完成购买行为。只让消费者对某一品牌产生偏好是不够的，真正将购买意向转为购买行动，还会受到两个方面的影响：一是他人的态度；二是意外的情况。

①他人的态度。消费者的购买决策，会因他人的态度而增强或减弱。他人态度对消费者购买意图的影响强度，取决于他人态度的强弱以及他人与消费者关系的密切程度。一般来说，他人的态度越强、他与消费者的关系越密切，其影响就越大。例如，妻子想买一台OLED屏幕的电视机，而丈夫坚决反对，妻子就极有可能改变或放弃购买的打算。

②意外的情况。当他准备采取购买行动时，发生了一些意外的情况，比如因下岗而减少收入，因产品涨价而无力购买，或者有其他更需要购买的东西等，这一切都将会使他改变或放弃原有的购买打算。

（5）购后感受。在购买了产品之后，就进入了购后阶段。消费者购买商品后，通过自己的使用和他人的评价，会对自己购买的商品产生某种程度的满意或不满意。

消费者对其购买的产品是否满意，将影响到以后的购买行为。消费者对商品满意与否取决于消费者的期望和产品感知之间的关系。产品如果没有达到预期，消费者就会失望；如果能与预期相符，消费者就会满意；如果超出预期，消费者就会非常满意。如果对产品满意，消费者则在下次购买中会继续采购该产品，并向他人宣传该产品的优点。如果对产品不满意，消费者可能通过放弃或退货来消除不满意感。营销人员应采取有效措施尽量减少购买者买后不满意的程度，并通过加强售后服务、保持与顾客联系，来增加消费者的满意感。

研究和了解消费者购买决策过程，是市场营销成功的基础。市场营销人员通过了解购买者决策的全过程，就可以获得许多有助于满足消费者需要的有用信息；通过了解购买过程的各种参与者及其对购买行为的影响，就可以为其目标市场设计有效的市场营销策略。

（四）消费者购买行为的类型

在购买活动中，可以说任何两个消费者之间的购买行为都是存在差异的。对消费者的购买行为，只能大致进行归类研究。站在不同角度，可将消费者购买类型分为很多种。

1. 根据消费者在购买决策过程中介入程度的不同来划分

购买介入程度指消费者由某一特定购买需要而产生的对决策过程关心或感兴趣的程度。类似地，购买介入是消费者的一种暂时状态，它受个人、产品、情境特征的相互作用的影响。根据购买介入程度不同，可将消费者购买行为类型分为以下四种，如图4-7所示。

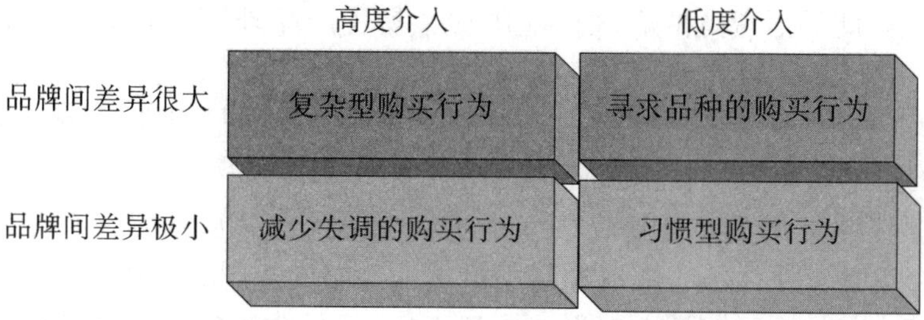

图4-7　消费者购买行为类型

（1）复杂型购买行为。消费者面对不常购买的昂贵商品，如汽车、电脑等，由于产品品牌差异大，购买风险大，消费者需要通过学习，广泛了解产品的性能、特点，从而形成对某种品牌的态度，慎重做出购买决策。高度介入产品的营销人员必须了解消费者的信息收集和评价行为，采取有效措施帮助消费者了解产品性能及其相对重要性，并介绍产品优势及其带给购买者带来的利益，从而影响购买者的最终选择。

（2）减少失调的购买行为。当消费者高度介入到一个昂贵、不经常发生或高风险的购买行为中，但看到品牌间的差异很小时，减少失调的购买行为就发生了。比如，消费者在购买地毯时就面临着一个高度介入的决定，所以，消费者一般会到处逛逛，进行比较、看货，只要价格公道、购买方便、机会合适，消费者就会决定购买；购买之后，消费者也许会感到某些不协调或不够满意，在使用过程中会了解更多情况，并寻求种种理由来减轻、化解这种不协调，以证明自己的购买决定是正确的。针对这种购买行为类型，营销者应注意运用价格策略和人员推销策略，选择最佳销售地点，并向消费者提供有关产品评价的信息，使其在购买后相信自己做出了正确的决定。

（3）寻求品种的购买行为。对于品牌差异明显的产品，消费者不愿花长时间来选择和评估，而是不断变换所购买产品的品牌和品种。消费者这样做并不是因为对产品不满意，而是为了寻求多样化。针对这种购买行为类型，市场营销者可采取销售促销和占据有利货架位置等办法，鼓励消费者购买。

（4）习惯型购买行为。对于价格低廉、经常购买、品牌差异小的产品，消费者不需要花时间选择，也不需要经过收集信息、评价产品特点等复杂过程，而是靠习惯去选定某一品牌。针对这种购买行为类型，营销者应利用价格与销售促进吸引消费者使用；开展大量重复性广告，加深消费者印象；增加消费者购买参与程度和品牌差异。

2. 根据消费者的购买态度与要求划分

（1）习惯型。此类消费者，往往根据过去的购买经验和使用习惯采取购买行为，或长期惠顾某商店，或长期使用某个厂牌、商标的产品。

（2）慎重型。此类消费者的购买行为以理智为主，感情为辅。他们喜欢收集产品的有关信息，了解市场行情，在经过周密的分析和思考后，做到对产品特性心中有数。在购买过程中，他们的主观性较强，不愿别人介入，受广告宣传及售货员的介绍影响较少，往往要对商品进行细致的检查、比较、反复衡量各种利弊因素后，才作购买决定。

（3）价格型（经济型）。此类消费者选购产品多从经济角度考虑，对商品的价格非常敏感。如从价格的昂贵确认产品的质优而选购高价商品；从价格的低廉评定产品的便宜而选购廉价品。

（4）冲动型。此类消费者的心理反应敏捷，易受产品外部质量和广告宣传的影响，以直观感觉为主，新产品、时尚产品对其吸引力较大，做出购买决定较为迅速。

（5）感情型。此类消费者的想象力和联想力丰富，审美感觉也比较灵敏，在购买行为上容易受感情的影响，也容易受销售宣传的诱引。

（6）疑虑型。此类消费者善于观察细小事物，选购产品从不冒失仓促地做出决定，在听取销售人员介绍时，往往小心谨慎和疑虑重重；他们挑选产品动作缓慢，费时较多，还可能因犹豫不决而中断；购买商品表现为“三思而后行”，购买后仍心存疑虑。

（7）不定型。此类消费者多属于新购买者，往往是随意购买或奉命购买产品。他们在选购产品时大多没有主见，一般都渴望得到销售人员的帮助，乐于听从销售人员的介绍，并很少去检验和查证产品的质量。

实战演练

1. 背景资料：

认识需要

2018 年阿雯周围的朋友与同事纷纷加入了购车者的队伍，她看到同事每天不用再乘坐拥挤嘈杂的公交车和地铁，不觉开始动心。由于她家离天河区距离较远，加上交通拥挤，每天来回花在路上的时间近 3 个小时，所以，她的购车欲望越来越强烈。

初识爱车

阿雯在上司的鼓动下去驾校学习汽车驾驶技能。在驾校学车时，未来将购什么样的车不知不觉成为几位学车者的共同话题。“我拿到驾照，就去买一部 1.4 自排的波罗。”一位 MBA 同学对波罗情有独钟。虽然阿雯也很喜欢这一款小车的外形，但她不会购买，因为阿雯有坐波罗 1.4 的体验。那一次是 4 个女生（在读 MBA 同学）上完课，一起坐辆小波罗出去吃中午饭，回校时车从徐家汇汇金广场的地下车库开出，在上坡时不得不关闭空调才爬上高高的坡，想起爬个坡便要关空调实在阻碍了阿雯对波罗的热情，虽然有不少人认为波罗是女性的首选车型。

问问驾校的师傅吧。师傅总归是驾车方面的专家，“宝来，是不错的车”，问周边人的用车体会，包括朋友的朋友，都反馈过来这样的信息：在差不多的价位上，开一段时间，还是德国车不错，宝来好。阿雯的上司恰恰是宝来车主，阿雯尚无体验驾驶宝来的乐趣，但后排的拥挤已先入为主了。想到自己的先生人高马大，宝来的后座不觉成了胸口的痛。如果有别的合适的车，宝来仅会成为候选吧。

不久，一位与阿雯差不多年龄的女邻居，在小区门口新开的一家海南马自达专卖店里买了一辆福美来，便自然地向阿雯做了“详细介绍”。阿雯很快去了家门口的专卖店，她被展厅里的车所吸引，销售员热情有加，特别是有这么一句话深深地打动了她：“福美来各个方面都很周全，反正在这个价位里别的车有的配置福美来都会有，只会更多。”此时的阿雯还不会在意动力、排量、油箱容量等抽象的数据，直觉上清清爽爽的配置，配合销售人员正对阿雯心怀的介绍，令阿雯在这一刻已锁定海南马自达了。阿雯乐颠颠地拿着一堆资料回去，福美来成了她心中的首选。银色而端正的车体在阿雯的心中晃啊晃。

亲密接触，比较评价

阿雯回家征求先生的意见。先生说，为什么放着那么多上海大众和通用公司的品牌不买，偏偏要买“海南货”？它在上海的维修和服务网点是否完善？这两个问题马上动摇了阿雯当初的方案。

阿雯不死心，便想问问周边驾车的同事对福美来的看法。“福美来还可以，但是日本车的车壳太薄。”宝来车主因其自身多年的驾车经验，他的一番话还是对阿雯有说服力的。阿雯有种无所适从的感觉。好在一介书生的直觉让阿雯关心起了精致的汽车杂志，随着阅读的试车报告越来越多，阿雯开始明确自己的目标了，8万至15万的价位，众多品牌的车都开始进入阿雯的视野。此时的阿雯已开始对各个车的生产厂家、每个生产厂家生产哪几种品牌、同一品牌的不同的发动机的排量与车的配置、基本的价格都已如数家珍。上海通用的别克凯越与别克赛欧，上海大众的超越者，一汽大众的宝来，北京现代的伊兰特，广州本田的飞度1.5，神龙汽车的爱丽舍，东风日产的尼桑阳光，海南马自达的福美来，天津丰田的威驰，各款车携着各自的风情在马路上或飞驰或被拥堵的时时刻刻，向阿雯展示着自己的神采。阿雯常用的文件夹开始附上了各款车的排量、最大功率、最大轴距、极速、市场参考价等一行行数据，甚至4S店的配件价格。经过反复比较，阿雯开始锁定别克凯越和本田飞度。

特别是别克凯越，简直是一款无懈可击的靓车啊！同事A此阶段也正准备买车，别克凯越也是首选。阿雯开始频频地进入别克凯越的车友论坛，并与在上海通用汽车集团工作的同学B联系。从同学的口里，阿雯增强了对别克凯越的信心，也知道了近期已另有两位同学拿到了牌照。但不幸的是，随着对别克凯越论坛的熟悉，阿雯很快发现，费油是别克凯越的最大缺陷，想着几乎是飞度2倍的油耗，在将来拥有车的时时刻刻要为这油耗花钱，阿雯的心思便又活了。还有飞度呢，精巧，独特，省油，新推出1.5 VTEC发动机的强劲动力，活灵活现的试车报告，令人忍不住想说就是她了。何况在论坛里发现飞度除了因是日本车系而受到抨击外没有明显的缺陷。正巧这一阶段广州本田推出了广本飞度的广告，阿雯精心地收集着有关广本飞度的每一个文字，甚至致电广本飞度的上海4S店，追问其配件价格。维修成员极耐心的回答令其对飞度的印象分又一次得到了增加。

到此时，阿雯对电视里各种煽情的汽车广告却没有多少印象。由于工作、读书和家务的关系，她实在没有多少时间坐在电视机前。而地铁里的各式广告，按道理是天天看得到，但受上下班拥挤的人群的影响，阿雯实在是没有心情去欣赏。

只是纸上得来终觉浅，周边各款车的直接用车体验对阿雯有着一言九鼎的说服力，阿雯开始致电各款车的车主了。朋友C已购了别克凯越，问及行车感受，说很好，凯越是款好车，值得购买。同学D已购别克赛欧，是阿雯曾经心仪的SRV，质朴而舒适的感觉，阿雯常常觉得宛如一件居家舒适的棉质恤衫，同学说空调很好的呀，但空调开后感觉动力不足。朋友E已购飞度1.3，她说飞度轻巧，省油，但好像车身太薄，不小心用钥匙一划便是一道印痕，有一次去装点东西感觉像“小人搬大东西”。周边桑塔纳的车主、波罗的车主，等等，都成为阿雯的“采访”对象。

花落谁家

阿雯的梦中有一辆车，漂亮的白色，流畅的车型，大而亮的灯，安静地立在阿雯的面前，等着阿雯坐进去。但究竟花落谁家呢？阿雯自己的心里知道，她已有了一个缩小了的备选品牌范围。但究竟要买哪一辆车，这个“谜底”不再遥远……

（资料来源：摘自百度文库—教育专区—高等教育“阿雯买车”）

2. 训练目标：学会分析消费者的购买类型和购买决策过程。

3. 训练内容：根据案例提供的内容，分析消费者的购买类型和购买决策过程 。

4. 训练步骤：以模拟公司为单位进行训练，步骤如下：

（1）集中讨论以下问题：

①阿雯选车是属于哪一类购买决策，为什么？

②试运用消费者决策过程的五阶段模型分析阿雯选车所经历的相关阶段。

③阿雯在购车决策过程中受到哪些因素的影响？

（2）每个模拟公司选一名代表向全班同学汇报讨论结果。根据各小组汇报的情况，先由小组之间相互提问，最后由教师进行总结。

5. 实训成果：案例分析报告。

6. 成果考核：以团队为单位进行考核。

学习任务 2
分析生产者市场

任务抛锚

总部设在德克萨斯州奥斯汀的戴尔公司（以下简称“戴尔”）是全球领先的 IT 产品及服务提供商，是美国排名第一的 PC 供应商，其业务包括帮助客户建立自己的信息技术及互联网基础架构。戴尔成为市场领导者的根本原因是：通过直接向客户提供符合行业标准技术的产品和服务，不断地致力于提供最佳的客户体验。戴尔一年的采购订单是 200 亿美元。作为生产者市场的购买者，戴尔是如何进行采购的？其购买行为有哪些特征呢？

任务解析

企业的市场营销对象不仅包括消费者市场，也包括生产者市场，这些市场构成了原材料、零部件、机器设备、供给品和企业服务的庞大市场。为此，企业必须了解生产者市场及其购买行为。多数大型公司要把产品销售给产业购买者，如全球航空航天业的领袖公司波音公司要将其生产的飞机卖给全球 90 多个国家的航空公司。营销者要满足像戴尔这样国际著名企业的需求，就必须分析其购买行为的特征和模式，掌握其购买过程。

知识储备

一、生产者市场的特征

生产者市场是巨大的，涉及的资金和项目远远超过消费者市场。生产者市场是由所有购买产品和服务，并用来生产其他产品和服务，以供出售或出租，从中获取营利的个人和组织所构成。生产者市场的购买目的是为了通过进一步的生产和加工来获利，而不是为了个人和家庭的消费。

在某些方面，生产者市场与消费者市场具有相似性，二者都有人为满足某种需要而担当购买者角色、制定购买决策等共同点。然而，生产者市场在市场结构与需求、购买单位的性质、决策类型和决策过程等方面，又与消费者市场有着明显差异。生产者市场的特征见表4－1：

表4－1 生产者市场的特征

类别	特征
市场结构与需求	（1）购买者数量较少、规模较大 （2）购买者往往集中在少数地区 （3）生产者购买者的需求是引申需求 （4）生产者购买者的需求是缺乏弹性的需求 （5）生产者市场的需求是波动的需求
购买单位的性质	（1）生产者购买涉及更多的购买者 （2）生产者购买需要更专业的采购
决策类型和决策过程	（1）往往面对复杂的购买决策 （2）购买行为更加模式化 （3）往往向生产者直接采购 （4）在购买行为中，供需双方密切合作且建立长久的合作关系

二、生产者市场的购买行为

生产者市场购买的类型可分为三种：直接重购、修正重购和新购。直接重购是一个相当常规的决策。新购需要彻底的调查研究，处于两者中间的是修正重购。

（一）直接重购

直接重购是一种程序化的购买决策，是在供应者、购买对象、购买方式都不变的情况下而购买以前曾经购买过的产品的购买类型。采购部门根据以前的采购情况，向原供应商订购同类产品。一旦供应商的供货能满足采购方的需求，能使采购方满意，这种交易关系就可能持续下去。对原供应商来说，关键是要以高质量的产品和服务保住现有客户。新的供应商想夺取这个市场比较困难。

（二）修正重购

修正重购是指采购部门想改变采购品的规格、价格、交易条件及供应商等，其目的是为了寻求更低的价格、更好的服务及更有利的交易条件。这种类型的购买决策要比直接重购复杂得多，会有更多的人参与购买决策。修正重购会给原供应商带来威胁，原供应商需采取最有效的措施维护原有的地位；同时，也给其他供应商提供机会，其他供应商可采取提供新产品、提出更优惠的交易条件等方法来争得一席之地。因此，原有的供应者要清醒认识面临的挑战，积极改进产品规格和服务质量，大力提高生产率，降低成本，以保持现有的客户；新的供应者要抓住机遇，积极开拓，争取更多的业务。

（三）新购

新购是指采购部门为企业新增的生产项目或更新设备而首次购买某种产品和服务。这种购买类型在购买决策前，需要收集大量的信息，因此，制定决策所花的时间也就越长。首次购买的成本越大，风险就越大，参加购买决策的人员就越多。企业的新购活动构成了一个新的市场，对供应商来说，是一个最好的机会，营销人员要主动接近尽可能多的对新购有影响的决策人，并向企业提供市场信息，帮助解决企业遇到的疑难问题，以争取早日获得订单。由于在新购状态下营销工作的复杂性，供应商有必要成立一支由高素质营销人员组成的专门营销队伍，运用整套的营销手段来争夺这一新市场。

三、影响生产者购买行为的主要因素

与消费者购买行为相同，生产者购买行为也同样会受到各种因素的影响。因生产者市场购买决策过程复杂，而且参与购买决策的人员较多，因此，影响生产者市场购买决策的因素众多，可将影响因素归纳为四大类：环境因素、组织因素、人际因素和个人因素，如图4－8所示。

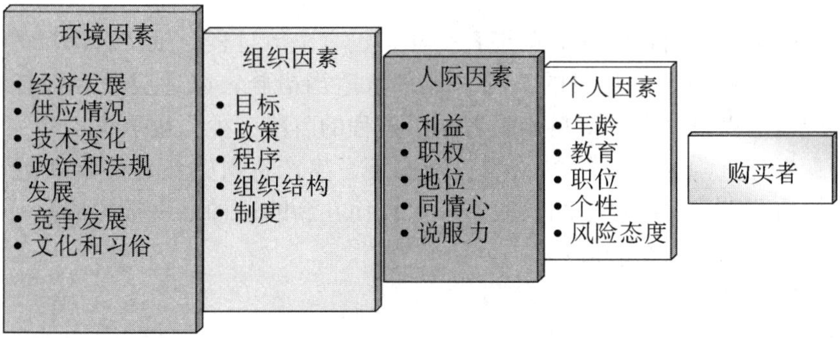

图4－8　影响生产者购买行为的主要因素

（一）环境因素

环境因素是指企业外部环境的因素。它包括政治法律环境、经济环境、技术环境和竞争环境等。影响生产者购买行为的诸多因素中，经济环境是主要的。当经济前景看好、市场需求水平上升时，购买者的购买量就会增加；当经济不景气，或前景不佳时，生产者就会缩减投资，减少采购，压缩原材料的库存和采购。此外，生产资料购买者也受科技、政治和竞争发展的影响。

（二）组织因素

组织因素是指企业内部的因素。它包括企业的目标、政策、组织机构和制度等。这些因素中，最主要的是机构设置和采购制度。生产者市场的营销者应掌握购买者企业内部的采购部门在企业里所处的地位：是一般的参谋部门，还是专业职能部门？购买决策权是集中决定还是分散决定？在决定购买的过程中，哪些参与最后的决策？

（三）人际因素

人际因素是指企业内部的人事关系因素。生产资料的购买决定，是由公司各个部门和各个不同层次的人员组成的“采购中心”做出的。这些成员因地位不同、权力有异，说服力有区别，所以对采购决定所起的作用也不同，因而，在购买决定上呈现较纷繁复杂的人际关系。供应商的营销人员应尽量地了解，购买中心的每个人在购买决策过程中所扮演的角色以及他们的相互关系，充分利用这些因素促成与采购组织的合作。

（四）个人因素

个人因素是指每个参与者的个人动机、感受和偏好等。生产者市场的购买行为虽为理性活动，但参加采购决策的仍然是具有感情、动机的个体，这些个体的感情因素又受年龄、收入、教育程度、职位、个性以及对风险的态度等因素的影响，所以会表现出不同的购买风格。因此，市场营销人员应了解生产者市场采购中心人员的个人情况，以便采取相应的营销措施。

四、生产者市场的购买过程

生产资料的购买者和消费资料的购买者一样，也有决策过程。生产者市场的营销人员还要了解其顾客购买过程的各个阶段的情况，并采取适当措施，以适应顾客在各个阶段的需要，才能成为现实的卖主。生产资料购买者购买过程的阶段多少，也取决于购买者购买情况的复杂程度。在直接重购这种最简单的购买情况下，生产资料购买者的购买过程的阶段最少；在修正重购情况下，购买过程的阶段多一些；而在新购这种最复杂的情况下，购买过程的阶段最多，要经过以下八个阶段：

（一）识别问题

识别问题是生产者购买决策过程的起点。当公司有人认识到某个问题或某种需要可以通过某一产品或服务就能解决时，便开始了采购过程。识别问题既可以由内部刺激也可以由外部刺激引起。内部刺激包括：企业要生产新产品，需要新的设备和原材料；更新设备，需要替换或增加新部件；存货水平开始下降，需要购进生产资料；发现过去采购的原料质量不尽如人意，想更换供应者等。外部刺激包括：商品广告；供应商营销人员的上门推销，使采购人员发现了质量更好、价格更低的产品，促使他们提出采购需求。营销人员一方面要及时了解买方有哪些购买需求，另一方面要通过广告或上门访问等方法来刺激买方认识到自己的需求。

（二）描述一般需求

描述一般需求是指确定所需产品的数量和规格。简单的采购，由采购人员直接决定，而复杂的采购，往往要由技术人员、使用者和采购者等相关人员来共同确定产品的可靠性、耐用度、价格及其他属性。营销人员应主动向买方介绍产品的特性，协助买方确定购买要求。

（三）明确产品规格

明确产品规格是指由专业技术人员对所需产品的规格、型号、功能等技术指标作具体分析，并做出详细的说明，以作为采购的依据。在对产品进行分析时，一般采用价值分析法。所谓价值分析法，实际上是一种降低成本的分析方法，它是由美国通用电器公司采购经理迈尔斯 1947 年发明的。这里的“价值”是指某一产品的“功能”与其“成本”之间的比例关系。企业通过对某一产品的价值分析，明确某产品可能产生的经济效益，从而作为采购者选购产品的指南。营销人员也应采用价值分析的方法，向买方强调本企业的产品特性优良、价格便宜，从产品的优越性方面来说服买方。

（四）寻求供应商

寻求供应商是指寻找可能提供所需产品的供应商。这可通过工商企业名录、电话黄页簿、广告和展销会等各种途径来寻找。生产者对所需原材料、标准件及外协件的供应者，必须作深入的调查、了解、分析和比较后才能确定。营销人员应通过各种途径宣传介绍产品，扩大企业的知名度，并要注意发现正在寻找供应商的买方。供货企业应通过广告等方式，努力提高企业在市场上的知名度。

（五）征集方案

对已物色的多个候选供应商，购买者应请他们提交供应建议书，尤其是对价值高、价格贵的产品，还要求他们写出详细的说明，对经过筛选后留下的供应商，要他们提出正式的说明。因此，营销人员必须重视说明书的编写和报价单的填写工作，写出实事求是而又能别出心裁、具有打动人心的产品说明，力求全面而形象地表达所推销产品的优点和特性，力争在众多的竞争者中获得成交。

（六）选择供应商

在收到多个供应商的资料后，采购者将根据资料选择比较满意的供应商。在选择供应商时，不仅考虑其技术能力，还要考虑其能否及时供货，能否提供售后服务等方面的因素。营销人员应主动配合买方的考察，在谈判中灵活运用营销策略，并做出有诚意的承诺，使自己成为最具吸引力的供应商。

（七）签订合约

企业的采购中心最后选定供应商以后，接下来是采购经理开订货单给选定的供应商，在订货单上列举技术说明、需要数量、期望交货期等。现在许多企业日趋采用“一揽子合同”，即和某一供应商建立长期的供货关系，这个供应商允许只要购买者需要购买时，供应商就会按原定的价格条件及时供货。这种“一揽子合同”对供求双方都带来了方便。对采购者而言，不但减少了多次购买签约的麻烦和由此增加的费用，也减轻了库存的压力。

（八）绩效评价

产品采购之后，采购者还会及时向使用者了解其对产品的评价，考查各个供应商的履约情况，并根据了解和考查的结果，决定今后是否继续采购某供应商的产品。为此，营销人员要密切关注采购者和使用者的评价，并了解两者的评价标准是否一致，以确保本企业提供的产品能使买方更满意。

实战演练

1. 背景资料：

戴尔采购工作最主要的任务是寻找合适的供应商，并保证产品的产量、品质及价格方面在满足订单时有利于戴尔。戴尔采购经理的位置很重要。戴尔的采购部门有很多职位设计是做采购计划，预测采购需求，联络潜在的符合戴尔需要的供应商。因此，采购部门安排了较多的人。采购计划职位的作用是什么呢？就是尽量把问题在前端解决。

戴尔采购部门的主要工作是管理和整合零配件供应商，而不是把自己变成零配件的专家。戴尔有一些采购人员在做预测，确保需求与供应的平衡，在所有的问题从前端完成之后，戴尔在工厂这一阶段很少有供应问题，只是按照订单计划生产高质量的产品就可以了。所以，戴尔通过完整的结构设置，来实现高效率的采购，完成用低库存来满足供应的连续性。戴尔认为，低库存并不等于供应会有问题，但它确实意味着运作的效率必须提高。

精确预测是保持较低库存水平的关键，既要保证充分的供应，又不能使库存太多，这在戴尔内部被称为没有剩余的货底。在IT行业，技术日新月异，产品更新换代非常快，厂商最基本的要求是要保证精确的产品过渡，不能有剩余的货底留下来。戴尔要求采购部门做好精确预测，并把采购预测上升为购买层次进行考核，这是一个比较困难的事情，但必须精细化，必须落实。

“戴尔可以给你提供精确的订货信息、正确的订货信息及稳定的订单，”一位戴尔客户经理说，“条件是，你必须改变观念，要按戴尔的需求送货；要按订货量决定你的库存量；要用批量小，但频率高的方式送货；要能够做到随要随送，这样你和戴尔才有合作的基础。”事实上，在部件供应方面，戴尔利用自己的强势地位，通过互联网与全球各地优秀供应商保持着紧密的联系。这种“虚拟整合”的关系使供应商们可以从网上获取戴尔对零部件的需求信息，戴尔也能实时了解合作伙伴的供货和报价信息，并对生产进行调整，从而最大限度地实现供需平衡。

给戴尔做配套，或者作为戴尔零部件的供应商，都要接受戴尔的严格考核。

戴尔的考核要点如下：

其一，供应商计分卡。制定明确的标准，如瑕疵率、市场表现、生产线表现、运送表现以及做生意的容易度，戴尔要的是结果和表现，据此在卡片上进行打分。

其二，综合评估。戴尔经常会评估供应商的成本、运输、科技含量、库存周转速度、对戴尔的全球支持度以及网络的利用状况等。

其三，适应性指标。戴尔要求供应商应支持自己所有的重要目标，主要是策略和战略方面的。戴尔通过确定量化指标，让供应商了解自己的期望；戴尔给供应商提供定期的进度报告，让供应商了解自己的表现。

其四，品质管理指标。戴尔对供应商有品质方面的综合考核，要求供应商“屡创品质、效率、物流、优质的新高”。

其五，每3天出一个计划。戴尔的库存之所以比较少，主要在于其执行了强有力的规划措施，每3天出一个计划，这就保证了戴尔对市场反应的速度和准确度。供应链管理第一个动作是做什么呢？就是做计划。预测是龙头，企业的销售计划决定利润计划和库存计划，这也就是所谓的“长鞭效应”。

迈克尔说过，供应商迟一点，意味着太迟了。这说明了戴尔对供应商供货准确、准时的考核非常严格。为了达到戴尔的送货标准，大多数供应商每天要向戴尔工厂送几次货。漏送一次就会让这个工厂停工。因此，如果供应商感到疲倦和迷茫，半途而废，其后果是戴尔无法承受的，任何供应商打个嗝就可能使戴尔的供应链体系遭受重创。然而，戴尔的强势订单凝聚能力又使任何与之合作的供应商尽一切可能按规定的要求来送货，按需求变化的策略来调整自己的生产。

戴尔很重视与供应商建立密切的关系。迈克尔说：“必须与供应商无私地分享公司的策略和目标。”通过结盟打造与供应商的合作关系，也是戴尔公司非常重视的基本方面。在每个季度，戴尔总要对供应商进行一次标准的评估。事实上，戴尔让供应商降低库存，他们彼此之间的忠诚度很高。从2001年到2004年，戴尔遍及全球的400多家供应商名单里，最大的供应商只变动了两三家。

戴尔也存在供应商管理问题，并已练就出良好的供应链管理沟通技巧，在有问题出现时，可以迅速地化解。当客户需求增长时，戴尔会向长期合作的供应商确认对方是否可能增加下一次发货数量。如果问题涉及硬盘之类的通用部件，而签约供应商难以解决，就转而与后备供应商商量，所有的一切，都会在几个小时内完成。一旦穷尽了所有供应渠道也依然无法解决问题，那么就要与销售和营销人员进行磋商，立即回复客户，这样的需求无法满足。

迈克尔说：“我们不愿意用其他人的方式来作业，因为他们的方法在我们的公司行不通。”戴尔通过自行创造需求的方法，并取得供应商的认同，已经取得了很好的成绩。戴尔要求供应商不光要提供配件，还要负责后面的即时配送。对一般的供应商来说，这个要求“太高了”，或者“太过分了”。但是，戴尔一年200亿美元的采购订单，足以使所有的供应商心动。一些供应商尽管起初不是很愿意，但最后还是满足了戴尔的及时配送要求。戴尔的业务做得越大，对供应商的影响就越大，供应商在与戴尔合作中能够提出的要求会更少。戴尔需要的大量硬件、软件与周边设备，都是采取随时需要，随时由供应商提供送货服务。

供应商要按戴尔的订单要求，把自己的原材料转移到第三方仓库，但这个原材料的物权还属于供应商。戴尔根据自己的订单确定生产计划，并将数据传递给本地供应商，让其根据戴尔的生产要求把零配件提出来放在戴尔工厂附近的仓库，做好送货的前期准备。戴尔根据具体的订单需要，通知第三方物流仓库，通知本地的供应商，让他把原材料送到戴尔的工厂，戴尔工厂在8小时之内把产品生产出来，然后送到客户手中。整个物料流动的速度是非常快的。

2. 训练目标：学会分析生产者市场的购买类型和购买过程。

3. 训练内容：根据案例提供的内容，分析生产者市场的购买类型和购买过程。

4. 训练步骤：以全班为单位进行训练，步骤如下：

（1）集中讨论以下问题：

①戴尔的采购从哪些方面反映了产业购买者的共同行为特征？

②作为产业购买者，戴尔的购买行为有哪些时代特点？

（2）个人自由发言，老师最后点评。

5. 实训成果：讨论提纲。

6. 成果考核：以个人为单位进行考核。

项目五
5 目标市场营销

知识目标

1. 知道市场细分、目标市场的概念；
2. 掌握目标市场营销策略；
3. 掌握产品定位的方法，了解市场定位与产品定位的区别。

能力目标

1. 会运用市场细分的方法对一个整体市场进行细分；
2. 能够选择出适合本公司的目标市场；
3. 会使用产品定位的方法为本公司的产品进行定位。

学习任务1
进行市场细分

任务抛锚

始创于1837年的宝洁公司（简称P&G），是世界大型的日用消费品公司之一。宝洁公司总部位于美国俄亥俄州辛辛那提，全球员工近110000人，在全球80多个国家设有工厂及分公司，所经营的300多个品牌的产品畅销160多个国家和地区，其中包括洗发用品、护发用品、护肤用品、化妆品、婴儿护理产品、妇女卫生用品、医药、食品、饮料、织物、家居护理及个人清洁用品。在中国的在洗发用品领域，该公司推行多品牌的差异化市场细分策略，旗下拥有飘柔、海飞丝、潘婷、润妍、沙宣等多个强势品牌，建立了相当高的品牌忠诚度，在洗发用品市场中占据绝对优势地位。

宝洁打入中国市场的1988年，中国洗发用品市场上的同类产品种类不多，几乎没有什么高档的洗发用品、护发用品。大多数国产产品质量差、包装粗糙、缺乏个性，但价格低廉；进口产品质量好，但价格昂贵，很少人问津。当时中国的洗发用品市场由蜂花、奥尼洗发香波占据主导地位，虽然它们同样靠低价策略来赢得市场，但在当时，它们已经算是相对比较高档的产品了。由于传统的生活和消费观念，有更多的中国消费者还在使用洗发膏和散装洗发水。而当时正处于中国第二次经济发展的高潮，老百姓的生活水平在提高的同时，各种观念也在更新。

宝洁公司经过市场调研，对中国市场的营销环境（宏观和微观）和消费者进行认真分析之后，认为中国的洗发用品市场是个极具开发潜力的巨大市场，所以决定进入中国洗发用品市场。接下来，宝洁公司的营销工作该如何去做？用什么方法吸引中国的消费者？

任务解析

现在大多数公司都放弃了大众营销（大规模生产、大规模分销，用同一种促销方式吸引消费者），而是转向对市场进行细分、确定目标市场，即通过市场细分，确定自己的目标，开发相应的产品，制定相应的营销策略。这样做的好处是，企业的营销力量不再像霰弹枪那样分散，而是像步枪那样瞄准在最有价值的目标身上。

在对市场营销环境进行分析的基础上，企业通过市场调研进一步掌握了市场需求和消费者的购买心理之后，宝洁公司接下来要做的就是：依据一定的标准对中国的洗发用品市场进行细分，在此基础上选择目标市场。

知识储备

一、市场细分概述

目标市场营销（STP营销）是现代战略营销的核心，包括市场细分（Market Segmentation）、目标市场选择（Target Market Selection）和市场定位（Market Positioning）三个环节，如图5-1所示。

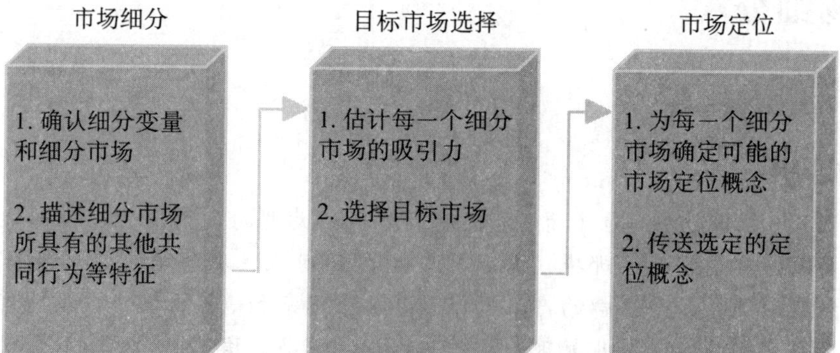

图5-1 目标市场营销（STP）

市场细分是指营销者通过市场调研，依据消费者的需要和欲望、购买行为和购买习惯等方面的差异，把某一产品的市场整体划分为若干消费者群的市场分类过程。细分市场既不是根据产品品种、产品系列来划分，也不是按公司的性质进行分类，而是从消费者（指最终消费者和工业生产者）的角度进行划分的，即根据消费者的需求、动机、购买行为的多元性和差异性来划分。每一个消费者群就是一个细分市场，每一个细分市场都是由具有类似需求倾向的消费者构成的群体。

市场细分策略是STP市场营销战略的核心组成部分，是制定市场营销战略的基础，也是营销战略成败的关键所在。

二、市场细分的好处

（一）有利于发掘市场机会，开拓新市场

通过市场细分，公司可以有效地分析和了解整体市场中存在哪些需求相似的消费者群（细分市场），发现哪些消费需求已经满足，哪些需求没有满足，哪些需求满足不够。公司可以对每一个细分市场的购买潜力、满足程度、竞争情况等进行分析对比。通过市场细分，尚未满足的需求便是公司的市场机会。只有通过细分，公司才能发现这些市场机会。

【小案例5-1】

广东洗衣机市场过去有多个厂家，如广州洗衣机厂、航海洗衣机厂、中山洗衣机厂和江门洗衣机厂等。这些厂家都沿着单缸半自动、双缸半自动、全自动的方向进行产品更新换代，而且几乎都是同步发展。但随着产品产量的增加、市场的饱和，竞争非常激烈。为此，江门洗衣机厂通过市场调查，细分洗衣机市场的需求，发现原来购买单缸半自动洗衣机的家庭，有相当一部分家庭从节俭出发，不愿遗弃仍可用的单缸洗衣机，但他们又希望有脱水的功能。这是市场机会，该厂抓住了这一机会，开发了脱水机这一产品，独占了市场。

（二）有利于选择目标市场和制定市场营销策略

市场细分后的子市场比较具体，比较容易了解消费者的需求，公司可以根据自己的生产技术和营销力量，确定自己的服务对象，即目标市场。针对较小的目标市场，便于制定特殊的营销策略。同时，在细分的市场上，信息容易了解和反馈，一旦消费者的需求发生变化，公司便可迅速改变营销策略，制定相应的对策，以适应市场需求的变化，提高公司的应变能力和竞争力。

【小案例5-2】

联想围绕“锋行”“天骄”“家悦”三个品牌面向不同的用户群需求，推出不同的“细分”促销方案。选择“天骄”的用户，可优惠购买让数据随身移动的魔盘、可精彩打印数码照片的3110打印机、SOHO好伴侣的M700多功能机以及让人尽享数码音乐的MP3；选择“锋行”的用户，可以优惠购买“数据特区”双启动魔盘、性格鲜明的打印机以及“新歌任我选”MP3播放器；钟情于“家悦”的用户，则可以优惠购买“电子小书包”魔盘、完成学习打印的打印机、名师导学的网校卡以及成就电脑高手的XP电脑教程。

（三）有利于集中使用人力、物力、财力，提高公司的竞争力

任何一个公司的人力、物力、财力都是有限的。通过市场细分，公司可以更好地了解每一个细分市场上竞争者的优势和劣势，把自己有效的资源优势集中到与自己优势相适应的某个市场上，形成自己的优势，提高公司的竞争力。

三、市场细分的变量

（一）消费者市场细分的标准及变量

进行市场细分的首要任务，就是要确定按照什么样的标准和变量来进行细分。一般来说，凡是影响消费者需求的一切因素，都可以作为市场细分的变量。市场细分的标准有很多，公司应当尝试单独或组合使用多种标准及变量进行市场细分。表5－1列出了消费者市场细分时的主要标准及变量。

消费者市场细分可以按照地理因素、人口统计因素、心理因素、行为因素等变量进行细分（见表5－1）。

表5－1　　消费品市场细分标准及变量一览表

细分标准	细分变量
地理因素	国家、地区、城市规模、人口密度、不同的气候带等
人口统计因素	年龄、性别、家庭人口、家庭生命周期、收入、职业、民族、宗教、教育、种族等
心理因素	社会阶层、生活方式、个性
行为因素	购买时机、追求利益、使用者状况、使用率、忠诚度、购买者准备阶段

1. 地理因素

按地理因素细分，就是按消费者所在的地理位置、地理环境等变数来细分市场。因为处在不同地理环境下的消费者，对于同一类产品往往会有不同的需要与偏好。

课堂思考

你能举出一个因地理因素不同而对同一商品的要求不同的例子吗？

（1）地理位置。按照行政区划来进行细分，如在我国，可以划分为东北、华北、西北、西南、华东和华南几个地区；也可以按照地理区域来进行细分，如划分为省、自治区，市、县等，或内地、沿海、城市、农村等。在不同地区，消费者的需求显然存在较大差异。如茶叶市场，南方消费者喜欢红茶和绿茶，华北、华东地区消费者喜欢花茶，而少数民族地区的消费者喜欢砖茶；再如食品，不同地区有不同的口味，所谓“东甜南辣西酸北咸”；南方以米饭为主食，北方以面粉为主食。

（2）城镇大小。按照城镇大小可划分为大城市、中等城市、小城市和乡镇。处在不同规模城镇的消费者，在消费结构方面存在较大差异。

（3）地形和气候。按地形可划分为平原、丘陵、山区、沙漠地带等：按气候可划分为热带、亚热带、温带、寒带等；湿度可分为干旱地区、多雨地区。防暑降温、御寒保暖之类的消费品就可按不同气候带来划分。如在我国北方，冬季寒冷干燥，加湿器很有市场；而在南方，由于空气中的湿度大，除湿器反而有较大需求。

地理细分之所以可行，主要是由于处在不同地理环境下的消费者，对于同一类产品往往会有不同的需要和偏好，他们对公司的产品价格、销售渠道、广告宣传等营销措施的反应也常常存在差别。如，同样是自行车，乡村地区的消费者注重自行车的加重、运输功能，而住在城市的消费者则注重其轻便和运动功能。

许多建材制造商、服装公司、家电公司、调味品公司都发现了地理细分的重要性。波司登和海尔等公司从产品设计、营销方案、市场服务等方面就开始注重地理区域市场带来的差异，在实施营销差异化战略的基础上，紧密契合地理区域特征开展营销活动，取得了很好的销售业绩，走在了市场的前列。

2. 人口统计因素

按人口统计因素细分市场，即按年龄、性别、职业、收入、家庭人口、家庭生命周期、民族、宗教、国籍等变数，将市场划分为不同的群体。由于人口变数比其他变数更容易测量，且适用范围比较广，因而人口变数一直是细分消费者市场的重要依据。

在国内，利用人口统计因素细分市场最典型的案例是大宝 SOD 蜜。虽然，大宝并未严格按照人口统计因素中的任何一个变量进行严格的市场细分，但它受到了绝大部分男性、中低收入者、学生、野外工作者的喜爱，成为中国最知名的大众化妆品品牌，市场占有率和销售量稳步提升。

（1）年龄。不同年龄段的消费者，由于生理、性格、爱好、经济状况的不同，对消费品的需求往往存在很大的差异。从事服装、食品、保健品、药品、健身器材、书刊等商品生产经营业务的公司，经常采用年龄变数来细分市场。

例如，高露洁牙膏和牙刷，就分别建立了不同的生产线，以便能够为儿童、成年人和老年人提供产品。帮宝适将它的市场按月为单位分为不同的消费者市场。几乎所有奶粉公司都将奶粉划分为婴儿奶粉、幼儿奶粉、成人奶粉、中老年奶粉，而婴儿奶粉又按月划分为不同的阶段。

（2）性别。按性别细分很早就用于服装、化妆品、杂志行业，进而有更多的营销者使用这一方法。

例如，随着亚洲妇女的财富和影响力的日渐增长，营销人员开始针对她们开发新产品。大华银行（UOB）在新加坡、马来西亚和中国香港推出了女士信用卡，口号就是“男人得不到它”。这种信用卡除了具备普通信用卡的全部功能外，还可以在时尚专卖店、美容院和健身俱乐部打折，这些都是针对女性生活方式而设计的客户利益。

（3）收入。根据消费者的收入情况来划分市场，一般分为高收入、中等收入和低收入三类。产品一般可以分成生活必需品和任意选购品。收入水平不高的消费者，对生活必需品的支出比重大，对商品的价格较为敏感，强调商品的实用性；收入水平较高的消费者，对任意选购商品的购买量大，对商品的品质、款式、售后服务等就有较高的要求。不同类别、不同档次的消费品将为不同收入层次的消费者所接受和欢迎。但若以收入作为细分标准，不应忽视低收入群由于“补偿”心理或自身水平有限，也会购买高质量、高价格的产品。

（4）民族。世界上大部分国家都拥有多个民族，我国更是一个多民族的大家庭，除汉族外还有55个少数民族。这些民族都有各自的传统习俗、生活方式，从而呈现出各种不同的商品需求，如我国西北少数民族饮茶很多等。只有按民族这一细分变数将市场进一步细分，才能满足各族人民的不同需求，并进一步扩大公司的产品市场。

（5）职业。不同职业的消费者，其消费需求存在很大的差异；不同职业的特点，也会使人们有很多购买上的差异。如工人、农民、教师、艺术家、干部、学生，对报纸、书刊的消费有明显的不同。

（6）教育状况。受教育程度不同的消费者，他们的价值观、信念、习惯等存在较大的差异，因而会影响他们的购买种类、购买行为和购买习惯。

（7）家庭人口。据此可分为单身家庭（1人）、单亲家庭（2人）、小家庭（2~3人）、大家庭（4~6人或6人以上）。家庭人口数量不同，在住宅大小、家具、家用电器乃至日常消费品的包装大小等方面都会出现需求差异。

（8）家庭生命周期。处在不同生命周期的家庭，对商品的要求有很大不同。

3. 心理因素

心理细分是以社会阶层、生活方式以及性格特点作为变数来划分消费者群。那些人口统计因素相同的消费者，在心理因素构成方面可能完全不同。

（1）社会阶层。处于不同阶层的消费者，由于生活方式、个性特征和价值观念有很大的区别，因此，他们在家用设备、服装、闲暇活动、阅读习惯、零售商品等方面的偏爱上有明显的差异。反之，同一个社会阶层的人，他们的消费心理更为相似，从而形成了市场细分的基础。

（2）生活方式。生活方式是人们对消费、工作和娱乐的特定习惯和倾向性的方式。生活方式影响人们对各种产品的兴趣，而消费的产品不同也反映人们生活方式的差异。越来越多的公司，如服装、化妆品、家具、娱乐等，开始重视按人们的生活方式来细分市场。不同的生活方式会产生不同的需求偏好，如服装可分为运动服、晚礼服、工作服、家居服等。

【小案例5-3】

香港一家叫作New World Mobility的移动通讯公司，推出一项服务可以让用户通过手机实时查看家里的情况。当然，用户首先要在家里安装一个摄像头以及接入宽带互联网。当时，手机用户占香港总人口的75%，约30%的家庭安装了宽带接入。有了这项叫作家庭安全移动查看服务的技术，那些聘请佣人在家照看小孩的职业妇女就可以安心工作了。欢迎这项服务的不仅是那些聘请佣人的职业女性，很多喂养宠物的家庭也很欢迎。

4. 行为因素

行为因素是根据消费者的购买行为来进行划分。

（1）购买时机。按消费者产生购买意图的时机、实际购买的时机和使用产品的时机，可以把消费者划分为不同的群体。像圣诞节、情人节、父亲节、母亲节这样的节日，一直都是商家促销糖果、鲜花、贺卡和小礼品的好机会；端午节、中秋节、春节则是商家推销食品的大好时机；旅行社可为每年的几个公众长假提供专门的旅游线路和品种，为中小学生每年的寒暑假提供专门的旅游服务。

【小案例5－4】

印尼食品公司通过时机细分，在消费者中创造了一个“渴望方便面”的群体，取得了很好的业绩。该公司曾推出情人版的方便面，装在粉红色的包装里，上面还有卡通的心形图案。此外，该公司有限量版的中国农历新年方便面，用漂亮的红色或金色盒子包装，还有生日方便面、新书发行方便面等。不仅如此，该公司还利用像婚礼、生日、毕业纪念日这样的时机来进行营销。

（2）追求利益。根据消费者对产品追求的不同利益，可将其划分为不同的市场，这是一种很有效的市场细分的方法。美国学者 Haley 曾运用利益对牙膏市场进行细分而获得成功。他把牙膏需求者寻求的利益分为经济实惠、防治牙病、洁齿美容、口味清爽等四种，见表5－2。

表5－2　　牙膏市场的利益细分

利益细分	人口统计特征	行为特征	心理特征	符合利益的品牌
经济实惠	男性	大量使用者	自主性强者	大减价的品牌
防治牙病	大家庭	大量使用者	忧虑保守者	品牌A、E
洁齿美容	青年	吸烟者	社交活动多者	品牌B
口味清爽	儿童	薄荷爱好者	喜好享乐者	品牌C

（3）使用者状况。许多产品可以按照消费者对产品的使用情况进行分类。使用情况可以分为：从未使用者、曾经使用者、潜在使用者、初次使用者、经常使用者。对于不同的使用者情况，公司实行的策略是不同的。

（4）使用率。市场可以按照用户使用产品的程度，据此细分为少量使用者、中量使用者和大量使用者。大量用户人数不一定多，但消费量大。和小用户相比，营销者更愿意为一个大客户提供产品或服务。如，许多航空公司都把优先地位授予那些旅行最频繁的乘客，他们获得的优先权包括：可携带的行李重量更大、可以优先登机、订票优先、使用机场的休息室、赠送旅行保险、飞机旅程特别奖励等。

（5）忠诚度。市场可以按照消费者的忠诚度来细分。消费者的忠诚度一般可以分为以下四类：

①绝对忠诚者：消费者自始至终只购买一种品牌，对该品牌忠贞不二。

②中度忠诚者：忠诚于几种品牌的消费者。

③转移型忠诚者：从偏爱一种品牌转移到偏爱另一种品牌的消费者。

④游离者：消费者对任何品牌都不具有忠诚度，有什么品牌就买什么品牌。

上述四种不同品牌忠诚度的消费者群，在每种产品市场上都会有不同的数量构成。公司通过研究那些忠诚度不高的消费者，可以知道到底哪些品牌是自己真正的竞争对手；研究那些放弃自己产品的消费者，公司才能找到营销工作的薄弱环节。

（6）购买者准备阶段。在任何时候，人们都处于购买产品的各个不同的阶段：有些人不知道某种产品的存在；有些人知道；有些人相当清楚；有些人感到有兴趣；有些人想要去购买；有些人已经决定要购买。这期间相对人数的多少，对营销方案的制定有很大的影响。

（二）产业市场细分的标准

很多用来细分消费者市场的变量，同样可以用来细分产业市场。产业购买者可以用地理因素、人口统计因素（行业、公司规模）、追求利益、使用者情况、使用率以及忠诚度来细分。但对产业市场而言，还有更多的细分变量，如：经营因素、采购方式、情境因素、个性特征等（见表5-3）。

表5-3　　产业市场主要细分变量

人口统计因素
□ 行业：我们应把重点放在购买这种产品的哪些行业？
□ 公司规模：我们应把重点放在多大规模的公司？
□ 地理位置：我们应把重点放在哪些地区？
经营因素
□ 技术：我们应把重点放在顾客所重视的哪些技术上？
□ 使用者或非使用者情况：我们应把重点放在经常使用者、较少使用者、首次使用者或从未使用者身上？
□ 顾客能力：我们应把重点放在需要很多服务的顾客上，还是放在只需少量服务的顾客上？
采购方式
□ 采购职能组织：我们应将重点放在那些采购组织高度集中的公司上，还是那些采购组织相对分散的公司上？
□ 权利结构：我们应选择那些工程技术人员主导地位的公司，还是财务人员占主导地位的公司？
□ 与用户的关系：我们应选择那些现在与我们有牢固关系的公司，还是追求最理想的公司？
□ 总的采购政策：我们应把重点放在乐于采用租赁、服务合同、系统采购的公司上，还是采用密封投标等贸易方式的公司上？
□ 购买标准：我们是选择追求质量的公司、重视服务的公司，还是注重价格的公司？
情境因素
□ 紧急程度：我们是否应把重点放在那些交货要求/提供服务非常迫切的公司上？
□ 特别用途：我们应将力量集中于本公司产品的某些用途上，还是将力量平均花在各种用途上？
□ 订货量：我们应侧重于大宗订货的用户，还是少量订货者？
个性特性
□ 购销双方的相似性：我们是否应把重点放在那些人员及价值观念与本公司相似的公司上？
□ 对待风险的态度：我们应把重点放在敢于冒风险的用户还是不愿冒风险的用户上？
□ 忠诚度：我们是否应该选择那些对本公司产品非常忠诚的用户？

（资料来源：菲利普·科特勒：《市场营销管理（亚洲版）》，中国人民出版社1997年版。）

四、有效市场细分的特征

进行市场细分的方式有很多，但并不是所有的细分都是有效的。细分的目的是通过区分顾客需求的差异，生产满足不同顾客需求的产品来取得较大的经济效益。众所周知，产品的差异化必然导致生产成本和推销费用的相应增长，所以，营销者必须在市场细分所得收益与市场细分所增成本之间做出权衡。有效的细分市场必须具备以下特征，如图5－2所示：

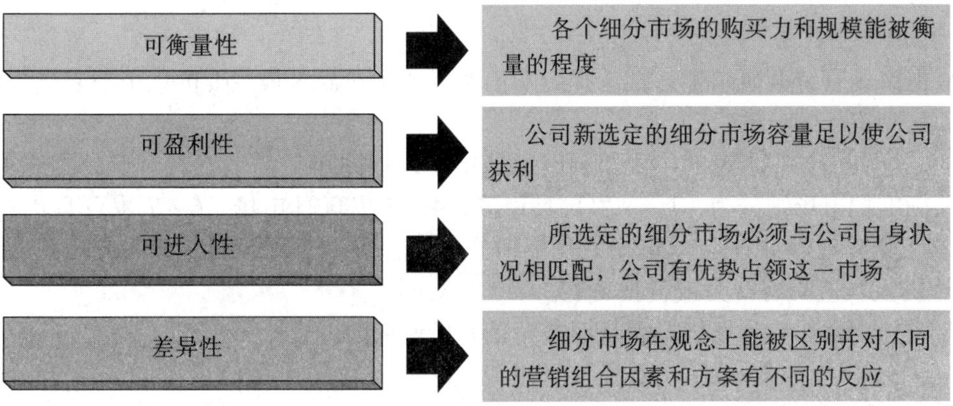

图5－2　有效市场细化的特征

（一）可衡量性

可衡量性是指用来细分市场的标准和变数及细分后的市场是可以识别和衡量的，即有明显的区别，有合理的范围。如果某些细分变数或购买者的需求和特点很难衡量，细分市场后无法界定、难以描述，那么市场细分就失去了意义。一般来说，一些带有客观性的变数，如年龄、性别、收入、地理位置、民族等，都易于确定，并且有关的信息和统计数据也比较容易获得；而一些带有主观性的变数，如心理和性格方面的变数，就比较难以确定。

（二）可盈利性（规模性）

可盈利性是指细分市场的规模要大到能够使公司足够获利的程度，使公司值得为它设计一套营销规划方案，以便顺利地实现其营销目标，并且有可拓展的潜力，以保证按计划能获得理想的经济效益和社会服务效益。如一个普通大学的餐馆，如果专门开设一个西餐馆满足少数师生酷爱西餐的要求，可能由于这个细分市场太小而得不偿失；但如果开设一个回族饭菜供应部，虽然其市场仍然很窄，但从细微处体现了民族政策，有较大的社会效益，值得去做。

（三）可进入性

可进入性是指公司能够进入所选定的市场部分，能进行有效的促销和分销，实际上就是考虑营销活动的可行性：一是公司能够通过一定的广告媒体把产品的信息传递到该市场众多的消费者中去；二是产品能通过一定的销售渠道抵达该市场。

（四）差异性

差异性指细分市场在观念上能被区别并对不同的营销组合因素和方案有不同的反应。如食品市场，婴儿市场和成人市场对食品的要求就有很大的差异。

五、市场细分的方法

（一）单一变数法

指根据市场营销调研结果，把选择影响消费者或用户需求最主要的一个因素作为细分变量，从而达到市场细分的目的。

例如，玩具市场需求量的主要影响因素是年龄，不同年龄的消费者对玩具的需求不同，可按年龄标准把市场细分为：1～3岁玩具市场，4～5岁玩具市场，6～7岁玩具市场，8～12岁玩具市场，12岁以上玩具市场等几个细分市场。1～3岁的玩具应该具有启蒙功能，而12岁以上的玩具应具有智力或科技功能。

年龄和性别常作为市场细分变量而被营销者所使用。

（二）综合变数法

指把选择影响消费者或用户需求最主要的两个以上（少数几个）因素作为细分变量。

例如，某公司对服装市场的细分采用了三个变量，如图5－3所示。

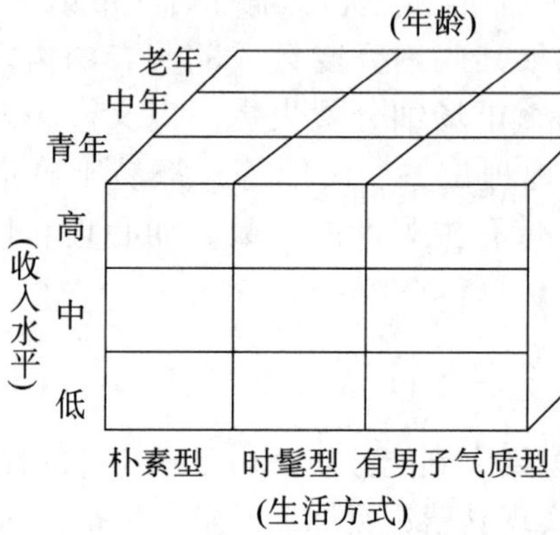

图5－3 综合变数法

（三）系列变数法（完全细分法）

当细分市场所涉及的因素是多项的，并且各因素是按一定的顺序逐步进行，可由粗到细、由浅入深，逐步进行细分，这种方法称为系列变数法。

例如，某公司选择多个标准对皮鞋市场进行细分，如图5－4所示。

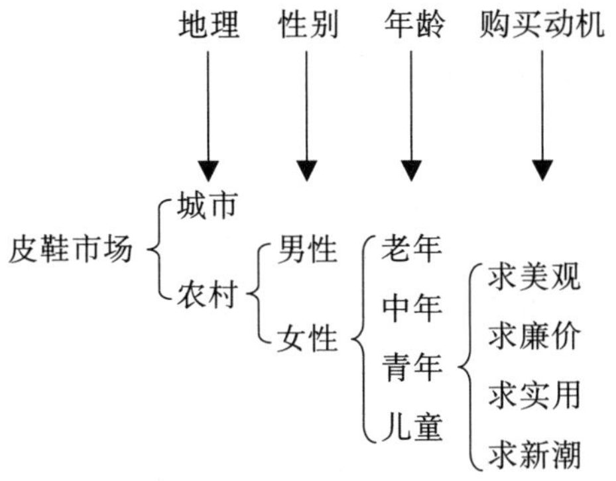

图 5－4　系列变数法

任务实施

宝洁公司在进入中国的洗发用品行业时，首先按照细分变量对整个中国的洗发用品市场进行了细分，见表 5－4。

1. 根据地理位置可以分为都市、市郊、和乡村（地理变量）；
2. 根据收入可以分为高、中、低档三个部分（人口变量）；
3. 根据年龄可分为青年、中年和老年市场等（人口变量）；
4. 根据适合不同发质的和不同消费者喜好分成各种专用功能市场（行为变量）。

表 5－4　宝洁公司洗发用品的市场细分

地区	都市	市郊	乡村
年龄	青年	中年	老年
月收入	低收入	中等收入	高收入
追求利益	去头屑	头发柔顺	头发亮泽

按照上述变量进行细分，将会细分出 48 个细分市场。宝洁公司充分考虑每个细分出来的市场，并对每个细分市场进行分析和衡量。

学习任务 2
选择目标市场

任务抛锚

目标市场营销的第二步是选择目标市场。宝洁公司经过对整个中国市场进行细分之后，摆在公司面前的是几十个细分市场，究竟哪个细分市场对宝洁公司来说存在着市场机会？哪个市场可以作为宝洁公司的目标市场？宝洁公司必须对细分市场进行分析和评价，才能确定本公司的目标市场。

宝洁该如何确定自己的目标市场呢？

任务解析

宝洁公司进入中国市场，带给中国消费者一种全新的洗发理念和消费理念，可以说是经过了严密的市场调查和分析的结果。宝洁公司只有通过对中国市场的初步了解和对消费者的准确拿捏，才能准确把握中国人需要什么样的洗发用品。

一个市场由不同的购买者构成，不同的购买者可能有不同的欲望、不同的资源、不同的购买态度或不同的购买行为，正是因为这些差异，公司在进入一个市场之前，就一定要先对市场进行细分，而那些存在的差异就是市场细分化的基础。据此，公司将一个总体的市场细分为若干个消费者群体，每个消费群便是一个细分市场。细分市场的目的就是为了选择公司的目标市场，即公司产品的销售对象。

确定目标市场的步骤如图5－5所示：

细分市场 → 评估细分市场 → 确定目标市场 → 制定目标市场策略

图5－5 确定目标市场的步骤

通过上述对中国市场继续细分之后，接下来宝洁公司的任务就是对细分出的市场进行评估，并确定自己的目标市场。

知识储备

一、如何评估细分市场

目标市场（Target Market）是指具有相同需求或特征的、公司决定为之服务的购买者群体。在评估不同的细分市场时，公司必须考虑以下三个因素：

（一）细分市场的规模和发展前景

（1）市场有没有“适当”的规模。“适当”的规模是个相对的概念，大公司一般重视销售量大的细分市场，小公司却经常会选择一些小的细分市场，但总的来说，公司要根据自身的条件，衡量细分市场的规模是否值得去开发。

（2）市场有没有预期的发展前景。一个细分市场是否值得开发，除了应具备规模这个因素外，还要考察市场有没有相应的发展前景。发展前景通常是一种期望值，因为公司总是希望销售额和利润能不断上升。但要注意，竞争对手会迅速地抢占正在发展的细分市场，从而抑制本公司的盈利水平。

（二）细分市场结构的吸引力

有些细分市场虽然具备了公司所期望的规模和发展前景，但可能缺乏盈利能力。迈克尔·波特提出决定某一细分市场长期利润吸引力的五种因素，如图5－6所示。

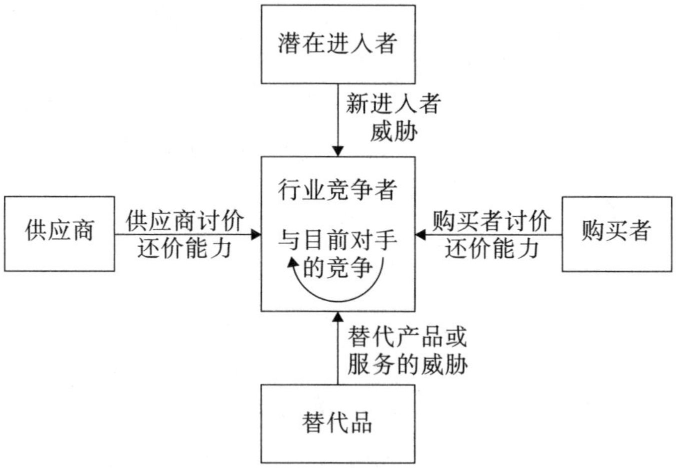

图5-6　决定某一细分市场长期利润吸引力的五种因素（波特五力模型）

（1）该市场同行竞争者的数量和实力；
（2）该市场进入的难易程度及潜在竞争的实力；
（3）该市场有无现实或潜在的替代产品；
（4）该市场购买者的议价能力高低，如购买者有无组织支持；
（5）该市场供应商的议价能力。

（三）公司的目标和资源

某细分市场具有适合公司的规模、良好的发展前景和富有吸引力的结构，但能否作为公司的目标市场，公司仍需结合自己的目标和资源进行考虑。

公司有时会放弃一些有吸引力的细分市场，因为它们不符合公司的长远目标。当细分市场符合公司的目标时，公司还必须考虑自己是否拥有足够的资源，能保证在细分市场上取得成功。即使具备了必要的能力，公司还需要发展自己的独特优势。只有当公司能够提供具有高价值的产品和服务时，才可以进入这个目标市场。

二、目标市场选择策略

公司通过对市场进行细分，发现一些潜在需求或未被满足的需求，并结合公司自身的目标和资源，分析竞争的情况，寻找到理想的市场机会，这就是目标市场的选择。公司决定选择哪些细分市场作为目标市场，有三种策略可供选择，如图5-7所示。

（一）无差异市场营销策略

公司经过市场细分之后，虽然认识到同一类产品有不同的细分市场，但权衡利弊得失后，不去考虑细分市场的特性，而注重细分市场的共性，决定只推出一种产品，或只用一套市场营销策略来满足市场所有顾客的需求，以求在一定程度上适合尽可能多的顾客需求。如改革开放之前，广州啤酒厂仅生产一种口味、一种规格、一种包装、一种价格的玻璃瓶装“双喜”啤酒供应广东市场。

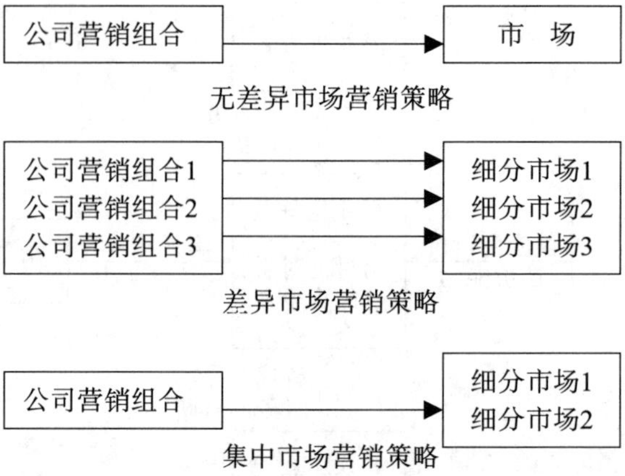

图5－7　三种不同的目标市场策略

只有一种产品，公司容易机械化、自动化、标准化生产，由于大批量生产，生产成本低、产品质量好；又由于仅采用一种营销策略，销售成本也最低。这样公司能以物美价廉的产品迎合消费者的需要，但这种策略也有不足。首先，不能满足消费者的多种需求。因为市场上的消费者的需求是千差万别的，公司只有一种产品难于满足所有消费者的需求和欲望。其次，容易引起竞争的过度。一旦公司的这种产品销路好，能获得丰厚的利润时，必然招徕许多竞争者。再次，不能长期使用。因为一种产品能长期为消费者所接受是罕见的，特别是现在，产品更新换代得快，市场不断推出新产品，老产品容易被淘汰，所以公司不能高枕无忧，长期使用这种策略。

这一策略适用于产品初上市或产品获得了专利权，因为在这样的情况下没有竞争者或竞争者少，适合于生产规模大、实力雄厚的大公司。

（二）差异市场营销策略

公司经过市场细分之后，认识到不同细分市场消费者存在不同的需求，决定推出多种产品，采用多种市场策略，分别去满足多个目标市场消费者的需求。如广州花城汽水厂曾用“高橙”饮料满足北方市场和部队市场消费者的需要；用“高能”饮料满足运动员、飞行员、强体力劳动者、强脑力劳动者迅速补能的需要；以“人参花饮露”满足老年人滋补身体的需要；以“乐声宝”满足演员、教师等消费者护嗓的需要等。

由于构成整体市场的消费者的需求是千差万别的，即使对同一种产品的需求，在型号、规格、款式、颜色等方面也有明显差异。公司选择多个目标市场并根据每个细分市场消费者的需要，用不同的产品、不同的市场策略去满足各个目标市场消费者的需要。所以，这种策略的优点在于：一是销售量大。目标市场越多，消费者的需求就越多，产品的销售量就越大。二是风险小。因为公司有多个市场，避免因为一个目标市场出现问题时，威胁到整个公司的生存和发展，“东方不亮西方亮”。这种策略最大的不足是成本高。由于公司产品多，需要多项研究费用、多套生产设备、多种产品包装，加上产品需求批量小，生产成本必然高；且用多套分销渠道网络、多种促销措施，以至于分销费用、储存费用、广告宣传费用、人员推销费用都大幅度增加，销售成本也相当高。

这一策略适用于产品生命周期的成长期后期和成熟期。因为这一时期竞争者多，公司采取这一策略可以获取市场竞争优势，增强公司的竞争力。

（三）集中市场营销策略

集中市场营销策略是指公司集中力量去满足一两个目标市场消费者需要。

由于公司认为自己的资源有限，公司应集中所有的力量在这一两个目标市场上做出自己的特色，获取较高的市场占有率，不断取得竞争优势。这种策略的优点是投资少，见效快。因为公司只有一两个市场，资金的需要较少，而且公司必然会竭尽全力对目标市场作深入的调查研究，及时收集顾客意见和反馈信息，消费者的需求满足程度会更高。但由于公司市场单一，一旦市场发生变化，就会导致全军覆没。风险大是这种策略的不足。

这一策略适用于资源薄弱的小型公司，或是处于产品生命周期衰退期的公司。

三、确定目标市场策略应考虑的因素

上述三种目标市场策略各有其优缺点，公司应根据具体的情况加以选择。公司在确定采用何种目标市场策略时应考虑以下因素：

（一）公司资源

公司资源包括公司的人力、物力、财力、信息、技术等方面。当公司资源多，实力雄厚，可运用无差异或差异市场营销策略；当公司资源少，实力不足，最好采用集中市场营销策略。

（二）产品的同质性

生产同质性高的产品的公司，如大米、食盐等，由于其差异较少，公司可用无差异市场营销策略；生产同质性低的产品，如衣服、照相机、化妆品、汽车等，对于这类产品，消费者认为产品各个方面的差别较大，在购买时需要挑选比较，公司适宜采用差异市场营销策略去满足不同消费者的需求。

（三）产品所处的生命周期阶段

产品处于生命周期不同的阶段，由于市场的环境发生变化，公司应采用不同的市场策略。在产品的投入期和成长期前期，由于没有或很少的竞争对手，一般应采用无差异市场营销策略；在成长期后期、成熟期，由于竞争对手多，公司应采取差异市场营销策略，开拓新的市场。在衰退期，则可用集中市场营销策略，集中公司有限的资源。

（四）市场的同质性

如果各个细分市场的消费者对某种产品的需求和偏好基本一致，对市场营销刺激的反应也相似，则说明这个市场是同质或相似的，这一产品的目标市场策略最好采用无差异市场营销策略。如我国的电力，无论是北方市场或南方市场、城市市场或农村市场、沿海地区市场或是内陆地区市场，其需求是一致的，都需要220V、50Hz的照明电，因而电力应采用无差异市场营销策略。如果各个细分市场的消费者对同种产品需求的差异性大，则这种产品的市场同质性低，应采用差异市场营销策略。如洗衣机市场，城市与农村消费者的需求不同，南北方消费者的需求不同，高收入与低收入消费者的需求也会不同，则洗衣机应采用差异市场营销策略。

（五）竞争状况

首先，应考虑竞争对手的数量。如果竞争对手的数目多，应采用差异市场营销策略，发挥自己的优势，提高竞争力；如果竞争对手少，则采用无差异市场营销策略占领整体市场，增加产品销售量；其次，应考虑竞争对手的策略。如果竞争对手已选用差异市场营销策略，公司应采用更有效的市场细分，并采用差异市场营销策略或集中市场营销策略，寻找新的市场机会。如果竞争对手采用无差异市场营销策略，公司可用差异市场营销策略或集中市场营销策略与之抗衡。如果竞争对手较弱，公司也可以实行无差异市场营销策略。

任务实施

一、对细分出的市场进行评估

宝洁公司从细分市场的规模和发展前景、细分市场结构的吸引力和本公司的目标及资源优势三个方面对所有的细分市场进行了评估。

二、选择目标市场策略

（一）最初的目标市场策略——集中营销

1. 选择广州抢滩登陆

1988 年宝洁公司选择广州抢滩登陆，将其在大陆市场的总部设在广州，然后逐渐向沿海地区（上海等地）扩展。20 世纪 80 年代的广州是中国改革开放的前沿阵地，具有优越的投资环境和优惠的投资政策。广州地处珠江三角洲腹地，毗邻香港、澳门，享有得天独厚的地理优势，是中国 14 个沿海开放城市之一。这里优越的投资环境以及发展高新技术产品和高档居民消费品的特别优惠政策，再加上良好的城市设施，每年举行两次的商品交易会吸引着大批的海外投资者。经济的繁荣带来了广州居民人均年收入的显著增加和人均消费水平的不断提高，形成了强大的购买力。广州居民对外来文化的涌入更是持有一种善于兼收并蓄的学风和积极引进、消化的态度。广州这些比起内陆地区更注重中外文化的纵深拼接和汇流的新颖风格，深刻地影响着广州市消费者的消费心理和方式。广州地区成为国内消费水平和购买力居高的代表性区域，势必成为高档产品进入普通居民家庭的先导性市场。

2. 重点是时尚一族的青年消费者

宝洁公司进入中国市场后首选的目标市场是青年消费群。宝洁选择青年消费群作为其目标市场，是看中了青年人的先导消费作用。在中国大陆消费者中，消费心理和方式显而易见地发生了较大变化的首先是青年消费者。青年人带动了消费主义运动的兴起，改变了人们传统的生活态度和节俭观念，刺激着人们的消费欲望和财富欲望。宝洁公司抓住了青年人求新、好奇、透支消费、追求名牌、喜欢广告、注重自我等心理，研制和开发了满足青年消费需求的产品，利用具有青春活力的青年男女做广告，引导和刺激的消费心理。

3. 以产品利益为切入点

宝洁公司在中国推出的第一个产品是海飞丝。当时，经过详细的市场调查，宝洁发现许多中国人有头屑，而且，没有一家中国公司生产含有去头屑技术的洗发水。因此，宝洁决定推出“海飞丝”进入中国市场，很快成为中国头发护理生产商中去头屑洗发水的代表。

（二）目标营销策略的发展——差异营销

经过十几年的发展，宝洁公司在洗发水市场也越做越大，从集中营销转向差异化营销，不再生产单一的产品。随着市场竞争激烈程度的增加，宝洁公司通过分析竞争对手的市场战略状况，扬长避短，采用了差异市场营销策略。宝洁公司根据不同的消费需求划分出了不同的市场，并逐渐推出了一系列产品，如“飘柔”“潘婷”和“沙宣”等。宝洁公司在把它们定位于高品位的同时，又分别宣传去头屑、柔顺、营养与保湿等功能。“海飞丝”的特点在于去头屑，“潘婷”的特点在于对头发的营养保健，而“飘柔”则是使头发光滑柔顺，“沙宣”在于美发定型。而且每个品牌下又有不同的产品，如“飘柔”，有去头屑、营养护发、洗护二合一等好几种产品；“海飞丝”有怡神舒爽型（天然薄荷）、滋养护理型（草本精华）、丝质柔滑型（二合一）、洁净呵护型等系列产品；“潘婷”则包括丝质顺滑、弹性丰盈、特效修复及清爽洁净去屑四大系列。差异营销满足了不同消费者的需求，同时也占领了绝对的市场份额。

“飘柔”是宝洁公司在中国市场上一手做起来的成功品牌。飘柔使中国人终于知道不同的洗发水洗发效果是如此的不同。尽管当时飘柔的价格是市场普通洗发、护发产品的 4 ~ 5 倍，但还是令消费者趋之若鹜，一时间成为市场的宠儿，从此该产品稳稳地坐上了洗发用品市场占有率第一的宝座，并一直保持到今天。

（资料来源：根据豆丁网《宝洁公司目标市场策略分析》改编，http：//www. docin. com/p－329295. html）

学习任务 3
进行市场定位

任务抛锚

确定目标市场之后，宝洁公司将如何在激烈的市场竞争中，使其产品的品牌深入人心，培养消费者对本企业品牌的偏好，提高顾客的忠诚度呢？

任务解析

目标市场营销的第三步是进行市场定位。企业进行市场细分，选定目标市场之后，接下来还应考虑目标市场的竞争情况，确定产品在市场上的位置。这是因为，在企业准备进入的目标市场中，往往存在一些捷足先登的竞争者，有些竞争者在市场中已占有一席之地，并树立了独特的形象。新进入的企业如何使自己的产品与现存的竞争者产品在市场形象上相区别，这就是定位的问题。

知识储备

一、市场定位概述

市场定位是指为了适应消费者心目中某一特定的看法而设计企业、产品、服务及营销组合的行为。市场定位根据不同定位的对象不同，一般有企业（公司）定位、品牌定位、产品定位三个层面。

产品定位是指企业根据竞争者现有产品在市场上所处的位置，针对顾客对该类产品某些特征或属性的重视程度，为本企业产品塑造与众不同的、给人印象鲜明的形象，并将这种形象生动地传递给顾客，从而使该产品在市场上确定适当的位置。也就是将某个具体的产品定位于消费者心中，让消费者产生类似需求就会联想起这种产品。产品定位是其他定位的基础，因为企业最终向消费者提供的是产品，没有产品这一载体，品牌及企业在消费者心目中的形象就难以维持。品牌原本是产品的一种特殊标识。

品牌定位不同于产品定位，当一种知名品牌代表某一特定产品时，产品定位与品牌定位无太大区别。如当消费者看到“飘柔”，就自然而然地把它与洗发水联系起来。当一种知名品牌代表多种产品时，产品定位就区别于品牌定位，如当你提起“三星”时，别人很难分辨出你指的是三星微波炉，还是手表，或是手机。尽管如此，人们脑海中都会产生一种概念，即“三星 = 高品质”。所以，品牌定位比产品定位内涵更宽，活动空间更广，应用价值更大。

企业定位是企业组织形象的整体或其代表性的局部在公众心目中的形象定位。企业定位是最高层的定位，必须先定位他们的产品和品牌，但企业定位的内容和范围要广得多。

二、产品定位的方法

（一）根据产品差异定位

利用本公司产品与竞争对手产品的差异来进行定位。营销人员应自问：本公司所销售的产品，有什么显著的差异性？

例如，Pillsbury 公司在面粉包装内，附赠面食食品烹调食谱，使其面粉和竞争者产生差异性，并称此为“您想要的面粉”。Famous Fixtures 公司生产及装设零售店用的商店设备，把自己定位为对零售店拥有丰富经验的公司，因为其母公司就是由零售业所拥有、零售业所创设，并经零售业测试过的公司。所以，该公司产品的差异性不只是在于其产品，同时也扩及其服务。

产品差异性有时很容易被模仿，如上述第一个例子，其他面粉公司也可以在包装袋内附加随赠食谱。但产品特征如果真正是产品本来就有的特征，就不容易模仿了，如上述第二个例子。制造商店设备的公司，大多数都不是由零售商业者所创设的，他们通常只想制造自己理想中的设备，在生产及装设零售商设备时，并没有真正站在零售店的立场来思考。而 Famous Fixtures 则确实是由零售店业者所创立的公司。此外，在这两个定位实例中，产品定位始于差异性，而这些差异性对目标市场都是有意义的。对家庭主妇而言，产品差异性包括为家人烹调食物的新方法或更好的方法。对零售业者而言，Famous Fixtures 具有零售导向，知道如何布置零售店才能提高销售，同时也了解迅速完成零售店装置、早日开始营业的重要性。

（二）根据主要属性或利益定位

营销者自问：产品所提供的利益，目标市场认为很重要吗?

产品与属性、特色或顾客利益相联系。如在汽车市场上，德国的大众汽车具有“货币的价值”的美誉，日本的丰田汽车侧重于“经济可靠”，瑞典的沃尔沃汽车则具有“耐用”的特点。

【小案例 5 -5】

力士是国际上风行的老品牌。它 70 多年来在世界 79 个国家用统一策略进行广告宣传，并始终维护其定位的一致性、持续性，因而确定了它的国际知名品牌的形象。力士香皂的定位不是清洁、杀菌，而是美容。相较清洁和杀菌，美容是更高层次需求和心理满足，这一定位巧妙抓住了人们的爱美之心。如何表现这一定位，与消费者进行沟通？力士打的是明星牌。通过国际影星推荐，力士很快获得全球的认知。同时，用影星来说“美容”，把握了人们偶像崇拜以及希望像心中偶像那样被人喜爱的微妙心理。

（三）根据产品使用者定位

使用者就是目标顾客。所以，依靠使用者的定位，实际上就是选定一个独特的目标市场，为公司的渠道、产品、服务等，塑造一种特别形象，并使产品在此目标市场上获得难以取代的优势地位。如：“XO”定位为男士之酒，广东的“客家娘酒”定位为女人自己的酒；奶粉有婴儿助长奶粉、老年人高钙铁质奶粉等。我国曾有一家生产曲奇饼干的厂家最初将其产品定位为家庭休闲食品，后来发现不少顾客购买是为了馈赠，于是又将之定位为礼品。

【小案例 5 -6】

美国米勒啤酒公司曾将其原来唯一的品牌“高生”啤酒定位于“啤酒中的香槟”，吸引了许多不常饮用啤酒的高收入妇女。后来发现，占 30% 的狂饮者大约消费了啤酒销量的 80%，于是，该公司在广告中展示石油工人钻井成功后狂欢的镜头，还有年轻人在沙滩上冲刺后开怀畅饮的镜头，塑造了一个“精力充沛的形象”。该公司在广告中提出“有空就喝米勒”，从而成功占领啤酒狂饮者市场达 10 年之久。

（四）根据产品分类定位

这是一种非常普遍的定位法。产品的生产并不是要和某一事实上的竞争者竞争，而是要和同类产品互相竞争。当产品在市场上是属于新产品时，此法特别有效——不论是开发新市场，或为既有产品进行市场深耕。

淡啤酒和一般高热量啤酒之间的竞争，就是这种定位的典型例子，此法塑造了一种全新的淡啤酒，不愧为成功的定位法。由于淡啤酒的市场大幅增长，使得美乐淡啤酒（Miller Lite）重新定位为优先选购的领导品牌，以防止被其他淡啤酒影响市场地位——“只有一种淡啤酒……那就是美乐淡啤酒。”“七喜”汽水的定位是“非可乐”，强调它是不含咖啡因的饮料，与可乐类饮料不同。“泰宁诺”止痛药的定位是“非阿司匹林的止痛药”，显示药物成分与以往的止痛药有本质的差异。

（五）根据特定竞争者定位

根据竞争者定位也叫对比定位法。这种定位法是直接针对某一特定竞争者，而不是针对某一产品类别。

例如，美国汽车租赁公司 Avis 挑战另一家汽车租赁公司 Hertz，强调“因为我们名列第二，所以心须更努力”；百事可乐针对可口可乐提出“新一代的选择”；Burger King 把自己定位为汉堡口味远胜于麦当劳，温娣则以“牛肉在哪里？”向麦当劳挑战。

挑战某一特定竞争者的定位法，虽然可以获得成功（尤其是在短期内），但是就长期而言，也有其限制条件，特别是挑战强有力的市场领袖时，更趋明显。市场领袖通常不会松懈，他们会更巩固其定位。Avis 尽管以第二名的姿态努力前行，但 Hertz 仍然保持第一的地位；麦当劳面对许多竞争者，反而显得更强劲、更出色。要挑战市场领袖时，请先自问：公司拥有所需的资源，且管理当局闲情逸致，能够全力向市场领袖挑战吗？公司愿意投入所需的资金，来改变目标市场对公司产品和市场领袖的比较结果吗？公司有能力提供使用者认为具有明显差异性的产品吗？请记住：一家小小的公司，很不容易正面挑战大规模公司。

（六）根据产品的使用场合定位

根据消费者如何及何时使用产品，将产品予以定位。美国 Coors 啤酒公司将自己的产品定位为夏季欢乐时光、团体活动场所饮用的啤酒。后来又将此定位转换为：“Coors 在都市庆祝夏季的来临”，并向歌手 John Sebastian 购得“都市之夏”（Summer in City）这首歌的版权。美国另一家啤酒公司 Michelob，根据啤酒使用场合为自己定位，然后扩大啤酒的饮用场合，将原来是周末饮用的啤酒，定位为每天晚上饮用的啤酒——即将“周末为 Michelob 而设”，改为“属于 Michelob 的夜晚”。

三、如何进行市场定位

有些公司觉得选择定位策略是一件容易的事。但在很多情况下，当两个或者更多的企业选择了同样的定位，他们就必须通过一些方式把彼此区别开来。每个公司都必须通过提供独特的利益组合来使它们的产品与竞争对手形成差异，而且这个利益组合必须能够吸引细分市场上足够多的消费者。

（一）分析目标市场的现状，辨认所有可能的竞争优势

定位的关键是企业要设法在自己的产品上找出比竞争者更具有竞争优势的特性。赢得和保持目标顾客的关键是在于比竞争者更好地了解顾客的需求，并向顾客提供更多的价值。如果公司能够把自己定位在可以为顾客提供更多更好的价值上，那么公司就赢得了竞争优势。然而，牢固的定位不能单靠口头的承诺。如果公司把自己的产品定位在为顾客提供最好的质量和服务，那么它就必须向顾客提供所承诺的质量和服务。因此，定位要从自己的差异化开始，保证它能比竞争产品向顾客提供更多的价值。

如何才能找到差异点？营销者应从顾客与公司产品或服务接触的整个过程来考虑。一个精明的公司对于顾客接触的每个点上都可以做到差异化，见表5-5。

表5-5　差异化的内容

产品（Product）	服务（Service）	人员（Personnel）	渠道（Channel）	形象（Image）
特色 性能 质量 可维修性 风格 设计	订货方便 交货及时 安装 客户培训 维修 多种服务	职称 谦恭 诚实 可靠 负责 沟通	覆盖面 专业化 绩效	标志 文字 视听媒体 气氛 事件

1. 产品差异化

产品差异化，即从产品原料、产品质量、产品款式等方面实现差别。寻求产品特征是产品差异化战略经常使用的手段。

【小案例5-7】

"爱我，就请我吃哈根达斯"

哈根达斯宣传自己的冰激凌原料取自世界各地的顶级产品，比如来自马达加斯加的香草代表着无尽的思念和爱慕，比利时纯正香浓的巧克力象征热恋中的甜蜜和力量，波兰的红色草莓代表着嫉妒与考验，来自巴西的咖啡则是幽默与宠爱的化身，而且这些都是100%的天然原料。"爱我，就请我吃哈根达斯"，自1996年进入中国，哈根达斯的这句经典广告语席卷各大城市。一时之间，哈根达斯成了城市小资们的时尚食品。而看看哈根达斯的定价，就该让工薪阶层咋舌了，最便宜的一小桶也要30多元，贵一点的冰淇淋蛋糕要400多元。

2. 服务差异化

服务差异化，即向目标市场提供与竞争者不同的优异服务。企业的竞争力越是很好地体现在对顾客的服务上，市场差别化就越容易实现。

【小案例5-8】

海底捞火锅连锁店的差异化服务

海底捞火锅连锁店为劳动密集型企业尊重和激励员工做出了表率，管理层认为：客人的需求五花八门，仅仅用流程和制度培训出来的服务员最多只能及格。因此，提升服务水准的关键不是培训，而是创造让员工愿意留下的工作环境。和谐友爱的企业文化让员工有了归属感，从而变被动工作为主动工作，变“要我干”为“我要干”，让每个顾客从进门到离开都能够真切体会到其“五星”级的细节服务。这些付出也为海底捞带来丰厚的回报，旗下30多家连锁店，一直稳稳占据着所在城市“服务最佳”的榜首位置。

3. 人员差异化

人员差异化，即通过聘用和培训比竞争者更为优秀的人员以获取差别优势。

4. 渠道差异化

渠道差异化，即通过分销渠道方法来取得差异化，如渠道的覆盖面专业化、模式、绩效。安利、戴尔在渠道上区别于宝洁和联想，但他们也取得了很大的成功；薇姿和采乐宣称自己“只在药房出售”；“妙士”饮料只在宾馆销售，不进超市等，这些都是渠道差异化的例子。

【小案例5-9】

戴尔电脑的网络直销

戴尔电脑的网络直销消除了中间商，减少了传统分销花费的成本和时间，库存周转与市场反应速度大幅提高，而且能够最清晰地了解客户需求，并以富有竞争性的价位，定制并提供具有丰富选择性的电脑相关产品。想订购的顾客直接在网上查询信息，5分钟之后收到订单确认，不超过36小时，电脑从生产线装上载货卡车，通过快递网络送往顾客指定的地点。由于互联网技术的日益普及，利用网络渠道营销的企业越来越多，比如携程旅行、凡客诚品和淘宝等。

5. 形象差异化

形象差异化，即在产品的核心部分与竞争者雷同的情况下塑造不同的产品形象和企业形象以获取差异。

【小案例5-10】

比汽车贵的哈雷·戴维森摩托

哈雷·戴维森摩托在第二次世界大战中成为美国军用摩托，所以成为退伍老兵的最爱，那张扬的外形、轰鸣的声音代表了一种激情、冒险、挑战传统的精神，最终这种品牌主张向社会扩散，许多青年人也借哈雷来表达自己自由、梦想、激情、爱国等种种情感。而哈雷摩托车的售价大多超过2万美元，贵过普通的轿车，虽然如此，成千上万的哈雷迷们依旧是无怨无悔。

（二）选择合适的竞争优势进行定位

独特有效的差异才能成为竞争优势。假如一个公司找到多个潜在的竞争优势，那么它必须决定选择哪个（些）竞争优势来进行定位，必须决定选择多少个或哪个（些）差异点来进行宣传。

1. 选择多少个差异点来促销

许多营销者认为公司应该向目标市场强调一个利益点，每个品牌应该选择一个属性并宣传自己在这个属性上是“第一”的，因为在信息过度宣传的今天，购买者往往会记得第一。因此，高露洁牙膏持之以恒地宣传它的防蛀牙功能，而沃尔沃宣传它的安全性。如果一个企业持之以恒地宣传它的定位和价值很可能会变得有名气，而且最能被消费者记住。

但另一些营销者认为可以在不止一个差异点上定位，特别是当两个或更多的公司在相同的利益上都声称自己是最好的话，用多个差异点来定位就很有必要。现在大众市场越来越多地被细分为许多很小的细分市场，公司试图拓展定位策略来吸引更多的细分市场。例如，联合利华推出集清洁、除臭和滋润于一身的三合一的固体香皂——Lever2000 获得了巨大的成功。很明显，购买者都同时想要这三种功能。但最关键的问题是如何让消费者认可一个品牌可以同时具有三种功能，随着诉求点的增加，公司会面临顾客不信任和定位模糊的风险。

总的来说，一个公司需要避免以下三种定位错误：

（1）定位不够。公司在定位上完全失败，消费者对公司仅有模糊的印象，根本不知道公司的特别之处。

（2）定位过度。传递给消费者的公司形象过于狭窄。有些产品或品牌本来可以适应更多的消费者的需要，但由于定位过度，使消费者对其形象的认识也过于狭窄，因而不能成为企业产品的购买者。如，提到星巴克，消费者可能认为星巴克只卖咖啡，然而实际上星巴克也供应茶和冰激凌。

（3）定位混乱。公司推出的差异过多、推出的主题太多、定位变化太频繁，使消费者对其产品或品牌只有一个混乱的印象，令人难以弄清其主要功能及好处是什么。例如，某品牌台式电脑首先定位于学生，接着是工程师，最后是商务人员，结果全部失败。

2. 宣传哪个（些）差异点

并非所有的差异点都是有意义或者有价值的，并非每个不同点都可以成为好的差异点。

每个不同的差异点在创造顾客利益的同时都会潜在地增加公司的成本。因此，公司必须小心地选择差异点，使之区别于竞争者。一个有价值的差异点必须满足下面的标准：

（1）重要性，即可以给目标顾客让渡很高的价值。

（2）区别性，即该差异化是其他竞争者所没有的，或者公司在这一点上更加与众不同。

（3）优越性，即该差异明显优于通过其他方式而获得的相同利益。

（4）可沟通性，即对于购买者而言，这种差异是可传递和可见的。

（5）领先性，即竞争者很难模仿该差异化。

（6）可支付性，即该差异是消费者有能力支付的。

（7）盈利性：即公司可以通过该差异化获利。

（三）选择总体的定位策略

消费者通常会选择能给他们带来最大价值的产品和服务。因此，营销者要从产品或服务的关键价值上进行总体定位。一个品牌的完全定位被称为品牌的价值主张——公司通过其产品和服务所能向消费者提供的价值。这回答了顾客的问题："为什么我要买你的品牌?" 如沃尔沃的价值主张强调安全性，但同时也包括可靠性、舒适性和时尚性，即使定价比普通定价高，但在利益矩阵中又是合理的。

图 5－8 显示了所有可能的价值主张，这是一个公司产品定位的基础。在图中，最上面一行和右面一列的 5 个方格代表了优胜的价值主张——即能给公司带来竞争优势的定位，左下方的三个方格则代表失败的价值主张。下面就 5 个优胜的价值主张进行分析。

	高	中	低
高	高质量 高价格	高质量 中档价格	高质量 低价格
中			中档质量 低价格
低			低质量 低价格

图 5－8　所有可能的价值主张

1. 高质量、高价格

高质量、高价格定位是指提供高质量的产品或服务的同时，制定高价格来维持成本。高价格是一种高贵质量的象征。例如，梅赛德斯—奔驰汽车以优胜的质量、工艺、耐用性、性能或款式为诉求点，同时收取高价格。它不仅提供高质量的产品，同时为消费者赢得很好的声誉。它象征着地位和生活方式的高贵。

【小案例 5－11】

劳斯莱斯的高质高价定位

劳斯莱斯汽车是富豪生活的象征，其昂贵的车价近 40 万美元。据说该车的许多部件都是手工制作，精益求精，出厂前要经过上万公里无故障测试。拥有这种车的顾客都具有以下特征：2/3 的人拥有自己的公司，或者是公司的合伙人；几乎每个人都有几处房产；每个人都拥有一辆以上的高级轿车；50% 的人有艺术收藏，40% 的人拥有游艇；平均年龄在 50 岁以上。可见，这些人买车并不是在买一种交通工具，而是在买一种豪华的标志。

2. 高质量、中档价格

公司可能会通过推出质量高但价格比较低的品牌来攻击竞争者的高质量、高价格定位策略。例如，丰田以"高质量中等价格"的价值主张来推出它的凌志产品线。它的宣传横幅上写着："有史以来第一次以 36000 美元的价格购买价值 72000 美元的车。" 丰田通过汽车杂志进行评论，广泛分发对凌志和梅赛德斯—奔驰作比较的录像带以及调查研究，都表明凌志经销商比梅赛德斯经销商向顾客提供了更好的销售服务，并且传递了凌志质量好的信息。很多梅赛德斯的拥有者都转向凌志，凌志的重复购买率是60%，是行业平均水平的2倍。

3. 中档质量、低价格

中档质量、低价格策略是一个很强的价值主张，因为每个人都喜欢便宜的价格。例如，格兰仕集团，通过重视优于价格水平的产品质量的宣传，向顾客传递“物超所值”的信息，使格兰仕微波炉迅速占领我国微波炉市场并一直保持极高的市场占有率。

4. 低质量、低价格

低质量、低价格的产品也有市场，很少人在所购买的产品上都需要、想要或者能够支付“最好的”产品。在很多情况下，消费者愿意购买性能并不是最好的产品，或者放弃产品的一些附加性能，来换取低价位。例如，许多旅游者在住宿时，都不愿意支付一些他们认为是不必要的东西，如游泳池、附属饭店等。国外的汽车旅馆就是没有这些令人更舒适的功能，但是价格也比较低。低质量、低价格意味着以更低的价格来满足消费者更低的性能和质量要求。

5. 高质量、低价格

最优胜的价值定位还是高质量、低价格策略，许多公司都声称自己能够做到这一点。例如，戴尔电脑声称在一定的性能水平下能提供更好的产品和收取更低的价格。花王Attach洗衣粉宣称它有最强大的清洁功效和保持最低的价格。短期而言，一些公司可以得到这样的定位，但就长期来说，公司会觉得保持这样的定位很困难。提供更多价值通常会带来更高的成本，很难达到“低价位”的承诺。

（四）显示独特的竞争优势和重新定位

这一步骤的主要任务是企业要通过一系列的宣传促销活动，将其独特的竞争优势准确传播给潜在顾客，并在顾客心目中留下深刻印象。为此，企业首先应使目标顾客了解、知道、熟悉、认同、喜欢和偏爱本企业的市场定位，在顾客心目中建立与该定位相一致的形象。其次，企业通过各种努力强化目标顾客形象，保持目标顾客的了解、稳定目标顾客的态度和加深目标顾客的感情来巩固与市场相一致的形象。最后，企业应注意目标顾客对其市场定位理解出现的偏差或由于企业市场定位宣传上的失误而造成的目标顾客模糊、混乱和误会，及时纠正与市场定位不一致的形象。企业的产品在市场上的定位即使很恰当，但在下列情况下，还应考虑重新定位：

（1）竞争者推出的新产品定位于本企业产品附近，侵占了本企业产品的部分市场，使本企业产品的市场占有率下降。

（2）消费者的需求或偏好发生了变化，使本企业产品销售量骤减。

企业实施某种定位方案一段时间以后，有可能发现原有定位效果并不理想，不能达到营销目标；或者没有足够的资源实施这一方案；或者为发展新市场的需要；或者竞争的需要。此时应该对产品进行重新定位。

重新定位是指企业为已在某市场销售的产品重新确定某种形象，以改变消费者原有的认识，争取有利的市场地位的活动。如某日化厂生产婴儿洗发剂，以强调该洗发剂不刺激眼睛来吸引有婴儿的家庭。但随着出生率的下降，销售量减少。为了增加销售，该企业将产品重新定位，强调使用该洗发剂能使头发松软、有光泽，以吸引更多、更广泛的购买者。重新定位对于企业适应市场环境、调整市场营销战略是必不可少的，可以视为企业的战略转移。重新定位可能导致产品的名称、价格、包装和品牌的更改，也可能导致产品用途和功能上的变动，企业必须考虑定位转移的成本和新定位的收益问题。

【小案例5－12】

万宝路的重新定位

随着全球性戒烟运动的风起云涌，制烟业似乎已走入死胡同，但世界上最大的烟草公司——美国的菲利普·莫里斯公司却凭其主流品牌“万宝路”使得公司销售额连年上升。该公司借世人熟知的西部牛仔悠然吸着“万宝路”香烟的形象，将一种“自我选择、自愿吸烟”的感觉传播至世界的每个角落。市场定位的成功造就了这一世界上最为成功和持久的品牌。万宝路（MARIBORO）这一名称是“Man Always Remember Lovely Became of Romantic Only”的缩写，意为“男人总是忘不了女人的爱”。

万宝路刚进入市场时，是以女性作为目标市场，它的口味也特意为女性消费者设计：淡而柔和。它推出的口号是：像5月的天气一样温和。从产品的包装设计到广告宣传，万宝路都致力于目标消费者——女性烟民。美国20世纪20年代被称作是“迷惘时代”，年轻人都沉浸在享乐之中，尽管当时美国吸烟人数年年都在上升，万宝路的销路却始终平平。万宝路的诞生就是为了迎合女性烟民的需要，甚至烟嘴都染成红色。但从1924年问世到20世纪50年代，万宝路始终默默无闻。事实上，正是女性香烟这一定位导致如此后果。女性由于爱美之心，抽烟较男性要有更多的节制，这就很难形成稳定的消费群体。

20世纪40年代初，莫里斯公司被迫停止生产万宝路香烟。后来，广告大师李奥贝纳为其做广告策划时，做出一个重大的决定，万宝路的命运也发生了转折。李奥贝纳决定沿用万宝路品牌名对其进行重新定位。他将万宝路重新定位为男子汉香烟，并将它与最具男子汉气概的西部牛仔形象联系起来，吸引所有喜爱、欣赏和追求这种气概的消费者。浑身散发着粗犷豪气的美国牛仔洗尽了原品牌中的脂粉味，将男性香烟的定位赋予“绝不矫饰的正直的男子汉气魄”。通过这一重新定位，万宝路树立了自由、野性与冒险的形象，在众多的香烟品牌中脱颖而出。从20世纪80年代中期到现在，万宝路一直居世界各品牌香烟销量首位，成为全球香烟市场的领导品牌。

任务实施

1. 使用利益定位法进行品牌定位

宝洁的品牌非常多，但这并没有影响它们在同一个货架上的相互竞争。究其原因，就在于宝洁对其旗下各品牌的定位和广告策略各不相同。以洗发水为例，海飞丝定位的是去头屑，“头屑去无踪，秀发更出众”；飘柔定位的是“飘逸柔顺”；而潘婷则定位“营养头发，更健康更亮泽”。这三种产品的独特卖点非常清晰，满足了不同人群的需要，最大限度地瓜分了市场。宝洁的广告极具说服力。它的电视广告惯用的手法是“专家法”和“对比法”。还是以洗发水为例，往往是先提出问题，如头屑多、头发干燥等，接着是解决问题，让权威专家来告诉你，要去头屑就要用海飞丝，最后则进行效果展示。

2. 总体的定位策略——高质高价

市场定位实际上是帮助目标顾客正确认识并理解公司区别于竞争对手的形象的行为过程。宝洁打入中国市场的1988年，中国洗发用品市场上的同类产品种类不多，大多数国产产品质量差，包装粗糙，缺乏个性，但价格低廉；进口产品质量好，但价格昂贵，很少人问津。宝洁是以高品质、高价位的品牌形象打进中国市场的，这正切中了消费者崇尚名牌的购买心理。宝洁的产品虽然价格稍贵，但其高品质的形象、新颖的包装，有着强大的竞争力，于是得以在洗发水用品市场上的众多品牌中脱颖而出。

宝洁公司一直奉行“生产和提供世界一流的产品和服务，以美化消费者的生活”为公司宗旨，崇尚消费者至上原则。宝洁将自己的品牌定位为“以高取胜”，产品一向以高价位、高品质著称。宝洁公司的一个高级顾问曾这样说道：“宝洁永远不甘于屈居世界第二品牌的地位，我们的目标是争取第一。”宝洁公司进入中国市场以来也始终不渝地坚守自身的市场定位。

实战演练

1. 背景资料：上网搜索上海华银日用品有限公司，了解其生产经营情况。

2. 训练目标：为上海华银日用品有限公司的蜂花洗发水、护发素制定目标营销战略。

3. 训练内容：进行市场细分、选择目标市场和进行市场定位。

4. 训练步骤：以模拟公司为单位进行训练，步骤如下：

（1）每位同学都按照下面四个细分标准将市场进行细分。

①按地理因素细分：________________________________

____

②按人口统计因素细分：______________________________

____

③按心理因素细分：________________________________

____

④按行为因素细分：________________________________

____

（2）模拟公司集中讨论，筛选掉不符合要求的细分市场，形成小组的统一意见。

（3）各模拟公司在市场细分的基础上，采用恰当的目标市场策略选择出目标市场。

目标市场：________________________________

目标市场策略：______________________________

（4）各模拟公司为蜂花洗发水和护发素进行市场定位。

①分析目标市场的现状，说明上海华银日用品有限公司具有哪些竞争优势。

②请选择合适的竞争优势进行定位。

③选择总体的定位策略。

（5）每个模拟公司委派一名同学用PPT在全班汇报。

5. 实训成果：以文档形式提交蜂花洗发水和护发素目标市场营销策略。模拟公司之间相互质询，教师点评。

6. 成果考核：以团队为单位进行考核。

项目六
6 制定产品策略

知识目标

1. 理解整体产品概念；
2. 掌握产品组合的相关概念和产品组合策略；
3. 掌握产品生命周期各阶段的特点和策略；
4. 理解新产品开发的程序；
5. 掌握产品包装和品牌策略。

能力目标

1. 会运用整体产品概念；
2. 能够分析产品生命周期所处的阶段；
3. 会分析品牌和包装策略。

学习任务1
认识整体产品概念

任务抛锚

农夫山泉是海南养生堂公司于1997年推出的瓶装纯净水产品。当时，中国水市场已经经过了10多年的发展历程，生产企业有近千家之多，市场竞争相当激烈。娃哈哈和乐百氏自1995年开始，先后由儿童饮品延伸到纯净水，并在较短时间内逐步确立了领导者地位。同时，很多区域性品牌也对水市场不断进行冲击，比较有代表性的水产品有深圳景田太空水、广州怡宝、广州大峡谷等，还有一些处于高端的品牌，如屈臣氏、康师傅等。但是，中国水市场竞争的主导与主流位置并没有改变。

面对着这个迅速增长，但竞争非常残酷，已经快速进入非常具备杀伤力的价格战的市场，任何人想后来居上都是非常困难的。农夫山泉如何在产品设计方面独树一帜，尽快切入市场并占有一席之地呢？

任务解析

面对潜力巨大、竞争激烈、领导者品牌强势占领的瓶装水市场，农夫山泉在产品设计方面要从以下几个方面入手：

1. 提炼产品的核心概念

产品的核心概念，也称核心卖点（Unique Selling Proposition，简称USP），即独特的卖点主张是产品核心价值的外在表现，也是传递给消费者的最重要的产品资讯。可以说，一个好的产品核心概念不仅可以使你的产品和其他产品区别开来，而且对产品的传播、销售、品牌树立有着不可估量的拉动效应。

2. 重视产品的非功能性利益的开发

消费者对产品利益的追求包括功能性和非功能性两个方面，前者主要是满足他们在生理上和物质上的需求，后者则更多的是满足他们在心理上、精神上和情感上的需求。随着社会经济的发展、生活质量的提高和消费者自我意识的加强，人们对产品的非功能性利益愈来愈重视，在很多情况下甚至超过了功能性利益。

3. 围绕整体产品的多个层次开展竞争

整体产品概念为企业竞争提供了一种新的分析思路，即围绕整体产品来开展竞争，要在整体产品的每一个层次及其每一个要素，如包装、品牌、商标、款式、花色、质量以及安装、调试、维修、融资等售后服务上不断求新，创造特色优势，增强产品的核心利益，来提高企业产品的竞争能力。

知识储备

产品就是生产者提供的能满足人们需要或欲望的一切物品和劳务。例如，一台长虹电视机，一辆比亚迪汽车，一次九寨沟旅游，一杯星巴克咖啡，建设银行在线服务等，这些都是产品。广义而言，产品包括物理形体、服务、事件、人物、地点、组织、创意或这些实体的组合。

一、产品的整体概念

产品的整体概念是指一切能满足顾客某种需要和利益的物质产品和非物质形态的服务。具体可以划分为四个层次，如图6-1所示。

（一）核心产品

核心产品是指向购买者提供的基本效用或利益，也就是使用价值。消费者购买商品并不是为了获得产品本身，而是为了获得能够满足某种需求的使用价值。如消费者购买洗衣机，

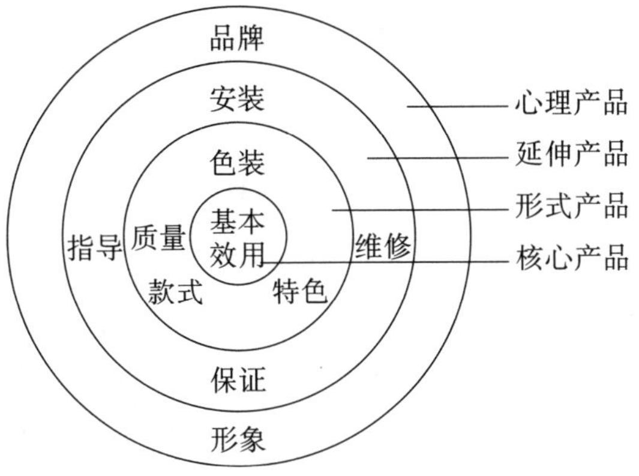

图 6－1　整体产品概念的层次

并不是为了拥有这种机器物品本身，而是为了获得清洗、洁净衣物和安全的效用。核心产品是消费者追求的最基本内容，也是他们所真正要购买的东西。认清产品的核心价值也就是认清自己究竟在“卖什么”。因此，企业在设计开发产品时，必须首先界定产品能够提供给消费者的核心价值，以此作为立足点。否则，顾客的基本需求不能真正得到满足，产品也就不能受到市场的欢迎。

（二）形式产品

形式产品是指产品的外在表现，即产品呈现在市场上的具体形态，如品牌、包装、款式、颜色、特色、质量、重量、体积、视觉、手感等。即使是纯粹的服务产品，也具有相类似的形式上的特点。产品的基本效用必须通过特定形式才能实现，市场营销人员应该努力寻求更加完善的外在形式来满足顾客的需要。

（三）延伸产品

延伸产品是顾客购买有形产品时所获得的全部附加服务和利益，主要包括运送、安装、调试、维修、产品保证、零配件供应、技术人员与操作人员的培训等，它能给消费者带来更多的利益和更大的满足。消费者购买的目的是为了满足某种需要，因而他们希望得到与满足该项需要有关的一切，企业必须提供综合性的产品和服务才能满足其需要。在当前经济环境下，不同企业提供的同类产品在核心利益、形式上越来越接近，因此，延伸产品所提供的附加价值的大小，在营销活动中的重要性就越来越突出，已经成为企业差异化策略赢得竞争优势的关键因素。正如美国市场营销学者西奥多·李维特所指出的：“未来竞争的关键不在于企业能生产什么产品，而在于其产品提供的附加价值：包装、服务、广告、用户咨询、消费信贷、及时交货、仓储以及人们以价值来衡量的一切东西。”

（四）心理产品

心理产品指产品的品牌和形象提供给顾客心理上的满足。产品的消费往往是生理消费和心理消费相结合的过程，随着人们生活水平的提高，人们对产品的品牌和形象看得越来越重，因而它也是产品整体概念的重要组成部分。

【小案例6-1】

日本人的“地点产品”概念

日本兵库县的丹波村，交通很不方便，村子很穷，没有什么特产。为使村子富起来，村上的人请很有经验的井坂强毅先生做顾问。井坂先生考虑要使村子富起来，就得想办法使之商品化。井坂绞尽脑汁，突然灵机一动：如今在物质文明中生活的现代人，厌倦了大城市的喧嚣，对“原始”生活有尝试的兴趣，因而说服村上人筑屋而居。很快有消息传开，许多城里人争相来观光，体会原始方式的意境。随着观光人数的剧增，村子的收入增加，也盖起了漂亮的餐厅、旅馆、公路等，但观光人数反而减少了，因为它正在失去原有的特色。

二、产品分类

根据购买者和购买目的不同，可以将产品划分为消费品和工业品。

（一）消费品

消费品是指个人和家庭为满足生活消费而购买的商品或服务。根据消费者的购买行为和购买习惯，消费品可以划分为以下几类：

1. 便利品

便利品指消费者要经常购买、反复购买、即时购买、就近购买、惯性购买且购买时不用花时间比较和选择的商品，如洗衣粉、牙膏等。

2. 选购品

选购品指消费者在购买过程中对功效、质量、款式、色彩、特色、品牌、价格等花较多时间进行比较的商品，如家用电器、服装、鞋帽等。

3. 特殊品

特殊品指具有特定品牌或独具特色的商品，或对消费者具有特殊意义和特别价值的商品，如品牌服装、名车、名烟、名酒，具有收藏价值的艺术品以及结婚戒指等。

4. 非渴求品

非渴求品指消费者不熟悉，或虽然熟悉但不感兴趣，不主动寻求购买的商品。如环保产品、人寿保险以及专业性很强的书籍等。非渴求品往往属于消费者的潜在需求或未来需求。

（二）工业品

工业品是指各种组织，如企业、机关、学校、医院为生产或维持组织运作需要而购买的商品或服务。判断具体产品是消费品还是工业品的标准，就是看谁购买以及购买的目的是什么。如果个人和家庭购买电脑作为自家的学习、娱乐之用，这台电脑就是消费品；如果一家企业购买电脑用于生产控制、日常办公、产品销售等，这台电脑就成了工业品。对于工业品，可以根据它们参与生产过程的程度和价值大小划分为材料和部件、资本项目以及供应品和服务三大类。

1. 材料和部件

材料和部件指完全参与生产过程，其价值全部转移到最终产品中的那些物品，又可以分为原材料以及半成品和部件两大类。

2. 资本项目

资本项目指辅助生产进行，其实体不形成最终产品，价值通过折旧、摊销的方式部分转移到最终产品之中的那些物品，包括装备和附属设备。

3. 供应品和服务

供应品和服务指不形成最终产品，价值较低、消耗较快的那类物品。供应品包括生产作业辅助用品（如煤、润滑油）、办公用品（如文具、纸张）和维护用品等。服务主要有管理咨询服务（如培训、策划）、专业服务（如会计、律师、商标、广告）和劳务服务（如清洁、搬运、保安）。各类服务的提供通常采用订立合同的形式。

任务实施

1. 突出产品核心利益——“天然水”

关于纯净水，一开始就在学术界、企业界存在争议，主要观点是认为纯净水在滤去水中有害物质的同时，也滤去了人体必需的微量元素的水。水纯化处理只能解决污染问题，但是使得水的溶解力、渗透力、乳化力、代谢力等均退化。正是在这个背景下，海南养生堂于1997 年进入包装水市场。经过阶段性准备，在两年后，一举推出有别于普通纯净水的“天然水”产品，也就是保持了水本身的多种营养物质和生理活性的水，形成独家占有的新概念。农夫山泉大力宣传“天然水”的优越性，对生产纯净水的企业产生巨大冲击。

在水源上，农夫山泉强调“千岛湖的源头活水”水源的优良。同时，利用千岛湖作为华东著名的山水旅游景区和国家一级水资源的保护区所拥有的极高的公众认同度，提高其产品质量的认同度和品牌知名度。

2. 重视产品的心理利益——“有点甜”

当别的同类产品都在表现各自如何卫生、高科技、时尚的时候，农夫山泉不入俗套，独辟蹊径，只是轻轻却又着重地点到产品的口味，也仅仅是“有点甜”，显得超凡脱俗，与众不同。通过画面对千岛湖的全景扫描，突出话外音“农夫山泉有点甜”，体现农夫山泉“味道甘洌”的特点。同时，突出农夫山泉是“天然水”的概念，并对这一核心概念进行注释，包含了自然环境水源好、绿色、环保和野趣等回归自然的理念。一句“农夫山泉有点甜”的广告词就明确地点出了水的甘甜清冽，一下子就区别于乐百氏的“27 层过滤”的品质定位和娃哈哈“我的眼中只有你”所营造的浪漫气息，与当年七喜作为“非可乐”推出有异曲同工之妙，给消费者留下深刻的印象，占据了消费者的心理空间，让消费者感到耳目一新。

3. 围绕整体产品的多个层次开展竞争

在口感上，“有点甜”的广告语实际上再现农夫山泉是“天然水”这个核心概念，而且口感是水质最有力、最直接的感官证明。它说明水中没有有机物及腐殖酸；水中异味金属离子含量极低；矿物质及微量元素含量适中，搭配合理。因此，可以说，水的甜味本身就是水质优良的证明。农夫山泉突出了“天然水”有点甜的这一特性，取得了极大的成功，“有点甜”被大家所熟知，几乎成了农夫山泉的代名词。

在品牌上，“农夫”二字给人们以淳朴、敦厚、实在的感觉，“农”相对于“工”远离了工业污染，“山泉”则给人以回归自然的感觉，迎合了人们返璞归真的心理需求。比起某些小儿用品痕迹十分明显的名称，其品牌适应性更强、覆盖面更广、品牌形象更为鲜明。

在包装上，农夫山泉选用运动瓶盖，并且比率先推出运动瓶盖的上海老牌饮料正广和更棋高一着地进行广告宣传，突出运动瓶盖的特点。在广告中，农夫山泉把运动盖解释为一种独特的带有动作特点和声音特点的时尚情趣，选择中学生这一消费群体作为一个切入点；“课堂篇”广告中“哗扑”一声和那句“上课时不要发出这种声音”的幽默用语，让人心领神会，忍俊不禁，使得农夫山泉在时尚性方面远远超出了其他品牌，也使人们对农夫山泉刮目相看，产生了浓厚的兴趣。

（资料来源：根据百度文库—产品策略（MBA课程）改编）

学习任务2
制定产品组合策略

任务抛锚

今麦郎日清食品有限公司是全国食品行业的龙头企业，在全国建有25个生产基地，员工近3万人，方便面年产能120亿份，位居世界制面前三强，年加工小麦180万吨，年产饮品300万吨，拥有“华龙”“今麦郎”中国驰名商标2个，产品销售网络遍布全国，并远销40多个国家和地区。

作为一个地方性品牌，华龙方便面为什么能与“康师傅”和“统一”形成三足鼎立的市场格局？为什么能够由一个地方方便面品牌转变为全国性品牌，从而成为中国国内方便面行业一股强大的势力呢？

任务解析

从市场角度而言，华龙的成功与它的市场定位、通路策略、产品策略、品牌策略、广告策略等都不无关系，而其中产品策略中的产品市场定位和产品组合的作用更是居功至伟。企业根据市场需求、竞争形势和企业自身能力对产品组合的宽度、长度、深度和相关性方面做出的决策就是产品组合决策。

华龙在进行产品组合决策时主要是从以下几个方面入手：

（1）认真分析现有产品组合中各种产品的销售增长率、市场占有率和利润率，把握资源条件、市场需求状况和竞争状况的变化，及时调整现有产品结构，适时增加应开发的新产品和淘汰应退出的衰退产品，以始终保持产品组合的动态平衡，实现产品组合的长期总利润最大。

(2) 制定产品组合策略时遵循有利于促进销售、有利于竞争、有利于增加企业的总利润三个原则，运用了适当的策略制定企业的产品组合。

知识储备

一、产品组合的相关概念

(一) 产品组合

产品组合（或产品集）是指企业生产或经营的全部产品线和产品项目的有机组合方式，又称产品结构。

(二) 产品线

产品线指一组密切相关的产品，又称产品系列或产品品类。所谓密切相关，指这些产品或者能够满足同种需求；或者必须配套使用，销售给同类顾客；或者经由相同的渠道销售；或者在同一价格范围内出售。例如，华龙集团生产经营方便面、调味品、饼业、面粉、彩页和纸品等类型产品，那么该集团就有 6 条产品线。

(三) 产品项目

产品项目指在同一产品线或产品系列下不同型号、规格、尺码、花色、配方、口味等的具体产品。例如，华龙集团的方便面有今麦郎、六丁目、金华龙、东三福、可劲造等品牌，其中今麦郎有 3 种口味、6 种配方，则华龙集团拥有 18 种今麦郎方便面，即 18 个今麦郎方便面产品项目。

二、产品组合的测量因素

产品组合有四个重要的维度：宽度、长度、深度、关联度。下面以宝洁公司为例来进行说明，见表 6－1。

表 6－1 宝洁公司的产品组合

	产品组合的宽度				
	清洁剂	牙膏	条状肥皂	纸尿布	纸巾
产品组合的长度	象牙雪	格利	象牙	帮宝适	媚人
	德来夫特	佳洁士	柯克斯	露肤	粉扑
	汰渍		洗污		旗帜
	快乐		佳美		绝顶
	奥克雪多		爵士		
	德希		保洁净		
	波尔德		海岸		
	圭尼		玉兰油		
	伊拉				

（一）宽度

产品组合的宽度是指该公司具有多少不同的产品线。由表6-1可以看出，宝洁公司有5个产品线，即：清洁剂、牙膏、条状肥皂、纸尿布、纸巾。

（二）长度

该公司产品组合的长度是指公司在每条产品线内的所有产品项目的数目。在表6-1中，产品品目总数是25个。我们再来看一看该公司产品线的平均长度：平均长度等于总长度（这里是25）除以产品线数（这里是5），所以结果为5。

（三）深度

产品组合的深度是指产品线中每一产品有多少个花色、品种和规格。例如，佳洁士牌牙膏有3种规格和2种配方（普通味和薄荷味），佳洁士牌牙膏的深度就是6。通过计算每一品牌的产品品种数目，我们就可以计算出宝洁公司的产品组合的平均深度。

（四）关联度

所谓产品组合的关联度，是指各条产品线的最终使用、生产条件、分销渠道等方面的密切相关程度。由表6-1可能看出，宝洁公司所生产经营的产品都是清洁用消费品，而且都是通过相同的渠道分销，就产品的最终使用和分销渠道而言，这家公司的这些产品组合的关联度大。

企业产品组合的广度、长度、深度和关联度不同，就构成不同的产品组合。分析企业产品组合，具体而言就是分析产品组合的广度、长度、深度及关联度的现状、相互结合运作及发展态势。在一般情况下，扩大产品组合的广度有利于拓展企业的生产和经营范围，实行多元化经营战略，可以更好地发挥企业潜在的技术、资源及信息等各方面优势，提高经济效益，还有利于分散企业的投资风险；延伸产品线的长度，使产品线充裕丰富，使企业拥有更完面的产品线，有助于扩大市场覆盖面；加强产品组合的深度，在同一产品线上增加更多花色、品种、规格、型号、款式的产品，可以使企业产品更加丰富多彩，满足更广泛的市场需求，提升产品线的专业化程度，占领同类产品更多的细分市场，增强行业竞争力；加强产品组合的相关性，可以强化企业各条产品线之间的相互支持，协同满足消费者，有利于资源共享，降低成本，可以使企业在某一特定的市场领域内增强竞争力和市场地位，赢得良好的企业声誉。因此，产品组合策略就是企业根据市场需求、营销环境及自身能力和资源条件，对自己生产和经营的产品从广度、长度、深度和关联度等四个维度进行综合选择和调整的决策。

三、产品组合策略类型

产品组合策略是制定其他各项决策的基础，产品组合确定之后，企业的投资组合、定价、分销渠道、促销以及各项资源的配置都基本确定。常见的产品组合策略有以下六种：

（一）全线全面型组合

全线全面型组合，即企业生产经营多条产品线，每一条产品线中又有多个产品项目，产品项目的宽度和深度都较大，各条产品线之间的关联度可松可紧。该策略的特点是力争向尽可能多的顾客提供他们所需要的多种产品，满足尽可能多的需求，这只有规模巨大、实力雄厚、资源丰富的企业才能做到。如宝洁公司就有洗涤剂、牙膏、洗发水、香皂、除臭剂、润肤液、婴儿尿布和饮料等多条产品线，并且都是日常生活用品，各条产品线之间的关联度较强。

（二）市场专业型组合

市场专业型组合，即企业以某一特定市场为目标市场，为该市场的消费者群体提供多条产品线和多个产品项目，以满足他们多方面的需求。该策略的特点是宽度和深度大，而关联度较小。这种策略仍是适合规模较大的企业，如金利来主要是专门为成功的男士生产西服、领带、皮具、领带夹、香水等用品。

（三）产品系列专业型组合

产品系列专业型组合，即企业生产相互之间关联度较强的少数几条产品线中的几个产品项目，以满足不同消费者对这几类产品的差异需求。该策略的特点是宽度和深度小，而关联度密切，产品的技术要求接近，生产专业化程度高，有利于延伸技术优势，提高生产效率。如科龙公司一直致力于制冷产品的生产，只拥有空调、冰箱等少数几条产品线，每一条产品线的产品项目也较为有限，而生产量较大。

（四）产品系列集中型组合

产品系列集中型组合，即企业集中各种资源，生产单一产品线中的几个产品项目，以便更有效地满足某一部分消费者对这一类产品的需求。该策略的特点是宽度最小、深度略大而关联度密切，且产品和目标市场都比较集中，有利于企业较好地占领市场。这是中小企业经常采用的组合策略，如格力只生产空调这一大类产品。

（五）特殊产品专业型组合

特殊产品专业型组合，即企业凭借自己所拥有的特殊技术和生产条件，生产能满足某些特殊需求的产品。该策略的特点是宽度、深度、长度都小，目标顾客具有特殊需求，生产的针对性、目标性都很强，很多情况下是根据顾客特殊的个性化需求定制产品。如某企业专门生产残疾人使用的假肢、轮椅、康复器械等。

（六）单一产品组合

单一产品组合，即企业只生产一种或为数有限的几个产品项目，以适应和满足单一的市场需求。该策略的特点是产品线简化，生产过程单一，能大批量生产，有利于提高劳动效率，降低成本；技术上也易于精益求精，有利于提高产品质量和档次。但是由于生产经营的产品单一，企业对产品的依赖性太强，因而对市场需求的适应性差，风险较大。

四、产品组合调整策略

（一）扩大产品组合策略

扩大产品组合策略是开拓产品组合的广度和加强产品组合的深度。开拓产品组合的广度是指增添一条或几条产品线，扩展产品经营范围；加强产品组合的深度是指在原有的产品线内增加新的产品项目。

（二）缩减产品组合策略

缩减产品组合策略是削减产品线或产品项目，特别是要取消那些获利小的产品，以便集中力量经营获利大的产品线和产品项目。缩减产品组合的方式有：

（1）减少产品线数量，实现专业化生产经营。即根据市场的变化，集中发挥企业的优势，减少生产经营的产品类别，只生产经营某一个或少数几个产品的系列。

（2）保留原产品线，减少产品项目。即减少产品系列内不同品种、规格、款式、花色产品的生产和经营，淘汰薄利产品，尽量生产销路看好、利润较高的产品。

【小案例6-2】

创维集团从PC撤军

经过30多年的奋斗，创维已成长为蜚声国际的中国家电巨子。从PC撤军，在创维的发展大事件中是浓重的一笔。随着数字技术的飞速发展，PC行业的竞争已经日趋白热化，是坚持抗战还是撤军？核心领导层经过认真思索和权衡做出决定：果断撤军，避免更大的损失。经过各项预算，从PC撤军意味着要亏损2.4亿元，亏损的大头在库存的贬值上。在认真紧张的策划之下，创维在全球市场开始了“创维逐行风暴”的行动，利用“逐行”的强势及缺货，对逐行彩电和电脑进行捆绑销售，对销售后的利益进行整体平衡。在撤军的战役结束时，创维总计损失4500多万元，但加上专利、模具的回收，实际损失只有2700万元，比原计划少亏损2亿多元。而且稳定了上下供应链的关系，也稳定了市场。

（三）高档产品策略

高档产品策略，就是在原有的产品线内增加高档次、高价格的产品项目。实行高档产品策略的好处是：高档产品容易为企业带来丰厚的利润；可以提高企业现有产品声望，进而提高企业的市场地位和管理水平。

（四）低档产品策略

低档产品策略，就是在原有的产品线中增加低档次、低价格的产品项目。实行低档产品策略的好处是：借高档名牌产品的声誉，吸引消费水平较低的顾客；充分利用企业现有生产能力，补充产品项目空白，形成产品系列；增加销售总额，扩大市场占有率。

任务实施

华龙目前拥有方便面、调味品、饼业、面粉、彩页、纸品等六大产品线，也就是其产品组合的长度为6。方便面是华龙的主要产品线，在这里我们主要研究方便面的产品组合。

华龙的方便面产品组合非常丰富，其产品线的长度、宽度和深度都达到了比较合理的水平。它共有17种产品系列，十几种产品口味，上百种产品规格。其合理的产品组合，使企业能够充分利用现有资源，发掘现有生产潜力，更广泛地满足市场的各种需求，占有更宽的市场面。华龙丰富的产品组合有力地推动了其产品的销售，有力地促进了华龙成为方便面行业老二地位的形成。

1. 针对农村市场的高中低产品组合

华龙在发展初期将目标市场定位于河北省及周边几个省的农村市场。20世纪90年代初期，大的方便面厂家将其目标市场大多定位于中国的城市市场。如“康师傅”和“统一”的销售主要依靠城市市场的消费来实现。而广大的农村市场，则仅仅属于一些质量不稳定、无品牌可言的地方小型方便面生产厂家，并且销量极小。中国的农村方便面市场仍然蕴藏着巨大的市场潜力。

华龙在创业之初便把产品准确定位在8亿农民和3亿工薪阶层的消费群上。由于农村市场本身受经济发展水平的制约，不可能接受高价位的产品，华龙依托当地优质的小麦和廉价的劳动力资源，一开始就推出适合农村市场的“大众面”系列，如“108”“甲一麦”“华龙小仔”等。该系列产品由于其超低的价位（每袋方便面的零售价定在0.6元以下，比一般名牌低0.8元），一下子为华龙打开了进入农村市场的门槛，随后“大众面”系列红遍大江南北，抢占了大部分低端市场。

从2000年开始，华龙的发展更为迅速，它也开始逐渐丰富自己的产品系列，面向全国不同市场又开发出了十几个产品品种、几十种产品规格。这个时候，华龙主要抢占的仍然是中低档方便面市场。

2002年起，华龙开始走高档路线，开发出第一个高档方便面品牌——“今麦郎”，进军城市的中高价位方便面市场，此举在如北京、上海等大城市大获成功。

2. 针对不同市场采取的区域产品策略

华龙针对不同的市场，争取了不同的区域产品策略，见表6-2。

表6-2 华龙的区域产品策略

<table>
<tr><th>地域</th><th>主推产品</th><th>广告诉求</th><th>系列</th><th>规格</th><th>价位</th><th>定位</th></tr>
<tr><td rowspan="4">河南</td><td rowspan="4">六丁目</td><td rowspan="4">演绎不跪（不贵）</td><td>六丁目</td><td rowspan="4">分为红烧牛肉、麻辣牛肉等14种规格</td><td rowspan="4">低价位</td><td rowspan="4">目前市场上最低价位、最实惠产品</td></tr>
<tr><td>六丁目108</td></tr>
<tr><td>六丁目120</td></tr>
<tr><td>超级六丁目</td></tr>
<tr><td rowspan="3">山东</td><td rowspan="3">金华龙</td><td rowspan="3">山东人都认同“实在”的价值观</td><td>金华龙</td><td rowspan="3">分为红烧牛肉、麻辣牛肉等12种规格</td><td>低价位</td><td>低档面</td></tr>
<tr><td>金华龙108</td><td>中价位</td><td>中档面</td></tr>
<tr><td>金华龙120</td><td>高价位</td><td>高档面</td></tr>
</table>

续表

<table>
<tr><th>地域</th><th>主推产品</th><th>广告诉求</th><th>系列</th><th>规格</th><th>价位</th><th>定位</th></tr>
<tr><td rowspan="4">东北</td><td rowspan="3">东三福</td><td rowspan="3">核心诉求是“咱东北人的福面”</td><td>东三福</td><td rowspan="3">红烧牛肉等6种口味、5种规格</td><td>低价位</td><td>低档面</td></tr>
<tr><td>东三福120</td><td>中价位</td><td>中档面</td></tr>
<tr><td>东三福130</td><td>高价位</td><td>高档面</td></tr>
<tr><td>可劲造</td><td>大家都来可劲造，你说香不香</td><td>可劲造</td><td>红烧牛肉等3种口味、3种规格</td><td>高价位</td><td>继东三福130之后的又一高档面</td></tr>
<tr><td rowspan="4">全国</td><td rowspan="4">今麦郎</td><td rowspan="4">有弹性的方便面，向“康师傅”“统一”等强势品牌挑战，分割高端市场</td><td>煮弹面</td><td rowspan="4">红烧牛肉等4种口味、16种规格</td><td rowspan="4">高价位</td><td rowspan="4">高档面系列、以城乡消费为主</td></tr>
<tr><td>泡弹面</td></tr>
<tr><td>碗面</td></tr>
<tr><td>桶面</td></tr>
</table>

（资料来源：根据智库百科“http://wiki.mbalib.com/wiki/产品组合策略”改编）

学习任务3
制定产品生命周期策略

任务抛锚

升级换代极快是手机行业的一大特点。一款手机的生命周期短则3个月，长则半年，新机从上市到步入降价通道所需的时间则更短，往往不足3个月。如果恰逢整个产业的升级换代，老款手机很快就被市场淘汰。在国内手机市场竞争激烈的环境下，小米手机依然有不俗的表现。小米代表国内手机厂商率先出征海外市场，成功地将欧洲市场攻下，在海外市场的表现则势如破竹。根据数据显示，小米在意大利等市场获得了高速增长；此外，小米在印度市场上也依旧保持着王者风范。依托于海外市场的良好表现，小米在2019年第四季度全球智能手机出货量排行榜中，实现了两位数的增长，位居全球第四名。小米手机是如何实施其产品生命周期策略的？

任务解析

产品生命周期理论告诉我们，随着产品进入市场时间的推移，市场销售竞争态势、企业盈利状况等都会发生重大的变化，呈现出显著不同的特点。企业应该通过对市场的观察以及采用科学的方法，分析判断产品处于生命周期的哪一个阶段，预测产品在市场上的发展变化趋势，针对不同阶段的特点，实施相应的市场营销组合策略，增强产品的市场竞争力。更为重要的是，通过对企业现有产品生命周期不同阶段的正确推断，为新产品的开发和投放市场提供科学依据，强化新产品开发的针对性和时效性，从而提高新产品开发的成功率。

知识储备

一、产品生命周期概述

（一）产品生命周期的内涵

产品生命周期简称 PLC，是指产品从准备进入市场开始到被淘汰退出市场为止的全部运动过程，是由需求与技术的生产周期所决定。一个产品的销售历史就像人的生命周期一样，要经历出生、成长、成熟、老化、死亡等阶段。具体可以分为引入期、成长期、成熟期、衰退期四个阶段。

产品（市场）生命周期和产品的使用寿命是两个完全不同的概念。前者指的是产品的经济寿命，即产品在市场上销售的时间，它以产品在市场上的销售额和企业利润额的变化为依据进行分析判断，反映的是产品的销售情况和获利能力随时间的演变规律。而后者指的是产品的自然寿命，即产品物质形态的变化、产品实体的消耗磨损。有的产品使用寿命很短，但生命周期很长，如肥皂、爆竹等；而有的产品生命周期很短，使用寿命却很长，如时尚服装、呼啦圈等。

（二）产品生命周期的形态

在产品（市场）生命周期的各个阶段，销售额随产品推进市场的时间不同而发生变化，通常表现为如图 6－2 所示的曲线，即称为产品（市场）生命周期曲线。

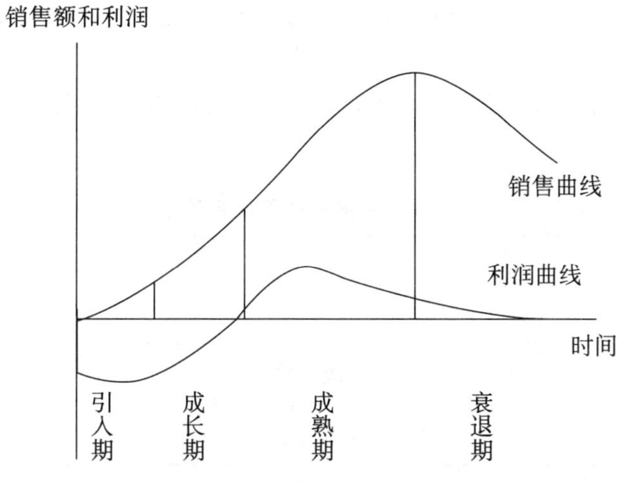

图 6－2　产品生命周期曲线图

该曲线适用于一般产品的生命周期的描述，是最典型的表现形态。并非所有产品的市场生命周期曲线都是标准的 S 型，而是多种多样的。

二、产品生命周期各阶段的特点及营销对策

在产品生命周期的不同阶段，产品的销售额、成本、利润、市场竞争态势及消费者行为等都具有不同的特点。企业应该根据这些特点，制定相应的营销对策。

（一）引入期的特点及营销对策

1. 引入期的特点

引入期是新产品进入市场的最初阶段，其主要特点是：

（1）生产成本高。新产品刚开始生产时，数量不大，技术尚不稳定、不成熟，废品次品率也较高，因而制造成本较高。

（2）营销费用大。新产品刚引进市场时，其性能、质量、使用价值、特征等还未被人们所了解。为了迅速打开销路，提高知名度，需进行大量的广告宣传及其他促销活动，促销费用很大。

（3）销售数量少，销售增长率低。因新产品还未赢得消费者的信赖，未被市场广泛接受，购买者较少，销售量小。

（4）竞争不激烈。因新产品刚引进市场，销路不畅，企业无利可图甚至亏损，生产者较少，竞争尚未真正开始。

2. 引入期的营销对策

在引入期，企业主要的经营目标是迅速将新产品打入市场，在尽可能短的时间内扩大产品的销售量。可采取的具体对策有：

（1）积极开展卓有成效的广告宣传，采用特殊的促销方式，如示范表演、现场操作、实物展销、免费赠送、小包装试销等，广泛传播商品信息，帮助消费者了解商品，提高认知程度，解除疑虑，培育市场。

（2）积极攻克产品制造中尚未解决的问题，稳定质量，并及时根据市场反馈，对产品进行改进。

（3）采取行之有效的价格与促销组合策略。可供选择的价格与促销的组合策略有以下四种，见表6－3。

表6－3　引入期的价格—促销组合策略

价格水平 \ 促销水平	高	低
高	快速—掠取策略	缓慢—掠取策略
低	快速—渗透策略	缓慢—渗透策略

①快速掠取策略，即企业以高价格和高促销费用推出新产品。成功地采用这一策略可以使消费者更快地熟悉和了解新产品，迅速打开销路，还可以使企业赚取较大的利润，以尽快回收新产品开发的巨额投资。但企业采用这一策略，要注意必须具备一定的条件：产品有独特的功能或利益；目标顾客的求新心理强，并愿意付出高价；市场需要潜力较大；企业面临潜在竞争对手的威胁，须尽早建立产品的市场地位。

②缓慢掠取策略，即企业以高价格和低促销费用将新产品推向市场。高价格和低促销费用的结合有利于企业减少流通费用，降低成本，获取较大的利润。该策略适用于市场规模有

限、产品需求弹性较小、潜在竞争威胁不大、能赢得大多数消费者相当程度的信任、适当的高价能被人们所接受的产品。

③快速渗透策略，即企业以低价格和高促销费用将新产品推向市场。其目的是抢占先机，以尽可能快的速度将产品打入市场，赢得最大的市场渗透和最高的市场占有率，薄利多销，从多销中获取利润。该策略适用于市场容量颇大，潜在竞争较为激烈，潜在消费者对价格十分敏感，单位制造成本可随生产规模的扩大而迅速下降的产品。

④缓慢渗透策略，即企业以低价格和低促销费用将新产品推向市场。低价格有利于消费者接受新产品，使产品较易于渗透市场，打开销路，并扩大销路。低促销费用有利于降低产品成本，树立“物美价廉”的形象。该策略适用面广，适用于市场容量大、促销效果不明显、需求的价格弹性较大、消费者对价格敏感度较高的产品。

（二）成长期的特点及营销对策

1. 成长期的特点

成长期是产品在市场上已经打开销路，销售量稳步上升的阶段。其主要特点是：

（1）购买者对商品已经比较熟悉，市场需求扩大，销售量迅速增加。早期采用者继续购买该产品，其他消费者也开始追随购买。

（2）生产和销售成本大幅度下降，大批量生产和大批量销售使单位产品成本减少。

（3）企业的利润增加。

（4）竞争者相继加入市场，分销网点数量增加，竞争趋向激烈。

2. 成长期的营销对策

在成长期，企业的主要营销目标是进一步扩大市场，提高市场占有率，以实现市场占有率的最大化。可采用的策略有：

（1）进一步提高产品质量，增加花色、品种、式样、规格，并改进产品包装。

（2）广告促销从介绍产品、提高知名度转为突出产品特色，建立良好形象，力创名牌，建立顾客对产品的偏好，提高忠诚度等。

（3）开辟新的分销渠道，扩大商业网点，进一步向市场渗透，拓展市场空间。

（4）在大量生产的基础上，适时适度降价或采用其他有效的定价策略，以吸引更多的购买者。

（三）成熟期的特点及营销对策

1. 成熟期的特点

成熟期是产品在市场上普及，销售量达到高峰的饱和阶段。其主要特点是：

（1）产品已为绝大多数的消费者所认识与购买，销售量增长缓慢，处于相对稳定状态，并逐渐出现下降的趋势。

（2）整个行业的生产能力过剩，企业利润逐步下降。

（3）竞争十分激烈。

（4）商品销售价格降低。

（5）分销渠道密集。

2. 成熟期的营销对策

在成熟期，企业的主要营销目标是牢固地占领市场，保持市场占有率，防止与抵抗竞争对手的蚕食进攻，争取获得最大的利润。可采用的具体策略有：

（1）从广度和深度上拓展市场，争取新顾客，并刺激老顾客增加购买，以增加现有产品的使用频率和消费数量。如强生公司将婴儿爽身粉、婴儿润肤露等婴儿护肤用品扩展到母亲市场，成功地做大了市场“蛋糕”。

（2）进一步提高产品质量，进行产品多功能开发，创造新的产品特色，扩大产品的多功能性、安全性和便利性，增加产品的使用价值。

（3）改进营销组合策略，如调整价格、增加销售网点、开展多种广告宣传活动或采用以旧换新、有奖销售、竞猜、拍卖等进攻性的促销手段，以及强化各种服务等。

（四）衰退期的特点及营销对策

1. 衰退期的特点

衰退期是产品销售量持续下降，即将退出市场的阶段。其主要特点是：

（1）消费者对产品已经没有兴趣，市场上出现了改进产品或换代产品，市场需求减少，销售量下降。

（2）行业生产能力过剩较多，同行企业为了减少存货损失，竞相降价销售，竞争异常激烈。

（3）企业利润不断降低。

2. 衰退期的营销对策

在衰退期，企业的主要营销目标是尽快退出市场，转向研制开发新产品或进入新的市场。可选用的策略有：

（1）淘汰策略，即企业停止生产衰退期产品，上马新产品或转产其他产品。

（2）持续营销策略，即企业继续生产衰退期产品，利用其他竞争者退出市场的机会，通过提高服务质量、降低价格等方法来维持销售。

（3）收割策略，即企业尽量减少各方面如厂房设备、维修服务、研制开发和广告、销售队伍建设等方面的投入，同时继续维持产品销售。只要短期内销售量不出现急剧减少，企业就可以从该产品上获得更多的受益，增加现金流量。该策略会使产品的竞争力逐渐削弱而最终失去存在的价值，其适用条件是衰退产品在短期内销售量下降速度比较缓慢，然而从长期来看最终必须放弃。

上述关于产品生命周期各阶段的特征以及企业相应的营销策略归纳见表6－4。

表6－4 产品生命周期各阶段的特征和营销策略归纳

阶段		引入期	成长期	成熟期	衰退期
特征	销售额	低	快速增长	缓慢增长	衰退
	利润	易变动	顶峰	下降	低或无
	现金流量	负数	适度	高	低
	顾客	创新使用者	大多数人	大多数人	落后者
	竞争者	稀少	渐多	渐多	渐少

续表

阶段		引入期	成长期	成熟期	衰退期
策略	策略重心	扩张市场	渗透市场	保持市场占有率	提高生产率
	营销支出	高	高（但百分比下降）	下降	低
	营销重点	产品知晓	品牌偏好	品牌忠诚度	选择性
	营销目的	提高产品知名度及产品试用	追求最大市场占有率	追求最大利润及保持市场占有率	减少支出及增加利润回收
	分销方式	选择性的分销	密集式	更加密集式	排除不合适、效率差的渠道
	价格	成本加成法策略	渗透性价格策略	竞争性价格策略	削价策略
	产品	基本型为主	改进品，增加产品种类及服务保证	差异化，多样化的产品及品牌	易除弱势产品项目
	广告	争取早期使用者，建立产品知名度	大量营销	建立品牌差异及利益	维持品牌忠诚度
	销售追踪	大量促销及产品试用	利用消费者需求增加	鼓励改变采用公司品牌	将支出降至最低

任务实施

1. 导入期营销策略

导入期主要应用目标顾客分析定位、产品开发相关等营销策略，抓主要顾客，将目标顾客所追求价值观念融入产品，创造出顾客需要的产品。

（1）目标顾客分析。中国智能手机的高端市场一直被苹果、三星等占领，中低端市场则被 OPPO、LG、步步高、酷派、魅族等各种品牌占据，但没有一个品牌能够独占鳌头。因此，这给小米崛起提供了绝佳机会。小米将新上市的产品定价为 1999 元，这正是面向广大经济实力不强的年轻消费群体。小米从品牌发展就一直秉承着“用户就是驱动力，为发烧而生”的理念，同时，小米强调强大的交流和应用功能。这对于爱交流、喜欢被尊重的年轻一代而言，小米正是他们身份的象征。

（2）理念营销策略。目标顾客大多年龄在 18—30 岁，经济实力不强，喜欢被尊崇、自我表达，希望找到专属交流平台。应用此定位，并且将这种理念用强大的系统功能展现出来，让发烧友们参与到手机的进一步改进之中，可以让小米使用者真切地感受到自由和被尊崇。在开发时，小米独有无锁双系统，分区内置两个系统 MIUI、Android，独特的米键功能、米聊、小米等新功能都是小米独具特色的。例如，小米研发者发现“发烧友”们在平时生活之中，喜欢工作、游戏两不误，即使在接电话时也不能耽误打游戏。根据顾客这一个特殊需求，小米特别强调游戏的功能，即使边接电话边玩游戏，手机都不会卡。

（3）低价发售策略。定位为中低端智能手机的小米，将价格定为 1999 元，采用低价渗透策略和尾数定价法，对于一个高配置智能机而言，基本没有降价空间。起初销售价格是微薄利润甚至是亏损经营。但小米公司正式发售、首轮发售和放开发售之间有很大的时间间隔，也为其争取了时间来降低生产成本，并且只采用线上销售的销售方式也为其节省成本。

（4）渠道策略。小米手机销售渠道主要采用线上销售，只要有网络，就有机会抢购到小米手机。线上订购模式占据 80% 的销售份额，线下与电信运营商合作占 20%。线上订购可省渠道成本，物流和仓储是雷军的“战友企业”凡客提供的，同样可以减少开支。

（5）促销策略。①“发烧”发布会吊胃口。雷军运用在业界内的号召力，于 2011 年 8 月 16 日，在北京举行了第一次国产手机发布会，这一举动受到业界和媒体以及目标顾客发烧友的广泛关注。新闻发布会结束后的两周里，新闻、测评等报道如火如荼，小米在互联网中“如雷贯耳”。②“饥饿式”促销模式。发布会结束后，正式版 M1 还没有正式发售，工程机开启了小米热潮。紧接着小米采取饥饿战，让顾客苦苦等几个月才可以抢购到一款小米手机。这样的模式，从小米 M1 一直延续到小米 M3。③成功应用节日元素。小米促销时，巧妙运用发烧友们比较关注的节日，例如米粉节、情人节、圣诞节、光棍节等。如有一年圣诞节，在 12 月 25 日—1 月 3 日举行 10 天促销活动，以“小米圣诞狂想曲，喜迎新春大优惠”为主题，促销对象为长泡在 MIUI 论坛中的发烧友，借助圣诞节元素进行广告促销、营业推广促销、公共关系促销。在营业推广方面进行促销，回应于平日里的饥饿销售模式，加大发售量。节假日团购折扣优惠，并且在节日期间购买小米手机，可以赠送挂饰、外壳等。在公共关系方面，开展有奖竞答活动、文艺演出等，这些活动主要在一线城市展开，将小米手机的理念信息传递给消费者。

（6）品牌策略。小米品牌文化建立和营销传播，不仅依靠雷军业内的声誉，更多依靠小米对发烧友核心需求的准确把握。从小米品牌建立初期一直在秉承着“顾客就是驱动力，为发烧而生”的理念，将目标顾客定位为喜欢被尊崇的年轻一族。小米借助其产品，建立交流平台，包括小米官网、社区、微博、微信平台，打“发烧友”王牌，进行粉丝营销，传播小米文化。小米使用者成为小米理念继承者、价值传播者，甚至下一代手机革新发起人，这一点也正是满足了目标顾客最核心的消费需求。

（7）微博营销。小米开发导入到快速成长，微博营销一直发挥着巨大作用。微博营销主要依靠五个途径：微博 Android 客户端、小米手机、全球热门排行版、星座爱情 001、微博搞笑排行榜。微博营销主要经历三个阶段：第一，两人运营阶段，针对官方微博维护和有奖转发进行；第二，将微博营销看作服务平台，更多了解顾客需求和反馈产品不足；第三，微博营销向销售扩张。微博营销伴随小米神话一路走来，也和小米手机一样会有风波和瓶颈问题。小米公司将低价发行、控制销量、前代产品降价策略、品牌策略微博营销等相结合，成功实现从导入期到成长期的转变。

2. 成长期营销策略

（1）产品改进策略。经过 M1、M1S 换代后，进入成长期。小米面对同样定位在中端智能手机市场其他品牌，为取得更大的市场份额和市场销量，在性能和设计等方面都进行了改观。M1 有米键，M2 米键被取消。M3 相机加入进阶功能。更为惊喜的是，可以进行白平衡及自行设置色温，这也是首次在手机上设置此应用。

（2）降价策略。将导入期产品进行部分降价。小米在进入 M2 时候，将 M1 的价格直接降到 1299 元，这样做可能会让购买 M1 的米粉们产生失落感，但小米公司在发行 2A 和 2S

时，不再生产1S，官方网站直接显示缺货，这也使米粉们获得了一些心理平衡。

（3）微信营销。微信打造自助客服平台，关键词回复机制十分有效。当顾客输入普通问题关键词，自助服务平台会自动回复相关问题解决方法；对于重要关键问题会直接找到人工服务台。据大数据分析，小米微信营销关键是拉粉策略。小米官方渠道拉粉以及第三方合作拉粉最有效，二者成功率之和高达90%。

随着小米产品进入成熟期甚至是衰退期，竞争更加激烈，模仿者、替代品更多，需对产品、技术及营销策略改进。对于小米而言无疑创新是最重要的。市场竞争激烈和消费者日益“挑剔”，要不断进行技术革新、产品更新，解决忠实者关心的问题；延长产品线，品牌下设多种产品；紧跟时代，小米应不断升级硬件和软件；在移动互联网时代，对于已进入疲软期微博营销而言，应大力支持微信营销，及时尝试新营销工具；对于下一步进入三线城市甚至是县城、乡村的小米而言，需要进一步拓展线下渠道，加强与运营商合作，开展实体店计划；饥饿营销，要随着生命周期延长开展，必须大力经营品牌优势，强大小米公司的经营实力，这样饥饿营销才有可能更长久。

（资料来源：根据“小米手机产品生命周期及营销策略”（《现代商业》，作者刘帅等）论文改编）

学习任务4
开发新产品

任务抛锚

长期以来，索尼公司位列于日本最具创新精神的公司之一。索尼生产的随身听Walkman、CD机（Discman）、摄像机（Handycam）、特丽珑电视（Trinitron）、VAIO笔记本和Playstation游戏机等产品，为日本建立富于创新的声誉做出了卓绝的贡献。在世人的心目中，“索尼”几乎与“家用电器”同名。它在世界大工业公司排名为57位。其产品，录像器材占全世界市场的36%。索尼公司作为日本企业的典范，在全世界拥有极高的知名度，索尼品牌的产品由于精美的设计、领先的技术和优良的品质而被赋予了更多的价值，比一般的品牌拥有更多的溢价能力。实际上，“索尼”的历史并不长，始建于1946年，当时注册资金不足600美元，然而，随着第二次世界大战后日本经济的腾飞，“索尼”也一跃成为家电业的世界冠军。索尼的神话是怎样缔造出来的呢？索尼开发新产品的秘诀又在何处？

任务解析

市场经济的发展使得产品越来越丰富，顾客选择的空间越来越大，对商品的要求也越来越高，因而商品日益向多样化、个性化方向发展。对顾客来说，企业如何筹集资金，内部机构如何设置，人员如何管理等，这些并不是他们所关心的。顾客只关心公司出售的产品是否适合他的口味，质量是否可靠，价格是否能接受等。

任何产品都要经历一个生命周期——从诞生到死亡的过程。当新的、能更好地满足顾客需要的产品出现时，产品最终会消亡。由于所有的产品最终都将衰退，因此，公司必须迎合消费者需求的变化，擅长开发和管理新产品。

索尼公司从一家小型公司发展为今天家电行业的龙头老大之一，就是因为他们能够不断开发新产品，做到想顾客之所想，把潜在顾客变成现实的顾客，把潜在的市场开发为企业现实的市场。

知识储备

一、新产品概述

从市场营销学角度来看的新产品与从纯技术角度来看的新产品，在内涵与外延上都不相同，前者比后者的内容要宽泛得多。市场营销学认为，产品只要在功能或形态上得到改进，与原有产品产生差异，不论任何一部分的创新或变革，为顾客带来了新的利益，或者企业向市场提供过去未生产的产品或采用新的品牌的产品都可以称为新产品。新产品的“新”，是相对而言的，相对于一定的时间、地点和企业而言。此外，新产品的“新”，不仅是生产者、销售者认可，更重要的是得到消费者认可和接受的“新”属性、“新”功能、“新”用途、“新”特点等。按其创新的程度不同，可以将新产品分为以下五类：

（一）全新产品

全新产品指应用新技术、新原理、新工艺、新结构、新材料研制而成的前所未有的产品，是企业率先发明创造出来的。在这种新产品问世之前，市场上没有相同或类似的产品，如汽车、电视机、电灯、计算机等产品最初上市时，均属全新产品。全新产品的研制生产，往往是重大科学技术取得突破的成果，适合于人们的新需求，并且对人类的生产和生活都会产生深远的影响。对绝大多数企业来说，独立自主开发全新产品十分困难，需要耗费较长的时间、巨大的人力和资金投入，成功率较低，风险很大。

【小案例 6－3】

达能 Actimel

20 世纪 90 年代末，法国食品巨头达能公司在鲜奶制品市场中引入了全新的品种——Actimel。随便问一个知道 Actimel 的人，他都会告诉你：Actimel 不是酸奶，也不是果汁，而是一种全新的产品。

Actimel 是一种携带成千上万个能增强抵抗力的发酵菌——免疫干酪乳杆菌的鲜奶制品。有趣的是，Actimel 的消费者不是病人，它不是处方药，在超市的酸奶区有售，面向的消费者是那些注重饮食健康的人们以及儿童。成千上万个免疫干酪乳杆菌，它们究竟是什么？达能，一个值得信赖的品牌，宣称它们可以增强体质。如果加上口感好，又是鲜奶制品，顾客就会认为它不错。Actimel 是小包装，不会多得影响胃口。它既不是软饮料，也不是酸奶和果汁，却在欧洲市场卖出了好几百万个。

（二）换代新产品

换代新产品指在原有产品的基础上，部分采用新技术、新材料、新结构制成，在性能上有显著提高的产品。如洗衣机从半自动单缸洗衣机到半自动双缸洗衣机，再发展到全自动洗衣机。开发换代新产品相对容易，并且不需要花费巨额资金，企业风险不大。

【小案例 6－4】

好奇训练裤

作为大众产品的纸尿片，其目标市场几乎都是 3 岁以下的孩子。聪明的商家会问：我怎样才能把纸尿片继续卖给 3 岁以上的孩子呢？

在这种情况下，绝招便是把纸尿片改装成类似儿童穿的短衬裤。给小孩穿训练裤，他们认为自己穿的不是尿布，自然感觉更舒服、更成熟、更像个大人。要是小孩真的控制不了冲动，训练裤外面的图案会消失，这样大人们就知道发生什么事了。这种训练裤不会给孩子带来挫折感，相反，它将在取代内裤的过程中指导孩子。

纸尿片公司做出适当变化之后，把消费群体扩大到了年龄更大的儿童。倘若公司仅限于在现有的尿片市场里创新，就绝不可能取得如此战果。作为企业要考虑的是，如何将产品改头换面来适应消费者的需要。

（三）改进新产品

改进新产品指采用各种改进技术，对原有产品的品质、特点、花色、式样及包装等作一定改变与更新的产品。改进后的产品或者性能更佳，或者结构更合理，或者精度更加提高，或者特征更加突出，或者功能更加齐全。如装有鸣笛的开水壶、各式新款服装等。改进新产品与换代新产品都是以原有产品为基础进行研制与开发，对企业各方面的资源要求不高，风险较小，开发出的新产品容易为市场所接受，是广大企业特别是中小企业开发新产品的重点。

【小案例 6－5】

希洛公司的麦条

麦片有很多好处：富含营养，有益健康。希洛公司（Hero）生产各种食物，但在早餐麦片市场中占有的份额不高。公司如何在麦片市场中提高占有率？麦片市场早已饱和了，希洛公司不打算在这个市场里碰运气。他们想到的出路是重新定义麦片的使用价值。它们选择了把麦片当作任何时候都能食用的健康点心，而不是当作通常的早餐。如果把当点心的麦片用袋装，顾客也许只能用手吃了。它们采用一种顾客熟悉的产品形状——巧克力条。麦片加上巧克力条就出现了新的类别——麦条。

这种现在看来平常的产品，在当时却是一个突破。它是一种真正的新事物，并由此创造了新的消费场合。如今该公司是欧洲市场麦条类产品的领头羊之一。

（四）仿制新产品

仿制新产品指模仿市场上已有的产品而企业自己首次生产，又称为企业新产品。开发生产仿制新产品可以有效利用其他企业的成功经验和技术，风险较小。

（五）品牌新产品

品牌新产品指对现有产品稍作改进，突出某一方面的特点，形成某一差异，并使用新的品牌后推向市场的产品。

二、新产品的开发程序

新产品的开发程序是指从寻求产品创意开始，到最后将新产品的某一创意转化为现实的新产品并成功投放市场，实现商业化的全过程。具体可以划分为构思产生、构思筛选、产品概念的形成与测试、初拟营销方案、商业分析、新产品研制、市场试销、商业化八个阶段，如图6－3所示。

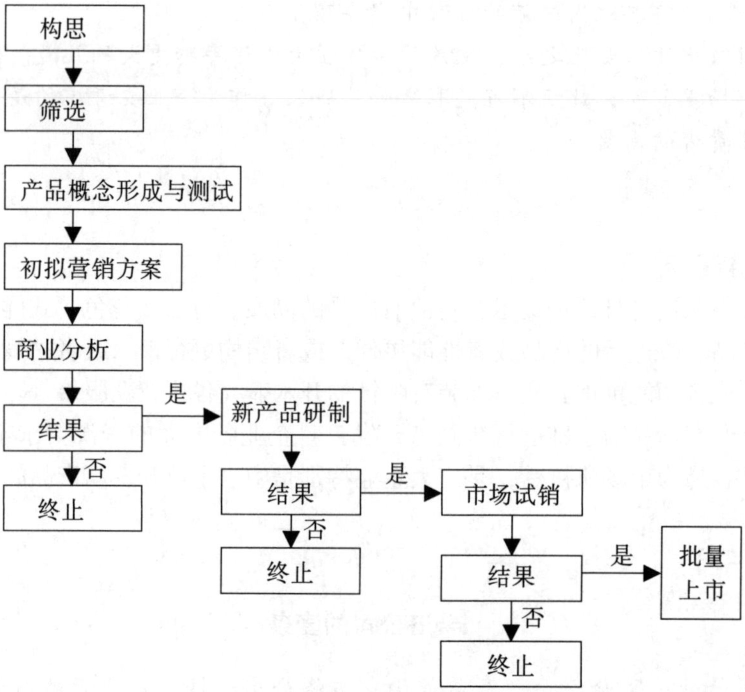

图6－3　新产品的开发程序

（一）构思产生

新产品构思是指为满足一种新需求而提出的富有新意、创造性的设想。一个成功的新产品，首先来自于一个既有创意又符合市场需求的构思。新产品的构思越多，则从中挑选出最合适、最有发展希望的构思的可能性也就越大。因此，这一阶段企业营销部门的主要任务是：寻找——积极地在不同环境中寻找好的产品构思；激励——积极地鼓励公司员工提出产品构思；提高——将所汇集的产品构思转送公司内部有关部门，征求改进意见，使其内容更加充实可行。企业能否搜集到丰富的新产品构思并从中捕捉开发新产品的机会，是成功开发新产品的第一步。产品构思的来源可以归纳为以下几个方面：

1. 消费者和用户

他们的需求是新产品构思的主要来源。企业可以通过直接向用户进行问卷调查、深度访谈、接待用户来信来访、倾听用户的意见与投诉等途径，来准确把握他们的欲望和需求，从中发现新产品的构思。

2. 经销商

他们与消费者和用户有密切的联系，消费者和用户有什么需求，首先会直接反馈给经销商。而且，多数经销商同时销售多类别产品和多种竞争产品，掌握的信息比较丰富，能够提出可行的新产品设想及改进建议。

3. 科研机构和高等院校

他们是新技术和新发明的发源地，每年都有大量的科研成果需要转化为新产品，企业加强与他们的联系，可以获得许多有创意、有价值的新产品设想。

4. 企业员工

企业员工包括企业的中高层管理人员、营销人员、产品研制开发人员以及普通员工。企业应该建立起鼓励创新的企业文化和相关的规章制度，打破年龄、地位、资历等阻碍因素，调动所有员工的积极性和创造性，使他们热爱企业、关心企业，为改进企业产品、服务和生产流程献计献策。

5. 竞争对手

竞争对手产品的成败得失可以为企业的新产品构思提供借鉴和参考，也是新产品构思的重要来源之一。企业可以通过各种途径了解竞争对手开发投放的新产品，或购买竞争对手的现有产品进行剖析，找出不足并加以改进，有助于开发出更胜一筹的新产品。

（二）构思筛选

对广泛搜集到的各种新产品构思，企业要根据自身的资源条件和发展目标进行筛选，摒弃那些可行性小或获利较少的构思。在筛选中，既要避免漏选掉具有潜在价值的构思，又要避免误选市场前景不佳的构思。为此，企业可以通过制定新产品构思评审表（表6－5），由产品研发部门或新产品委员会根据表中所列举的各项因素逐一对新产品构思进行评审打分，确定分数等级，保留可行的产品构思，剔除那些与企业目标和资源不协调的构思。

表6－5　　新产品构思评审表

产品成功的必要条件	权重（A）	公司能力水平（B）											得分数（A）×（B）
		0.0	0.1	0.2	0.3	0.4	0.5	0.6	0.7	0.8	0.9	1.0	
公司信誉	0.20							√					0.120
市场营销	0.20										√		0.180
研究与开发	0.20								√				0.140
人员	0.15							√					0.090
财务	0.10										√		
生产	0.05									√			0.040
销售地点	0.05				√								0.015
采购与供应	0.05										√		0.045
总计	1.00												0.720

（注：分数等级0.00～0.40为“劣”，0.41～0.75为“中”，0.76～1.00为“良”。目前可以接受的最低分数为0.70。）

表中第一栏是新产品成功地实现商业化所必须具备的主要条件；第二栏是根据这些条件对新产品成功的重要程度分别给予不同的权重；第三栏是对企业新产品成功的几项重要条件所具备的能力给予不同的评分；第四栏是企业能力水平与各项成功因素权重的乘积，相加后得到该构思是否符合本企业的目标与战略的综合评分。最后根据评分等级的标准划分等级。表中该构思的得分总数为0.72，略高于该评审表设定的最低合格值0.70，说明该构思可以保留。

（三）产品概念的形成与测试

筛选出的构思需要形成具体的准确的产品概念，即可以将已经成型的产品构思，用文字、图像、模型等加以清晰地描述，使之成为对消费者而言有意义的产品方案，有确定特性的潜在产品形象。一个产品构思能够转化为若干个产品概念。

新产品概念形成以后，还需要了解顾客的意见，进行产品概念测试。产品概念测试一般采用概念说明书的方式，说明新产品的功能、效用、特性、规格、包装、售价等，如有需要还应附上图片或模型，连同问卷提交给有代表性的消费者进行测试和评估。测试所获得的信息使企业进一步充实产品概念，以确定吸引力最强的产品概念。

（四）初拟营销方案

通过测试选择了最佳的新产品概念之后，就要制订一个该产品引入市场的初步市场营销方案，并随着产品研发的逐步推进不断地加以完善。初拟营销方案主要包括三个方面的内容：

（1）描述目标市场的主体规模、结构，消费者的购买行为和特点；产品的市场定位以及短期（如三个月）的销售量；市场占有率以及开始几年的利润率预期等。

（2）概述产品在第一年的预期价格、分销渠道、策略及营销预算。

（3）概述较长时期（如三至五年）的销售额和利润目标，以及不同阶段的市场营销组合策略等。

（五）商业分析

从经济效益方面对新产品概念进行可行性分析，进一步考察新产品概念是否符合企业的赢利性目标，是否具有商业吸引力，具体包括预测销售额和推算成本利润两个步骤。

对新产品销售额的预测可参照市场上同类产品的销售发展历史，并考虑各种竞争因素、市场规模、市场潜量，分析新产品的市场地位、市场占有率，以此推测新产品可能获得的销售额。此外，还应考虑产品的再购率，即新产品是一定时期内顾客购买一次的耐用品，还是购买频率不高的产品，或是购买频率很高的产品。不同的购买频率，会使产品销售量在时间上有所区别。

预测产品一定时期内的销售量以后，就可推算该时期的产品成本和利润收益。产品成本主要包括新产品研制开发费用、市场调研费用、生产费用、销售推广费用等。根据已预测出的销售额和费用额，就可以推算出企业的利润收益以及投资回报率等。

（六）新产品研制

通过商业分析的新产品概念送交生产部门研制出模型或样品，使产品概念转化为产品实体。同时，还要进行包装的研制和品牌商标的设计，对产品进行严格的功能测试和消费者测试。前者主要测试新产品是否安全可靠、性能质量是否达到规定的标准、制造工艺是否先进合理等。后者则是请消费者加以试用，征集他们对产品的意见。在测试的基础上对样品作进一步改进，以确保具有产品概念所规定的所有特征，并达到质量标准。

产品研制是新产品开发程序中最具有实质意义的一个重要步骤。只有通过产品研制，投入资金、设备、劳动力、技术等各种资源，才能使产品概念实体化，可能发现产品概念存在的不足和问题，继续改进设计，才能证明某一新产品概念在技术上和商业上的可行性如何。如果某一新产品概念因技术上不过关或成本过高等原因而被否定，则该项产品的开发过程即告终止。

（七）市场试销

经过测试合格的样品即为正式的新产品，在大批量投放市场之前，还要选择具有代表性的小规模市场进行试销。新产品试销既能帮助企业了解市场的情况，又能检测产品包装、价格、数量、广告的效果，还能发现产品性能的不足之处，为产品正式投入市场打好基础，为企业是否大批量生产该产品提供决策依据。

新产品市场试销的主要决策涉及以下几点：

（1）试销地点。应具有企业目标市场的基本特征，地区范围不宜过大。

（2）试销时间。时间长短要综合考虑产品特征、平均重复购买率、竞争者状况和试销费用等因素决定。再购买率高的新产品，试销时间应长一些，至少应经历一至两个购买周期，因为只有重复购买才能说明消费者喜欢新产品。

（3）试销应取得的资料。在试销过程中，企业要注意收集新产品的试用率、再购买率以及销售趋势，了解购买者是谁，消费者对产品质量、品牌、包装的意见等。

（4）试销所需要的费用开支。

（5）试销的营销策略以及试销成功后应进一步采取的战略行动。

市场试销需要耗费较多的投资，特别是试销时间如果太长还容易让竞争对手抢占先机，因此，并非所有的新产品都需要试销。当产品的成本很低，新产品由比较简单的产品线扩展而来或是模仿竞争者的产品而生产时，企业可以不进行或只进行少量的试销就批量上市。

（八）商业化

新产品试销成功后，便可批量生产，正式推向市场，实现新产品的商业化。为确保新产品批量上市成功，企业要注意以下几个问题：

1. 正确选择投放时机

一般而言，季节性产品适宜于在使用季节到来之前投放市场；日用消费品适宜于在每年的销售高峰（如"五一"、"十一"、元旦、春节等）到来之前投放市场；替代性较强的产品应在企业被替代产品库存较少的情况下投放市场；尚需改进的新产品则应等到产品进一步完善之后再投放市场，切忌匆忙上市而造成初战失利，反而陷入被动。

2. 正确选择投放地区

新产品不一定立即向全国市场投放，可以先集中在某一地区市场开展公关宣传和广告促销活动，以打开销路，在拥有一定市场份额之后，再逐渐向其他地区拓展。

3. 正确选择目标市场

目标市场的选择以自试销或产品的研发以来所搜集的资料为依据。最理想的目标市场应是最有潜力的消费者群体，一般具备以下特征：最早采用该新产品的带头购买者；大量购买该新产品的顾客；其购买行为具有一定的传播影响力的消费者等。

4. 制定有效的营销组合策略

新产品批量上市时，还要正确制定消费者愿意接受的价格，选择合适的分销渠道，实施多种多样、行之有效、富有创意的促销措施，以使新产品能在市场上迅速提高知名度和美誉度，扩大销路。

任务实施

索尼开发新产品成功的经验在于以下三个方面：

1. 成立全球研发中心，用心创造

正如索尼的联合创始人井深大写道："一切来源于用心。如果不用心创造，我们就不可能设计出产品。通过满足人们内心的需求，科学也就实现了本身的价值。"勤奋的工作氛围以及把顾客的便利和需求放在首位的理念，是索尼具备杰出创新能力的关键。索尼给工程师足够的空间和时间改进产品细节使产品更加出色。

索尼公司在全球拥有专门的设计中心，这些设计中心的工作只是研究产品的外观和形状、颜色的色度和按键的位置等。索尼还拥有多个研发中心，集中研究各项业务，如无线业务、音频业务和视频业务。

首先，它让研发人员参与市场开发，同时，负责市场开发的人员也为研发人员出谋划策，为新产品的研发提供最新的市场信息和点子。两者的有效沟通提高了工作的效率，避免了资源的浪费，更促进新产品、新技术的迅速市场化，占据市场先机。

其次，索尼公司在新产品与新技术的开发上投入了大量的资源。目前，索尼公司从事技术开发的工程师和其他科研人员有9000多人，每年用于研发的资金则高达10多亿美元。由此可见，索尼在“创新”方面的精明与胆略。出新、出新、再出新，是索尼孜孜不倦的追求。

2. 精耕细作，不断试错

从索尼的第一台随身听诞生的那一刻起，索尼的工程师就一直在不断地努力改善产品，创造出更优美的声音和更耐用的磁带。终于，IBM选择了索尼的磁带作为计算机的数据存储介质。

索尼的每个产品都要经过不断测试和改进。索尼的员工必须时刻准备应对失败，并从失败中汲取教训。索尼的一个最大失败是在电视的电子栅控彩色显像管技术上的失误。到了1961年，索尼在竞争者中已经大大落后了。这时候，销售部门打算购买已经成型的产品，打上索尼的品牌销售。然而这种做法与索尼创新的先锋精神背道而驰。一年以后，索尼购买了电子栅控彩色显像管技术，辛辛苦苦打拼了5年，开发出了产品原型和生产流程，却难逃失败的厄运。索尼甚至需要贷款为开发不同的调色技术提供资金。有一天，一名工程师研究起了这个问题：如果在一个电子枪内，用三条阴极线管同时发射三条电子射线会有怎么样的效果？他的创意建立了今天单枪三束彩色显像管彩电技术的基础。

3. 不断创新，创造而不仿制

索尼东京总部的索尼产品博物馆里有一条标语：“决不模仿，用心创造，瞩目未来。”当盛田昭夫决定生产便携的磁带播放器时，有些工程师和营销人员坚持认为消费者不需要没有录音功能的磁带播放器。然而，正是随身听为消费者提供了“便携音乐”，索尼因此大获成功。如今，随身听有80多个款式，可以满足不同的消费需求。

“创新”是索尼公司创建近60年来一直秉承的经营理念，也是索尼品牌最核心的价值体现。在索尼发展史上仅仅在20世纪50至60年代就成功地开发了5个日本首创、16个世界首创的产品。从研制出日本的第一台磁带录音机到世界上第一台特丽珑彩色电视机，从带给人们全新娱乐生活方式的“Walkman”随身听到“梦幻般”的8毫米摄录放一体机，索尼公司从未间断过给人们带来惊喜。推动技术革新、创造“触动心弦”的产品成为索尼永不停息的追求，索尼品牌被锻造成为技术领先、品质优良的象征。

索尼公司的创始人井深大从不放过任何发明创造的机会，善于发现“没有被别人发现的其他用途”，然后“凭着自己的独到见解加以思考”，并始终坚持“窄而深”的专业化原则，以便创造出适合销售的新产品。盛田昭夫在他的自传里也写道：“我们的计划是用新产品来带领大众，而不是问他们要什么产品。消费者并不知道什么是可能的，但我们知道。因此我们不去做一大堆市场调查，而是不断修正我们对一个产品及其用途的想法，设法教导消费者，与消费者沟通，创造出市场。”这些话体现了索尼的基本精神——开拓创新。

风靡全球的“随身听”就是这种精神的产物之一。一天，井深大提着录音机和一副耳机，来到盛田昭夫的办公室。井深大说：“我喜欢听音乐，可又不希望影响别人，又不能整天坐着不动，只好提着录音机走，可这实在是太重了！你能否想个办法解决啊?”井深大的话立刻激发了盛田昭夫的想象力。能否研制一种小型的随身携带的放音机，以满足那些须臾也离不开音乐的年轻人？不久，一台“随身听”的样品制造出来了。它精致小巧，音效良好。果然，由于“随身听”适合消费者需要，一上市就被抢购一空、供不应求，索尼公司必须以自动化生产来应付大量订单。同时，“随身听”也刺激了索尼公司的耳机研制，使他们跻身全世界最大耳机制造商之列。后来，连著名指挥家卡拉扬等音乐大师也来索尼公司订货。

在创新方面，索尼公司可以说是做到了极致。根据美国《财富》杂志的统计，索尼公司每年要推出1000多种新产品和零件。其中800件是过去产品的改进型，约200件则是针对新市场应用的崭新产品。索尼公司在20世纪90年代平均每年推出182件新产品，等于每一个营业日就有一种新产品推出。

（资料来源：根据360问答“索尼公司的文化创新体现在哪些方面?”http：//wenda.so.com/q/1363057628066849改编）

学习任务5 制定包装策略

任务抛锚

可口可乐公司（The Coca－Cola Company），成立于1886年5月8日，总部设在美国佐治亚州（Georgia，简称GA）的亚特兰大，是全球最大的饮料公司，拥有全球48%的市场占有率。可口可乐在200个国家拥有160种饮料品牌，包括汽水、运动饮料、乳类饮品、果汁、茶和咖啡，亦是全球最大的果汁饮料经销商（包括Minute Maid品牌）。目前可口可乐在世界各地的市场皆处领导地位，其销量远远超越其主要竞争对手百事可乐，被列入吉尼斯世界纪录。可口可乐的配方，至今除了持有人家族之外无人知晓，可口可乐公司也会严密防止自己的员工偷窃配方。2019年《财富》世界500强榜单公布，可口可乐公司位列第395位。

世界著名的可口可乐公司，是如何设计它的产品包装呢？又是如何运用包装策略达到提升形象、促进产品销售的目的呢？

任务解析

新产品开发出来之后，要为新产品开发好的包装，这需要做出大量的决策。消费者在选购商品时，除了考虑内在质量之外，包装也是一个重要的考虑因素，因为包装能从一方面体现出品牌的整体形象。“佛要金装，人要衣装”。再好的商品，也可能因为包装不适而卖不出好价钱。据有关统计，产品竞争力的30%来自包装。随着人们生活水平的提高，对精神享受的要求也日益增长，在激烈的市场竞争中，包装对于顾客选择商品的影响越来越明显。

包装除了保护商品之外，还有助于商品的美化和宣传，激发消费者的购买欲望，增强商品在市场上的竞争力。要做好包装决策，必须先做好以下几点：

（1）认识包装的重要性。包装是一个重要的营销工具和手段，日益激烈的市场竞争和零售店杂乱的货架都意味着包装必须承担很多的销售任务——从吸引顾客的注意力，到产品描述，最后到产品出售，包装充当着“默默的推销员”。

（2）建立起包装的概念。要清楚地知道包装是什么或该为产品做些什么。包装应该主要提供产品保护，介绍产品的使用方法，说明产品的特定质量；必须对包装的具体元素做出决策，例如尺寸、形状、材料、颜色、内容和品牌标记等。这些元素必须与产品的定位和营销战略相协调。

（3）制定出正确的包装策略。这些策略能够满足目标顾客的心理与需要。

知识储备

一、包装概述

许多营销人员把包装化（Packaging）称为第五个P，前面四个P分别为价格（Price）、产品（Product）、地点（Place）和促销（Promotion），即4P。

所谓包装化，是指设计并生产容器或包扎物的一系列活动。这种容器或包扎物被称为包装（Package）。

课堂思考

有人认为商品的包装是一种浪费，你同意这种观点吗？

目前，包装已成为强有力的营销手段。设计良好的包装能为消费者创造方便价值，为生产者创造促销价值。多种多样的因素会促进包装化作为一种营销手段在应用方面的进一步发展。由于越来越多的产品在超级市场上以自助的形式出售，因此，现在包装必须执行许多推销任务。包装具有以下多方面的意义：

（一）保护商品，便于储运

产品包装最基本的功能便是保护商品，便于储运。商品的包装要便于商品的储存、运输、装卸。有效的产品包装可以起到防潮、防热、防冷、防挥发、防污染、保鲜、防易碎、防变形等系列保护产品的作用。因此，在产品包装时，要注意对产品包装材料的选择以及包装的技术控制。

（二）吸引注意，促进销售

通过包装，可以介绍商品的特性和使用方法，便于消费者识别，能够起到指导消费的作用。通过美观大方、漂亮得体的包装，还可以极大地改善商品的外观形象，吸引消费者购买。世界上最大的化学公司——杜邦公司的营销人员经过周密的市场调查后，发明了著名的杜邦定律，即63%的消费者是根据商品的包装和装潢而进行购买决策的；到超级市场购物的家庭主妇，由于精美包装和装潢的吸引，所购物品通常超过她们出门时打算购买数量的45%。由此可以看出，包装是商品的“脸面”和“衣着”，作为商品的“第一印象”进入消费者的视野，影响着消费者购买与否的心理决策。

（三）增加利润，提供创新机会

包装化的创新能够给消费者带来巨大的好处，也给生产者带来了利润。例如，1899 年，尤尼达饼干公司开发了一种具有保鲜装置的包装，使其饼干的货架寿命长于饼干盒、饼干箱和饼干桶；克拉夫特食品公司开发了听装混合乳酪，从而延长了乳酪的货架寿命，并使公司赢得了“可靠”的声誉。

二、包装设计的原则

（一）适用原则

包装的主要目的是保护商品。因此，首先，要根据产品的不同性质和特点，合理地选用包装材料和包装技术，确保产品不损坏、不变质、不变形等；其次，要合理设计包装，便于运输等。力求经济适用，不同档次的商品配以不同的包装。要做到表里如一，既要防止“金玉其中，败絮其外”，又要防止“金玉其外，败絮其中”。避免过度包装。

（二）美观原则

商品包装在保证安全功能和适于储运、便于携带和使用外，还应该具有美感。美观大方的包装能够给人以美的感受，有艺术感染力，从而成为激发消费者购买欲望的主要诱因。因此，商品包装设计要体现艺术性和产品个性，有助于实现产品差异化，满足消费者的某种心理要求。20 世纪初山姆森先生以其女友的裙子造型为依据设计出的可口可乐玻璃瓶，就是神来之笔的成功之作。

（三）环保、经济原则

随着消费者环保意识的增强，在包装的材料运用以及包装设计上要注意保护生态环境，尽量使用符合环保标准的包装材料。在符合营销策略的前提下，应尽量降低包装成本，减轻消费者的负担，节约社会资源，禁止使用有害包装材料，实施绿色包装战略。

（四）心理、文化适应原则

销往不同地区的商品，要注意使包装与当地的文化相适应。消费者对商品包装的不同偏好，直接影响其购买行为，久而久之还会形成习惯性的购买心理。因此，在商品包装的造型、体积、重量、色彩、图案等方面，应力求与消费者的个性心理相吻合，以取得包装与商品在情调上的协调，并使消费者在某种意象上去认识商品的特质。

【小案例 6－6】

汉波贡枣的包装

人们都知道红枣的营养价值高而且营养成分多，但要问到红枣到底如何食用时，绝大多数人可能只知道煲汤、煮粥、包粽子、做月饼馅，所以造成了人们对红枣食用的一个片面性的认识。而且，长期以来，红枣作为南北干货以地域性的方式销售，极大地影响了产品的价值内涵和消费认识。蜜枣是在干枣的基础上，采用低温真空浸糖的技术，将干枣催化成一种口味甘甜，易于长期食用的一种新品。但大多数企业仍然将其在干货区销售，低价拼杀，红枣本应具有的价值没有形成。汉波贡枣采用蓝海战略，将蜜枣直接导入休闲食品序列，成为第一个将红枣定位成休闲产品的品牌。通过产品命名——贡枣，体现出品质的独有身份和价值，其包装设计采用表现中国帝王皇权中心对称式构图，辅之以红黄色彩，再加上御制茶碗作为背景，画面生动而又不失皇威，简洁而又极具高贵，巧妙地传递了传统食品的历史底蕴和价值心理，同时，又通过包装材质和形式满足了休闲产品的表现特征。所以，产品一上市，就获得了难以置信的成功。

三、包装策略

商品包装在市场营销中是一个强有力的竞争武器，良好的包装只有同科学的包装决策结合起来才能发挥其应有的作用，因此，企业必须选择适当的包装策略。可供企业选择的包装策略有以下几种：

（一）类似包装策略

类似包装策略，指企业所有产品的包装，在图案、色彩等方面，均采用统一的形式。这种方法，可以降低包装的成本，扩大企业的影响，特别是在推出新产品时，可以利用企业的声誉，使顾客首先从包装上辨认出产品，迅速打开市场。

类似包装适用于质量水平类同的商品，不适于质量等级相差悬殊的商品，否则，会对高档优质产品产生不利影响，并危及企业声誉。其弊端还在于，如果某一个或几个商品出了问题，会对其他商品带来不利的影响，可谓“城门失火，殃及池鱼”。

（二）分级、分类包装策略

分级、分类包装策略，指企业依据产品的不同档次、用途、营销对象等采用不同的包装。比如把高档、中档、低档产品区别开来，高档产品包装精致些，表示产品的身份；中低档产品，包装简略些，以减少产品成本；对儿童使用的产品可配以色彩和卡通形象等来增强吸引力；用作礼品，则可以精致地包装，若自己使用，则只需简单包扎。

（三）组合包装策略

组合包装策略，又称多种包装、配套包装，是指企业把相互关联的多种商品，置入同一个包装容器之内，一起出售。比如工具配套箱、家庭用各式药箱、百宝箱、化妆盒等。但要注意，在同一个包装物内必须是关联商品。如牙膏和牙刷组合包装、一组化妆品组合包装等。

这种策略为消费者购买、携带、使用和保管提供了方便，又利于企业带动多种产品的销售，尤其有利于新产品的推销。

（四）再利用包装策略

再利用包装又称多用途包装，是指在包装容器内的商品使用完毕后，其包装并未作废，还可继续使用。可用于购买原来的产品，也可用作其他用途。比如啤酒瓶可再利用，饼干盒、糖果盒可用来装文具杂物，药瓶作水杯用，塑料袋作手提包用等。

这种策略增加了包装物的用途，刺激了消费者的消费欲望，扩大了商品销售，同时带有企业标志的包装物在被使用过程中可起到广告载体的作用。这种商品的包装不仅与商品的身价相适应，有的还可作为艺术品收藏。

（五）附赠品包装策略

这是目前国际市场上比较流行的包装策略，现在我国市场上运用也很广泛。这种策略是指企业在某商品的包装容器中附加一些赠品，以吸引购买的兴趣，诱发重复购买。例如，在女士用的珍珠霜盒里放一颗珍珠，顾客买了一定数量之后就能串成一根项链；在儿童食品的包装中附赠玩具、连环画、卡通图片等；化妆品包装中附有美容赠券等。有些商品包装内附有奖券，中奖后可获得奖品，如果是用累积获奖的方式效果则更明显。

（六）容量不同包装策略

根据商品的性质、消费者的使用习惯，设计不同形式、不同重量、不同体积的包装，使商品的包装能够适应消费者的习惯，给消费者带来方便，刺激消费者的购买。比如，以前四川人在销售榨菜时，一开始是用大坛子、大篓子将其商品卖给上海人；精明的上海人将榨菜倒装在小坛子后，出口日本；在销路不好的情况下，日本商人又将从上海进口的榨菜原封不动地卖给了香港商人；而爱动脑子、富于创新精神的香港商人，以块、片、丝的形式分成真空小袋包装后，再返销日本。在榨菜的“旅行”过程中，各地商人都赚了钱，但是靠包装赚“大钱”的还是香港商人。如今四川榨菜的包装已今非昔比，大有改观，极大地刺激市场需求，企业的利润也大幅度增长。

（七）更新包装策略

更新包装策略，是指企业为克服现有包装的缺点，适应市场需求，而采用新的包装材料、包装技术、包装形式的策略。当由于某种原因使产品销量下降，市场声誉跌落时，企业可以在改进产品质量的同时，改变包装的形式，从而以新的产品形象出现在市场，改变产品在消费者心目中的不良地位。这种做法，有利于迅速恢复企业声誉，重新扩大市场份额。

推出富有新意的包装，可能会创造出优良的销售业绩。如把饮料的瓶装改为易拉罐装，把普通纸的包装改为锡纸包装，采用真空包装等。

四、产品包装说明

产品的包装说明是包装的重要组成部分，它在宣传产品功效、争取消费者了解、指导人们正确消费方面具有重大作用。

（一）包装标签

包装标签是指附着或系挂在产品销售包装上的文字、图形、雕刻及印制的说明。标签可以是附着在产品上的简易签条，也可以是精心设计的作为包装的一部分的图案。标签可能仅标有品名，也可能载有许多信息，能用来识别、检验内装产品，同时也可以起到促销作用。

通常，产品标签主要包括：制造者或销售者的名称和地址、产品名称、商标、成分、品质特点、包装内产品数量、使用方法及用量、编号、贮藏应注意的事项、质检号、生产日期和有效期等内容。值得提及的是，印有彩色图案或实物照片的标签有明显的促销功效。

（二）包装标志

包装标志是在运输包装的外部印制的图形、文字和数字以及它们的组合。包装标志主要有运输标志、指示性标志、警告性标志三种。运输标志又称为唛头（Mark），是指在产品外包装上印制的反映收货人和发货人、目的地或中转地、件号、批号、产地等内容的几何图形、特定字母、数字和简短的文字等。指示性标志是根据产品的特性，对一些容易破碎、残损、变质的产品，用醒目的图形和简单的文字做出的标志，指示有关人员在装卸、搬运、储存、作业中引起注意，常见的有“此端向上”“易碎”“小心轻放”“由此吊起”等。警告性标志是指在易燃品、易爆品、腐蚀性物品和放射性物品等危险品的运输包装上印制特殊的文字，以示警告，常见的有“爆炸品”“易燃品”“有毒品”等。

任务实施

1898 年鲁特玻璃公司一位年轻的工人亚历山大·山姆森在同女友约会中，发现女友穿着一套筒型连衣裙，显得臀部突出，腰部和腿部纤细，非常好看。约会结束后，他突发灵感，根据女友穿着这套裙子的形象设计出一个玻璃瓶。经过无数次的反复修改，不仅将瓶子设计得非常美观，很像一位亭亭玉立的少女，他还把瓶子的容量设计成刚好一杯水大小。瓶子试制出来之后，获得大众交口称赞。有经营意识的亚历山大·山姆森立即到专利局申请专利。当时可口可乐的决策者坎德勒在市场上看到了亚历山大·山姆森设计的玻璃瓶后，认为非常适合作为可口可乐的玻璃瓶包装。经过一番讨价还价，最后可口可乐公司以 600 万美元的天价买下此专利。要知道在 100 多年前，600 万美元可是一项巨大的投资。亚历山大·山姆森设计的瓶子不仅美观，而且使用非常安全，易握不易滑落。更令人叫绝的是，其瓶型的中下部是扭纹型的，如同少女所穿的条纹裙子；而瓶子的中段则圆满丰硕，如同少女的臀部。此外，由于瓶子的结构是中大下小，当它盛装可口可乐时，给人的感觉是分量很多的。采用亚历山大·山姆森设计的玻璃瓶作为可口可乐的包装以后，可口可乐的销量飞速增长，在两年的时间内，销量翻了一倍。从此，采用山姆森玻璃瓶作为包装的可口可乐开始畅销美国，并迅速风靡世界。600 万美元的投入，为可口可乐公司带来了数以亿计的回报。

品牌一向被可口可乐视为最重要的资产，而包装策略则是品牌最外在的表现。可口可乐的品质百年不变，但几乎每隔几年就会对自身的品牌形象进行一次细节上的调整和更换，以适应不断变化的市场。可口可乐认为，一个有效的包装策略应该兼顾独创性，并以满足消费者的需求为导向。可口可乐的包装策略，基本上可分为以下几类：

一、分类包装策略

（一）多种材质、多种容量包装

为了更好地满足消费者在不同情境（如家庭饮用、个体饮用）下的饮用需求，可口可乐把其系列产品按包装材质划分为：PET（塑料瓶）、RB（玻璃瓶）、CAN（易拉罐）、POM（现调杯）等类型；按容量分为355毫升、600毫升、1.25升、1.5升、2升、2.25升等，以便更加灵活、主动地来迎合消费者的购买需求，保持顾客的满意及认可度。比如，PET600毫升的包装特点是便于携带，适合消费者在多种场所饮用；PET1.5升的包装容量大，适合家庭饮用等。

（二）根据不同分销渠道的特点设计不同的包装

消费者在不同类型的销售点购买饮料，其购买心理和饮用习惯是不同的。所以，可口可乐根据不同分销渠道的特点和消费者在该类售点的购买特征，制定出在某一特定渠道的包装策略。可口可乐针对不同的渠道状况，把产品分成三种包装类别：

1. 必备包装

必备包装指在该渠道必不可少的包装。比如：在超市，必备包装就包括PET600毫升、PET1.25升、PET1.5升、PET2升、PET2.25升、CAN355毫升；品牌则包括可口可乐、雪碧、芬达、醒目、酷儿、水森活、健怡可口可乐等。

2. 应备包装

在实现了必备包装的售点上，该售点应该出现的其他包装形式，称为应备包装。同样以超市渠道为例，在实现了必备包装的基础上，又增加CAN多支包装、PET1.5升多支包装、PET2升多支包装等应备包装，争取一定数量的铺货和陈列空间。

3. 辅助包装

只要消费者有需求，并且售点有条件陈列的包装都属于辅助包装，例如POM。

二、更新包装策略

可口可乐常常会通过改变包装形象来配合自身的广告或公关活动，从而使品牌传播效果达到最优化。

（一）结合本土化运营策略，设计颇具中国文化特色的产品包装

2001年春节期间，可口可乐为了推广其本土化的品牌形象，特别推出了深具中国民族特色的泥娃娃“阿福”形象的产品包装，外包装上双双怀抱可口可乐的金童玉女，笑容可掬、天真可爱，在热闹非凡的新年市场上显得越发亲切醒目。其次是另一款带有中国12生肖主题包装的CAN，这是在一套12罐装的可口可乐包装上，分别印有可爱生动的12个生肖卡通形象设计，包括“柔道虎”“魔术蛇”“正义狗”等颇具个性的生肖形象。它标志着

可口可乐首次在全球运用中国文化，设计出了具有浓郁本土特色并极具收藏价值的纪念性包装。

（二）结合申奥成功的事件行销策略，推出珍藏版包装设计

2001 年 7 月，可口可乐在北京申奥成功之前，就特别设计制作了限量发售的珍藏版“申奥金罐”包装。罐体由红、金两种颜色作为主色调，并匠心独具地加入天坛、长城等象征中国的建筑以及各种运动画面，将申奥成功的喜悦、体育的动感以及奥运精神有机地融为一体。罐口处写着“为奥运牵手，为中国喝彩”的字样，用以进一步提升国人的奥运情结，更有效地同消费者沟通，更加贴近消费者，从而加深顾客对品牌的良好印象。

（三）联姻奥运新会徽揭标活动，发行奥运新会徽纪念包装

2003 年 8 月，北京奥组委为 2008 年北京奥运会新会徽举行了盛大的揭标仪式。当天可口可乐公司宣布，100 万罐印有奥运新会徽包装的易拉罐正式上市。这款可口可乐纪念包装的设计融合了 2008 北京奥运标志，中国北京、体育和盛会的元素，以新会徽的笔触和概念完美地勾勒出运动员的矫健英姿。著名的古典建筑天坛被融合在包装设计之中，凸显出浓郁的北京地域特色。在罐身上方，印有红色的奥运新会标，包装整体以彰显尊荣的金色衬托，淋漓尽致地表现出愉悦、欢快的喜庆气氛。虽然这款金色易拉罐包装的产品，比其他包装的可口可乐在零售价上要高出大约一倍，但推向市场后很快就被热情的消费者席卷一空。可见，通过一系列充分把握时机、实施配合其自身品牌推广的包装策略，可口可乐赢得了市场先机，并获得了消费者对品牌的青睐与忠诚。

（四）顺应时代潮流的“卖萌”包装

2013 年 5 月，可口可乐在中国市场上推出了旨在吸引年轻消费群的“卖萌”系列新包装。可口可乐推出中国区新包装，包装标签以可口可乐字体印上诸如“文艺青年”“高富帅”“白富美”“天然呆”等网络流行语。有网友惊呼可口可乐“萌死了，很有爱”“看到就想买”。

三、围绕促销策略——容量不同包装策略

可口可乐会配合自身的促销策略，推出不同容量的产品包装，用以抢占市场先机，领先于竞争对手。例如：2002 年第 9 届全运会期间，可口可乐率先向市场推出了容量分别为 1.5 升和 2.25 升促销装（加量不加价）的可口可乐、雪碧和芬达产品。虽然竞争对手也立刻相应地向市场推出了相同容量包装的产品，但是竞争对手产品上市的时间比可口可乐慢了半个月左右的时间，同时又因为竞争对手在售点管理、铺货等方面与可口可乐相比较薄弱，所以，当其加量产品在市场销售的时候，可口可乐的第一批加量产品已经差不多销售完毕。竞争对手的被动跟进，在没有周详计划的情况下就向市场推出了加量产品，结果造成了原来 1.25 升和 2 升产品的积压。

四、可持续包装的全球战略

为纪念改革开放 40 周年，回馈同可口可乐一起参与、见证、成长的中国消费者，可口可乐推出了限量mini罐礼盒，纪念40年来大家用可口可乐分享欢乐的所有瞬间。此外，可口可乐更和《人民日报》合作设置时光博物馆，众多可口可乐旧物件勾起了大家的满满回忆。2018年1月19日，可口可乐公司宣布重塑可持续包装的全球战略，目标到2030年，助力实现公司所用包装的100%等量回收和再利用。人人小在乎，世界大不同，可口可乐公司希望和全球伙伴一起，携手消费者，共创没有废弃物的世界。2018年9月18日，可口可乐中国研发的首台兼容饮料售卖和包装回收的概念设备——“左右未来”出现在天津夏季达沃斯论坛。以“快乐在左，理想在右”为设计理念，可口可乐中国通过循环经济思路的创新，迈出了饮料行业里程碑式的一步。

（资料来源：根据百度文库“可口可乐包装变化案例”改编）

学习任务6 制定品牌策略

任务抛锚

海尔集团创立于1984年，是全球大型家电品牌，目前已从传统制造家电产品的企业转型为面向全社会孵化创客的平台。在互联网时代，海尔致力于成为互联网企业，颠覆传统企业自成体系的封闭系统，变成网络互联中的节点，互联互通各种资源，打造共创共赢新平台，实现攸关各方的共赢增值。从创业至今，海尔集团经历了名牌战略发展阶段、多元化战略发展阶段、国际化战略发展阶段、全球化品牌战略发展阶段、网络化战略发展阶段五个阶段，2019年12月，海尔集团进入第六个战略发展阶段，目标是创引领的物联网生态品牌。创立以来，海尔致力于成为“时代的企业”，每个阶段的战略主题都是随着时代变化而不断变化的，重点关注的就是人的价值实现，使员工在为用户创造价值的同时实现自身的价值。

2018年6月20日，世界品牌实验室（World Brand Lab）在北京发布了2018年《中国500最具价值品牌》分析报告，海尔（3502.78亿元）居第三位。2018年7月，青岛海尔在2018年《财富》世界500强中排行第499位。2019年5月30日，2019年Interbrand最佳中国品牌榜发布，海尔排名第23位，品牌价值131.1亿元，同比增长38%，品牌价值增速全榜排名第三。2019年6月11日，“2019年BrandZ™全球最具价值品牌100强”排行榜在纽约正式发布，海尔作为“物联网生态品牌”成功登榜。“物联网生态”是2019年BrandZ全球榜的新增品类，海尔成为该品类下全球首个上榜品牌；2019年7月22日，《财富》（Fortune）官网公布了2019年世界500强榜单。作为海尔集团旗下子公司之一，海尔智家股份有限公司凭借智慧家庭生态品牌的全球落地再次上榜《财富》世界500强，排名较去年上升51名。

海尔的成功见证了中国品牌的成长之路。海尔是如何实现一个中国品牌被国际市场认可的神话的呢？

任务解析

现代社会中，一个强有力的品牌具有很高的品牌资产。国外一项研究表明，72% 的顾客愿意为他们选择的品牌支付高出次优竞争品牌 20% 的额外费用；40% 的人愿意支付 50% 的额外费用。

消费者依赖品牌来辨别、选择产品和服务乃至于依靠品牌表现自身的品位、价值观和情感取向；制造商或服务商则通过品牌来传达产品质量、情感乃至价值取向等诸多内容，以赢得顾客忠诚和随之而来的长远发展。不仅如此，越来越多的非营利机构也采取了品牌化的做法，积极塑造自身的品牌形象，以求利用强大的号召力实现自身的目标。

多年来，作为行业的领军者，海尔一直牢牢占据着市场冠军宝座，在市场变化的格局中稳立潮头。海尔在建立品牌方面需要做出的决策有：①品牌化决策；②品牌所有权决策；③进行品牌名称决策；④进行品牌扩展决策；⑤品牌再定位决策。

知识储备

一、品牌概述

（一）品牌的概念

品牌（Brand）是一个名称、名词、符号或设计，或者是它们的组合，其目的是识别某个销售者或某群销售者的产品或劳务，并使之同竞争对手的产品和劳务区别开来。品牌是个多面性的概念，蕴涵着丰富的含义：

（1）品牌能够区分企业与其竞争对手的产品或服务；

（2）品牌能为顾客提供其认为值得购买的功能利益及附加值；

（3）品牌最持久的含义和实质是其价值、文化和个性；

（4）品牌是一种商业用语，品牌注册后形成商标，企业即获得法律保护拥有其专用权；

（5）品牌是企业长期努力经营的结果，是企业的无形载体，是一种综合的无形资产。

（二）品牌的组成

品牌是一个集合概念，包括品牌名称和品牌标志两大部分。

1. 品牌名称（Brand Name）

品牌名称指品牌中能够发音，能够被读出的那一部分，如可口可乐、长虹、联想等。

2. 品牌标志（Brand Mark）

品牌标志指品牌中可以通过视觉辨别，能用语言描述，但不能用语言直接称呼的部分，如品牌的符号、图像、图案、色彩等。如家电品牌“海尔”的那两个互相拥抱的儿童形象就是其品牌标志。

（三）与品牌相关的概念

课堂思考

品牌等于商标吗?

1. 商标

商标是一种法律用语，是生产经营者在其生产、制造、加工、拣选或者经销的商品或服务上采用的，为了区别商品或服务来源、具有显著特征的标志，一般由文字、图形或者其组合构成。经国家核准注册的商标为“注册商标”，受法律保护。商标注册人享有商标专用权。

2. 名牌

对于名牌最通俗的理解就是知名品牌。“名牌”一词的出现先于品牌概念，它是我国特定环境下的产物。

3. 品牌资产

品牌资产与品牌、品牌名称和标志相联系，能够增加或减少企业所销售产品或服务的价值的一系列资产与负债。它主要包括 5 个方面，即品牌忠诚度、品牌认知度、品牌感知质量、品牌联想、其他专有资产（如商标、专利、渠道关系等），这些资产通过多种方式向消费者和企业提供价值。

（四）品牌的内涵

在营销活动中，品牌并非是符号、标记等的简单组合，而是产品的一个复杂识别系统。其内涵包括六个方面：

1. 属性

属性是指品牌所能够带来的、符合消费者需要的产品特征。比如：“奔驰”代表了高贵、精湛、耐用；“海尔”代表了适用、质量及服务等。属性是消费者判断品牌接受性的第一要素。因此，品牌带来的属性应当能够符合消费者的需要。

2. 利益

消费者购买某一品牌产品，购买的并不是该品牌所提供的属性，而是该产品属性所能转化而来的功能或利益。购买“耐用”这一属性，是因为产品可以使用更长时间；“昂贵”带给消费者的是受人羡慕的情感利益；“技术先进”带来的是超凡的舒适及便利性等。因而，营销人员应当注意，品牌带来的产品属性是否能够提供消费者需要的利益。

3. 价值

品牌提供的价值包括营销价值和顾客价值。营销价值，是通常所说的“品牌效应”，即品牌若在市场上被广泛接受，则可以为企业节省更多的广告促销费用，带来更多的利润；顾客价值，主要指品牌的声誉及形象可满足消费者的情感需求。

4. 文化

品牌中所蕴含的文化是使品牌得到市场高度认可的深层次因素。市场对品牌的偏好反映的恰恰是消费者对品牌中所蕴含的文化的认同。每个品牌都会从产品中提炼自己的文化。

5. 个性

品牌个性的塑造是为了使消费者产生一种认同感和归属感。不同的品牌有着不同的个性。如“可口可乐”追求尽情享乐的个性，就迎合了许多青年消费者追求自由和快乐的需要；“奔驰”车则追求的是雍容华贵、沉稳的个性。

6. 使用者

上述五个品牌层次的综合已经基本界定或暗示了购买使用该品牌产品的消费者类型。比如，“奔驰”的使用者大多是事业成功人士。使用者对品牌的选用，也反过来恰恰反映出消费者对品牌文化、价值和个性的认同。

二、品牌名称选择

一个好的名称能大大提高产品成功的概率。然而，为产品找到最优的品牌名称却不是一件容易的事情，而是一项艰难的工作。一个好的品牌名称应该具备以下条件：

（1）它应该使人联想到产品的某些利益和质量。例如海飞丝、飘柔。

（2）它应该易读、易认和易记，因此品牌名称不宜过长，要简短。原则上，品牌命名多以2~4个字为宜，多于5个字以上就不易于记忆，印象模糊。例如，凌志、力士。

（3）品牌名称应该是独特的。例如，柯达、松下等。

（4）品牌名称的符号应与产品所属类别的形象相匹配。一个男士用品的女性形象在中国和日本都会导致负面印象。

（5）品牌的名称应该是能扩展的。例如，亚马逊是作为一个在线图书商起家的，但选择了一个可以在日后扩展到其他领域的名称。

（6）品牌名称应该很容易并且较好地翻译成其他语言。Coca-Cola的中文名不但听起来像它的英文名，而且反映了它的定位——可口而且快乐。

（7）品牌名称应具有视觉吸引力，因为消费者常常会根据语言信息想象视觉感受。因此，它必须有一个简单的、易记的标识语。例如奔驰、宝马等。

（8）品牌名称必须适应各国家、地区和民族的宗教信仰和风俗习惯。因此，要选择幸运名称、颜色和号码。例如，沃尔沃的164和264型号在中国不受欢迎，因为数字4同死亡的“死”谐音。

（9）品牌名称应该能够注册和获得法律保护。为确保品牌不被竞争者模仿和盗取，通过品牌名称设计保护品牌十分必要。从法律角度看，选择可在国际范围内被保护的品牌名称、向适当的法律机构正式注册以及积极防止商标遭受其他未被授权的竞争者侵占是非常重要的，也是品牌命名中需要引起注意的问题。

【小案例6-7】

Lux的含义

英国联合利华公司的力士（Lux）是当今世界最有名的香皂品牌。力士品牌今天之所以在全球风行，除了它大量利用影星做广告树立国际形象外，该品牌名称典雅高贵的优美含义也为它的发展起了很大的推动作用，可以这么说，初期的力士能成功完全依赖其杰出的命名创意。

联合利华公司19世纪末向市场推出了一种新型香皂，一年中先后采用过猴牌（Monkey）与阳光牌（Sunlight）作为品牌名称。前者与香皂没有任何联系，显得不伦不类，且有不洁的联想；后者虽有所改进，但仍落俗套。第一年里，香皂的市场销路一直不好。1900年，公司在利物浦的一位专利代理人建议了一个令人耳目一新的品牌名称——Lux，立即得到公司董事会的同意。名称更换之后，产品销量大增，并很快风靡世界，时间不长就成为驰名世界的品牌。它几乎能满足优秀品牌的所有优点。首先，它只有三个字母，易读易记，简洁明了，在所有国家语言中发音一致，易于在全世界传播。其次，它来自古典语言luxe，具有典雅高贵的涵义。它在拉丁语中是“阳光”之意，用作香皂品牌，令人联想到明媚的阳光和健康的皮肤，甚至可以使人联想到夏日海滨度假的浪漫情调。另外，它的读音和拼写令人潜意识地联想到另外两个英文单词Luckys（幸运）和Luxury（精美华贵）。无论作何种解释，这个品牌名称对产品的优良品质都起到了很好的宣传作用，它本身就是一句绝妙的广告词。

三、品牌决策

品牌决策流程如图6－4所示，依次为品牌化决策、品牌所有权决策、品牌名称决策、品牌扩展决策和品牌再定位决策。

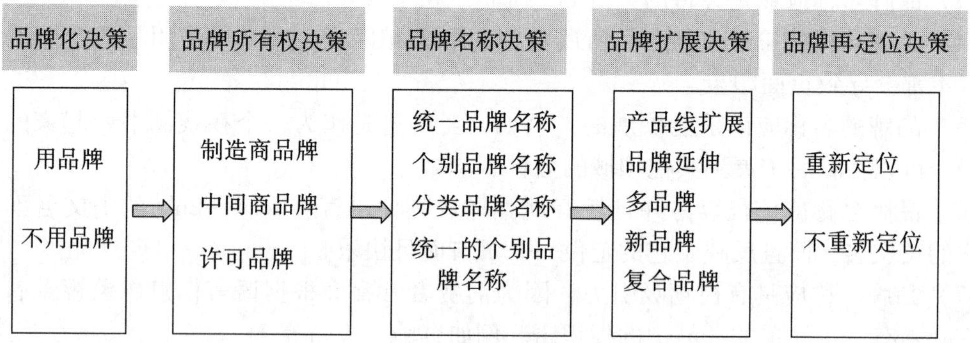

图6－4　品牌决策流程

（一）品牌化决策

品牌化决策是指企业对其生产和经营的产品是否采用品牌的决策。具体来看，有使用和不使用品牌两种情况，或称品牌化和非品牌化两种决策形式。

品牌化是企业为其产品确定采用品牌，并规定品牌名称、标志以及向有关机关部门申请注册登记的所有业务活动。品牌化是品牌化决策的主要决策形式。当今世界，绝大多数的商品都有自己的品牌。品牌化已成为成功企业不可缺少的一项重要活动，是集中企业资源及所有职能以实现最终目标——创造差异的一个重要环节。

（二）品牌所有权决策

1. 使用制造商/服务商品牌

制造商品牌是由制造商对其产品自行命名的品牌，如海尔、长虹、娃哈哈等。目前大部分制造商都拥有自己的品牌，我国知名品牌中大多数都是制造商品牌。使用制造商品牌，可以为自己树立形象，建立长期的影响力，有利于企业的发展以及新产品的推广。

2. 使用中间商品牌

中间商品牌又称商店品牌或分销商品牌，就是批发商或零售商开发并使用的自有品牌，比如沃尔玛、西尔斯、吉之岛（JUSCO）等。

一般地，制造商若市场信誉高，实力强，产品市场占有率高，宜采用制造商品牌；相反，制造商若资金拮据，市场营销力量薄弱，应以中间商品牌为主或干脆全部使用中间商品牌；若中间商在某个目标市场拥有较高品牌忠诚度及完善的销售网络时，即使制造商有强大的品牌自营能力，也应当考虑采用中间商品牌。这是企业进军国际市场实践中常用的品牌策略。

3. 使用许可品牌

许可品牌指通过付费形式，使（租）用其他人（企业）许可使用的品牌作为自己产品的品牌。供特许使用的品牌常常见于由其他制造商创建的名称符号、知名人士的姓名、流行影片及书籍中的人物等。“迪士尼”就是一个著名的特许品牌。它通过特许经营发展起玩偶消费者市场。这些消费品囊括了领衫、手表、书包、玩具、台灯、钥匙扣、蛋糕、冰激淋等领域，每年营销额超过10亿美元，利润超过1亿美元。

制造商的产品可以使用一个许可品牌名称，或者在使用许可品牌的同时，也使用制造商自己的品牌名称，以便在产品被广泛接受时改用自己的品牌。事实上，世界很多著名的品牌都是采用既使用许可使用品牌又使用制造商自己的品牌发展起来的。

（三）品牌名称决策

1. 统一品牌名称

统一品牌又称家族品牌，指企业为自己所有的产品建立一个统一的品牌名称，即多种不同门类的产品共用一个品牌。日本索尼公司就是成功使用统一品牌决策的企业，索尼的各种产品都打上SONY的商标，对外传播都围绕SONY这个品牌进行。

统一品牌决策，多见为“品牌名 = 企业名”的操作方式。美国通用电气公司，对其产品就只采用一个品牌“CE”。运用这种方法，不仅可以降低营销费用，还会带来多种好处。但是，使用统一品牌，必须保证各种产品在质量、产品形象等方面都基本一致，没有太大的差异和区别，以免相互混淆，影响品牌形象。比如一家食品企业，在同一品牌下既生产猫粮、狗粮，又生产食品糖果，就不利于品牌形象的统一，甚至产生负面影响。

统一品牌名称决策的优点是：大批产品采用同一品牌，既显示企业实力，又可以提高企业声誉；企业可以通过各种促销手段，集中力量突出一个品牌形象，节省大量的广告、公共关系等品牌建设成本，利用一个大品牌的知名度、信赖感、安全感和高威望带动品牌下其他产品的销售；统一品牌下的各种产品，可以互相获得支持，有利于市场推广。

该决策的缺点是：一个品牌旗下产品太多，会模糊品牌的个性；统一品牌旗下不同的产品各自宣传自己的优势时，要寻找到一种能够兼顾所有产品特点的共性的东西进行整合，难度较大。

2. 个别品牌名称

个别品牌是指企业对各个产品项目（不同产品）分别使用不同的品牌。联合利华模式是个别品牌名称决策的典型。联合利华的每项产品线都设有独立的品牌，如：洗发水就有力士和夏士莲，各自有特定的品牌诉求，针对不同的细分市场；洗衣粉有奥妙；冰激凌使用和路雪的品牌名称；红茶使用的品牌是立顿。个别品牌名称决策适用于产品或行业的特性要求品牌采用有个性的形象来帮助抢占市场、各个品牌面对的细分市场具有规模性或者是该细分市场有足以支撑品牌生存和发展的利润。

个别品牌名称决策的优点是：占据更多的商场货架面积，增加了企业产品被消费者选中的概率；给低品牌忠诚者提供更多的选择；个别品牌可以起到隔离作用，降低企业风险；鼓励内部合理竞争、提高士气；可以为每一种产品找到最合适的、有针对性的品牌名称。

该决策的缺点是：增加了品牌设计、制作、宣传推广及其他营销费用，营销成本增加；不利于统一的企业形象的建立；对企业品牌经营管理能力要求较高。

3. 分类品牌名称

分类品牌是指在产品组合中对产品项目按一定的标准分类，各类别使用不同的品牌。比如美国大型零售商西尔斯公司，它的家电、妇女服饰、家居用品就分别使用了不同的品牌。

分类品牌名称决策的优点在于：众多的产品分担品牌建设成本，有利于做大品牌；品牌内各产品消费者群需求相近，利于整合传播品牌的核心价值；各产品知名度能为所有产品共享，推动品牌成长和促进品牌麾下其他产品销售，降低营销费用。

该决策的缺点是：分类品牌决策会模糊品牌核心价值，对进行品牌延伸有限制；品牌内若存在某种强势品牌产品，将不利于其他产品的销售。

4. 统一的个别品牌名称

统一的个别品牌（又称公司名称加个品牌名称）是指把公司的商号名称和单个产品名称组合起来。其做法是对企业的各种不同的产品分别使用不同的品牌，但在各产品的品牌前面加上企业名称。统一的个别品牌名称决策适用于企业的规模比较大、产品涉及的领域比较广的情况。

统一的个别品牌名称决策的优点是：使新老产品统一化，共享企业已有的声誉，利于销售；企业统一品牌后跟上个别品牌，使产品更富于个性化；公司名称使品牌利用公司名称提供品质、技术、信誉上的信任感；分散品牌风险，当某个品牌发生危机时，对公司其他品牌的影响明显低于统一品牌名称。这种名称决策兼备统一品牌和个别品牌的优点，在品牌名称策略中经常使用。

该决策的缺点是：协调个别品牌核心价值与公司品牌核心价值需要较高的专业性思考和高超的管理智慧，对企业品牌经营者的管理及决策水平要求较高。

（四）品牌扩展决策

当企业决定品牌扩展时，有以下几种方案可供选择：

1. 产品线扩展

产品线扩展是在现有的品牌下增加新规格、新品种等以扩大产品目录。如新的口味、形式、颜色、成分、包装、规格等。产品线扩展可以是创新、仿制或填补空缺等。

2. 品牌延伸

品牌延伸是企业对新投放的产品沿用过去的品牌。这种战略的优点是使新产品较快地打入市场，消费者容易接受，并节约新产品的推广费用。但其弊端也不少，若原有品牌名称不适合新产品，将会引起消费者的误解以及对品牌核心价值产生稀释作用。如“三九胃泰”具有较高的知名度和美誉度，后延伸出“三九啤酒”以失败告终。

3. 多品牌

多品牌指企业在相同的产品目录中引进多个品牌。使用多品牌战略不但可以为不同质量的产品确定不同的品牌，还可以为不同类型的顾客和细分市场确立不同的品牌，具有较强的营销针对性。

4. 新品牌

当企业推出新产品时，发现原有的品牌名称不太适合新产品，甚至有可能损害原有的品牌形象，为新产品的推广带来一定的困难，这时就要专门为新产品设计新的品牌名称。

5. 复合品牌

复合品牌指对同种产品赋予两个或两个以上的品牌，也即一种产品同时使用两个或两个以上的品牌。

（五）品牌再定位决策

每经过一段时间之后，企业就有必要重新审视公司品牌的运作情况是否符合目标市场的要求，是否需要对品牌进行重新定位。品牌再定位策略又称品牌重新定位策略。

1. 对品牌重新定位的判断

企业一般从以下情况来判断品牌是否需要重新定位：

（1）竞争者推出了新品牌，且定位于本企业品牌的附近，导致企业品牌的市场占有率下降；

（2）因新产品问世，消费者的品牌偏好发生变化，企业品牌的市场需求下降；

（3）经济环境变化，消费者对产品的要求发生变化，该品牌市场缩小等。

总之，当宏观或微观环境发生变化，且这种变化与企业品牌相关时，品牌经营者就应当及时考虑是否要对原有品牌定位进行变更。

品牌重新定位并不意味着品牌的更新，也不意味着品牌经营者要完全放弃现有品牌的定位，而是要通过解决一些实际问题，获得品牌的稳定和继续发展。

2. 品牌再定位的步骤

企业再定位时，不能盲目地进行，必须按照一定的程序及步骤来操作。一般来说，品牌再定位的基本步骤如图 6－5 所示。

任务实施

1. “海尔”品牌名称与标志的发展历程

海尔集团的前身是1984年由两家濒临倒闭的小厂合并成立的青岛电冰箱总厂，当时张瑞敏出任厂长。1985年该厂引进德国利勃海尔公司的先进技术和设备，生产出亚洲第一代“四星级”电冰箱。为体现双方合作，产品商标定名为“琴岛—利勃海尔”，当时从冰箱装饰考虑，设计了象征中德儿童的吉祥物“海尔图形”（海尔兄弟），“琴岛—利勃海尔”和“海尔兄弟图形”成为企业第一代识别标志。这些识别标志经广告广泛宣传，使海尔商标初步深入人心，为企业发展起到了积极作用。到20世纪80年代末90年代初，“琴岛—利勃海

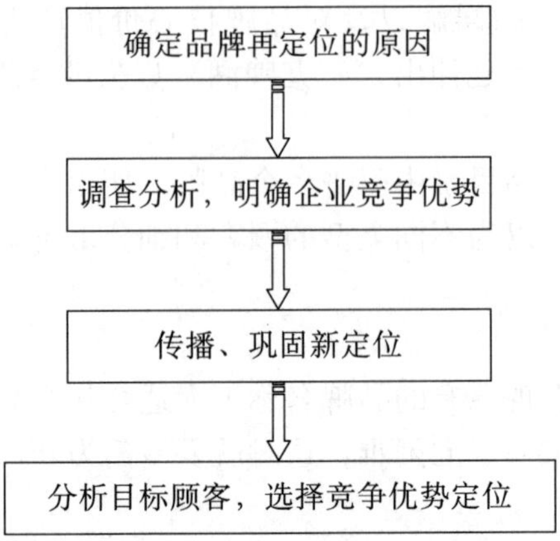

图 6－5　品牌再定位的步骤

尔”冰箱在中国已是家喻户晓，成为优质产品的代名词。

随着产品的畅销，出口量的不断增加，使用“琴岛—利勃海尔”商标这一识别标志的弊端开始显现：企业标志与合作方近似，不利拓展国际市场；商标“琴岛—利勃海尔”与企业名称“青岛电冰箱总厂”不统一，不利于识别等。

1991 年，该商标被认定为驰名商标。青岛电冰箱总厂的名称经过几次变更后，更名为青岛琴岛海尔集团公司，并推出了以“大海上冉冉升起的太阳”为设计理念的新商标，该商标由“琴岛海尔”中英文文字和“海尔图形”组成。1993 年 5 月，青岛琴岛海尔集团公司在深入调查研究的基础上，将企业名称变更为海尔集团公司，其商标由中文“海尔”、英文“Haier”和“海尔图形”组成，集商标标志、企业字号于一体，传递信息更加简洁、稳重、大气和更具国际化。

为推广“Haier”这一新的识别标志，海尔集团以使用中文“海尔”、海尔吉祥物图和“Haier 海尔”组合设计为辅助推广手段，着手建立长期稳定的视觉符号形象，为企业国际化奠定了形象基础。

2005 年，海尔集团又推出了海尔新的文字标志，由汉字海尔与海尔的汉语拼音组成，与原来的标志相比，新的标志延续了海尔 20 年发展形成的品牌文化；同时，新的设计更加强调了时代感。拼音每笔的笔画比以前更简洁，共 9 划，“a”减少了一个弯，表示海尔人认准目标不回头；“r”减少了一个分支，表示海尔人向上、向前决心不动摇。海尔启用的新标志，喻意着海尔又站在了一个新起点上，这个新起点就是战胜自我，打破平衡，重新开始，争取更大的发展。

2013 年，海尔在创新全球论坛上正式发布了步入网络化战略阶段之后品牌的新形象，公布了全新的企业 Logo 和 Slogan，其中新口号是“你的生活智慧，我的智慧生活”。在新的战略阶段，海尔向着提供专业服务及解决方案的科技形象转变，新的品牌主色彩随之转变为蓝色，以体现科技创新与智慧洞察的视觉感受。

2. “海尔”的品牌内涵

（1）属性。

海尔品牌的属性集中表现在“真诚到永远”的广告词中。它代表了海尔品牌一切以客户为中心，坚持高质量的产品、全方位服务的一贯形象。“海尔”表现出的质量可靠、服务上乘，“一流的产品，完善的服务”奠定了海尔中国家电第一品牌的成功基础。

（2）利益。

“海尔冷柜，创造品味!”“海尔冰箱，为您着想!”给消费者带来的是情感利益，“服务好、信誉好”是功能性利益。

（3）价值。

海尔代表着服务好、品质好，口碑佳。高标准、精细化、零缺陷是“海尔”体现的服务价值。

（4）文化。

海尔公司著名的6S大脚印文化，代表着重质量、促进步的公司文化；而海尔的核心文化则是创新，求变创新是海尔始终不变的企业语言。

（5）个性。

一提到“海尔”就会想到其广告词“真诚到永远”和其品牌标记，海尔会让人联想到两个永远快乐的小伙伴，一样充满朝气和拥有无限美好的未来。

（6）使用者。

海尔的用户群主要是追求高品质生活的家庭用户和企业用户。

3. 海尔品牌定位与决策

从建厂的1984年至1991年，海尔用了长达7年的时间，专心致志地只做冰箱这一个产品。以海尔当时的声誉，扩大规模生产再多的产品也有市场，但是海尔的原则是，不具备扩产的质量保证体系，宁愿限产也要保证质量。为了塑造品牌，眼前利益要让位于长远利益。所以，7年间海尔只做到了30万台的规模，但是把海尔做成了中国的第一冰箱名牌。

在确立了海尔在家电产品中的名牌地位后，海尔开始创新。1992年以后，海尔筹建了当时国内规模最大的家电工业园，将产品种类扩大为电冰柜、洗衣机、空调器、小家电等九类产品，并向制药等领域拓展。这么庞大的产品家族，没有完整、系统的品牌定位战略，将会导致市场的混乱，不利于品牌的成长。

为此，海尔进行了精心的规划，首先将集团品牌划分为三个层次：企业品牌（产品总商标）、行销品牌（产品行销商标）、产品品牌（产品类别名称）。从塑造家电品牌的长远考虑，各类别家电产品要统一使用“Haier海尔”总商标，即上述的产品总商标。结合各产品的特点，确定产品主题词，以这一主题词为重心，根据品种、型号扩充演绎出一系列行销商标，即产品品牌和行销品牌。例如，冰箱的“王子”系列就分为“小王子”“小小王子”“大王子”“双王子”“冰王子”“雪王子”；在洗衣机产品中使用“神童”系列商标等，与总商标同时在产品上使用，最大限度地发挥了“Haier海尔”总商标的名牌效应，降低了品牌扩张的传播成本，同时也避免了品牌连带风险。

在激烈的市场竞争中，任何一种新商标的宣传推广都是既艰巨又投入巨大的工作。在广告策划中，以在市场中得到认可的“海尔”商标统领所有产品，在连贯、一致的品牌形象下展示产品的独特个性，不但会大大降低传播成本，而且对集团总商标的商誉也是不断地积累。经过多年的市场传播，海尔建立起了国际化大集团的企业形象。

4. 海尔的四个品牌信仰

（1）创新。海尔秉承锐意进取的海尔文化，不拘泥于现有的家电行业的产品与服务形式，在工作中不断求新求变，积极拓展业务新领域，开辟现代生活解决方案的新思路、新技术、新产品、新服务，引领现代生活方式的新潮流，以创新独到的方式全面优化生活和环境质量。

（2）可持续发展。海尔将秉持一贯的社会责任意识，在创意、制造、服务、物流、回收等环节坚持践行绿色理念，积极引领消费者、合作伙伴乃至各行各业共同承担对环境的保护与关爱，为社会长久发展奠定良好基础。

（3）客户至上。海尔深刻洞察人们对现代生活的需求——优质生活和优质生活环境。所有的海尔人和海尔的合作伙伴都以真诚的态度，在研发、采购、生产、物流、服务等每一个细节中倾心而为，发挥全部潜力和创造力，尽力满足客户的需求，实现以客户为中心的创新。

（4）缜密的解决方案。海尔不仅充分理解消费者的生活需要，而且深入考虑对环境的综合影响。海尔积极拓展与家居生活相关的业务领域，对各产品、服务、居家环境、网络等进行全面整合，为消费者量身定制系统化的现代生活解决方案，创造更丰富的生活体验和更优质的生活环境。

（资料来源：根据中国品牌网 http：//www.chinapp.com/gushi/37181/“海尔品牌故事”等改编）

实战演练

1. 背景资料：请同学们登录美的集团的官网，了解其产品策略。

2. 训练目标：学会分析产品策略。

3. 训练内容：分析美的集团的产品组合及其品牌和包装策略。

4. 训练步骤：以项目小组为单位进行训练，步骤如下：

（1）由模拟公司负责人分配每个成员需要搜集的资料，包括美的集团的产品组合、某个产品生命周期所处的阶段（产品由模拟公司自己确定）、美的的品牌和包装策略。

（2）以个人为单位收集产品信息，要求尽量完整。

（3）模拟公司就各成员收集到的信息进行讨论。

（4）每个小组选派一位代表在全班汇报。

5. 实训成果：每个小组完成一份 PPT 形式的美的集团产品策略分析报告。

6. 成果考核：根据各模拟公司汇报的情况，先由模拟公司之间相互提问，进行辩论，最后由教师进行点评，以团队为单位进行考核。

7 项目七 制定价格策略

知识目标

1. 熟悉影响企业定价的因素；
2. 掌握定价的基本方法；
3. 掌握企业可供选择的几种定价策略；
4. 理解企业的价格调整策略与企业面对竞争者调价时的应对措施。

能力目标

1. 能够分析影响产品定价的各种因素；
2. 会运用定价方法和定价策略。

学习任务 1 掌握影响定价的主要因素

任务抛锚

新疆 A 乳品企业由于产品单一，无品牌影响力，其主推的纯牛奶上市之初，采取的是 243 毫升/袋，百利包装形式，产品规格为 20 袋/箱，产品供货价为 19 元/件，终端零售价为 20 元/件，产品销售量每日不足 12 吨，企业处于无利甚至亏损状态。

新上任的总经理急于改变这种状况，因而对产品品种进行了调整，每袋容量改为 200 毫升/袋，规格为 24 袋/箱。然而在制定产品供货价时遇到了难题，由于各方面意见不一致，有些主张仍采取原先每箱 19 元的价格，有些主张价格定在 24 元，有些则主张价格定在 20 ~

21元，还有的则主张定在22元。为此，总经理陷于矛盾之中。公司当时面临生存的问题和急需增加销售量的问题，因而总经理一直犹豫不决，该公司在确定价格时应该考虑哪些影响定价的因素呢？

（资料来源：根据百度文库“给产品一个合适的价格”改编）

任务解析

价格是企业营销组合中的一个重要因素。价格的高低往往直接影响着产品在市场中的地位和形象，影响着顾客对产品的接受程度，影响着产品的销路。合理的价格对顾客的心理会产生良好的刺激作用，本身就具有促销的功能。价格的高低还制约着销售渠道的选择，只有与企业促销及销售渠道策略协调一致的价格，才能起到加强营销整体效果的作用。

知识储备

当企业开发完成一个产品，在确定品牌、包装、规格后，如何给产品制定一个合适的价格，成为企业的一个重要工作。这是因为产品的价格不仅是企业销量与利润的来源，也是关系到一个产品能否生存（成功）的关键。那么如何给一个产品定一个合适的价格呢？制定产品价格首先要考虑的是影响定价的因素。影响定价的因素有内部因素和外部因素。内部因素包括：营销目标、营销组合、成本、组织因素；外部因素包括：市场因素、竞争者因素、政策法规因素以及其他环境因素等。在制定价格时，这些因素都要通盘考虑。

一、影响定价的内部因素

（一）营销目标

在定价之前，企业必须进行产品策略决策。如果公司已经谨慎地定位产品，选择好了目标市场，那么制定包括价格在内的营销组合策略，便是一件相当容易的事情了。例如，本田汽车与丰田汽车分别决定开发讴歌（Acura）和凌志品牌，若要与欧洲的豪华车系在高收入的细分市场一决高下的时候，它们就要定高价；相反，若定位给精打细算的旅行者，就要定低价。因此，市场定位在很大程度决定了定价策略。

公司常见的目标有生存、当期利润最大化、市场份额领先和产品质量领先等。如果公司受到产品过剩、竞争过度或消费者需求变化的困扰时，那么生存可能就是公司的目标。为了维持生存，公司可能会定低价以刺激需求。但是从长远考虑，公司必须要学会如何为消费者增加价值，否则公司将濒临破产。许多公司把当期利润最大化作为它们的定价目标，它们估算出不同价格水平的需求，然后选择能使当期利润、现金流或投资回报最大化的价格。有些公司想获得市场份额领先的地位，就尽可能地定低价。公司也可能决定获取产品质量领先的地位，这些公司一般收取高价，以体现产品高性能的价值，弥补研发产品的巨额成本。

公司也可以利用定价达到其他具体的目标。公司可能定低价，阻止竞争者进入市场；或者和竞争者保持相同的价格水平，稳定市场。公司也可能借助定价保持顾客的忠诚度，获取经销商的支持或者规避政府干涉；公司可能短期内降低价格，来吸引更多的顾客；某种产品的定价可能是为了刺激其他产品的销售。因此，定价在帮助公司达到各个层次目标时起到了重大的作用。

（二）营销组合

价格只是公司用来实现营销目标的营销组合工具中的一种。价格决策必须和产品设计、分销和促销等策略协调，共同形成高效的营销计划。例如，如果公司希望建立强大的零售网络来促销产品，就可能在价格上给零售商更大的利润空间；如果公司把产品定位在高质量、高性能上，那么就必须收取高价以弥补高额的成本。公司常常根据价格为产品定位，然后调整其他营销组合策略，以达到公司的价格目标。

【小案例 7－1】

斯沃琪手表

斯沃琪（Swatch）公司经过详尽的市场调研发现，有一个手表细分市场被忽略了，这个细分市场的消费者想要的是“一个计时精确、廉价时尚的装饰品”。斯沃琪决定进入这个细分市场，低价推出消费者心仪的手表，因此，斯沃琪对成本实行了严格的管理。为了降低成本，斯沃琪设计了一种简单时尚的手表，这种手表的组成零件少，科技含量高，价格低廉。斯沃琪开发了新型自动化生产线，批量生产这种手表，严格控制制造成本。斯沃琪开创了时尚和实用相结合的手表先河，消费者很乐意购买这种手表，斯沃琪的开局大功告成。随着消费者对斯沃琪手表价值的认可，公司逐步推出高价的产品系列。

有些公司不强调使用价格因素定位，而使用其他市场营销组合策略形成一种非价格定位。在这种情况下，最好的策略是制定较高的价格，提供差异化的产品和服务。

因此，市场营销人员在定价的时候，必须考虑市场营销组合的整体策略。如果产品是以非价格因素定位，那么质量、分销和促销的决策将对价格产生重大的影响；如果价格是关键的定位因素，那么价格将对其他营销组合要素决策产生重大的影响。

（三）成本

成本是公司制定价格的底线。公司希望所制定的价格能够补偿生产、分销、促销的全部成本，并能带来适当的利润，以回报公司所做出的努力和承担的风险。成本可能是公司制定价格时的一个重要因素。公司降低成本就能降低价格，就会有更多的销售和更大的利润。

（四）组织因素

小企业的定价权经常掌握在高层管理部门，而不是营销或者销售部门；而大企业的产品价格一般由部门或产品系列经理制定，其他影响定价的人员包括销售经理、生产经理、财务经理和会计师。

二、影响定价的外部因素

（一）市场因素

成本决定价格的下限，市场和需求决定了价格的上限。消费者和产业购买者都要在产品价格和产品能带来的利益之间进行比较。因此，制定价格之前，市场营销人员必须懂得价格和产品需求之间的关系。

1. 消费者价格和价值感知

消费者的心理是影响企业定价的一个重要因素。无论哪种消费者，在消费过程中，必然会产生复杂的心理活动来指导自己的消费行为。消费者会衡量产品的价格是否合适。公司制定价格时，必须考虑消费者对价格的看法以及这些看法对消费者购买的影响。有效的顾客导向定价策略，能够反映消费者所获得的利益的价值，并使价格与价值一致。

【小案例7-2】

印度画家的计谋

在比利时的一间画廊里，一位美国画商正和一位印度画家在讨价还价，争辩得很激烈。其实，印度画家的每幅画底价仅在10~100美元之间。但当印度画家看出美国画商购画心切时，对其所看中的3幅画单价非要250美元不可。美国画商对印度画家"敲竹杠"的宰客行为很不满意，吹胡子瞪眼睛地要求降价成交。印度画家也毫不示弱，竟将其中的一幅画用火柴点燃，烧掉了。美国画商亲眼看着自己喜爱的画被焚烧，很是惋惜，随即又问剩下的2幅画卖多少钱。印度画家仍然坚持每幅画要卖250元。从对方的表情中，印度画家看出美国画商还不愿意接受这个价格。这时，印度画家气愤地点燃了火柴，竟然又烧了另一幅画。至此，酷爱收藏字画的美国画商再也沉不住气了，态度和蔼多了，乞求说："请不要再烧最后这幅画了，我愿意出高价买下。"最后，这幅画竟以800美元的价格成交。

课堂思考

印度画家为什么要把自己花费心血完成的画烧掉？

2. 价格和需求的关系

在大多数情况下，市场需求与价格呈反向关系，即价格升高，市场需求降低；价格降低，市场需求增加。但在某些情况下，由于受消费者心理的影响，会出现完全相反的反应。例如香水公司发现，提高香水价格常使香水销量增加，因为顾客根据价格高低判断香水档次的高低。

3. 需求价格弹性

当商品的市场需求大于供给时，价格应高一些；当商品的市场需求小于供给时，价格应低一些。反过来，价格变动影响市场需求总量，从而影响销售量。因此，企业制定价格就必须了解价格变动对市场需求的影响程度，即需求对价格变化的敏感程度。反映这种影响程度的一个指标就是商品的价格需求弹性系数。

所谓价格需求弹性系数，是指由于价格的相对变动，而引起的需求相对变动的程度。通常可用下式表示：

需求弹性系数 = 需求量变动百分比 ÷ 价格变动百分比

如果需求是有弹性的，而不是无弹性的，销售者就会考虑降低价格，低价格能够增加销售额。

（二）竞争者因素

企业定价时也要认真分析和充分考虑主要竞争对手的价格策略，以竞争对手的产品品质特征和价格为自己的参照标准。如果自己的产品与竞争对手的产品相似，所定价格也应该相似；如果自己的产品比竞争对手的产品质量差些，则价格可以略低；如果自己的产品比竞争对手的产品质量高些，则价格可以高一些。同时，还要用动态的观点随时关注竞争对手的价格调整措施，以便及时做出反应。

（三）政策法规因素

政府为了维护经济秩序，或为了其他目的，可能通过立法或者其他途径对企业的价格策略进行干预。政府的干预包括规定毛利率，规定最高、最低限价，限制价格的浮动幅度或者规定价格变动的审批手续，实行价格补贴等。因此，企业制定价格时还必须考虑是否符合政府有关部门的政策和法令的规定。

（四）其他环境因素

除以上因素外，还有其他许多因素也会影响企业价格的制定，如企业或产品的形象因素。有时企业根据企业理念和企业形象设计的要求，需要对产品价格做出限制。例如，企业为了树立热心公益事业的形象，会将某些有关公益事业的产品价格定得较低；为了形成高贵的企业形象，将某些产品价格定得较高等。

任务实施

新疆 A 公司为了制定既能为企业赢得最大利润，又能为消费者接受的价格，在进行定价决策时，分析了以下影响价格的因素：

1. 分析影响公司产品定价的内部因素

（1）公司基本情况与营销目标。

①从公司所处的市场环境来看，牛奶产品正处于销售势头的上升期，销售量会大幅提升。

②公司的乳业处于市场发展初期，尚无品牌优势，而且纯奶产品的市场地位属于跟随者地位。

③公司的母公司规模较大，财务状况良好，并拥有几个千头牛场，奶源质量高，奶源的优势产品质量好。但公司对产品价格的定位是白金品质、白银价格，定价目标是追求市场份额。

（2）公司营销组合。

公司对奶业发展充满信心，公司的目标是让全疆人民喝上一杯放心奶，计划后期会对于乳业在推广、品牌、宣传上进行大的投入，因而产品定价需要让出此部分空间的利润。

2. 分析影响公司产品定价的外部因素

（1）需求价格弹性。

纯牛奶产品在当地是一个价格需求弹性大的产品，产品价格对产品销售量起很大作用，特别是该地区消费者尚无品牌消费概念，消费者对牛奶知识认识较少。对尚无建立品牌知名度的 A 企业而言，价格需求弹性表现得更为明显。

（2）竞争者价格和产品。

乳制品行业作为一个朝阳行业，液态奶产品处于一个高速发展阶段，市场容量较大，行业兴盛。从网上查看全国各地区牛奶产品的价位，“百利包”包装的牛奶销售单袋价格均在 1 元，而整箱由于包装规格不同，产品价格有所不同，但折合每袋价格仍在 0.9～1 元之间。

通过对整个市场竞争产品进行分析，发现纯牛奶产品的规格、包装趋于一致，同一规格产品的售价基本一致，供货价也基本一致。但因有些公司采取折扣和赠品的促销差别较大，价格低的折算下来只有 18 元/件，而价格高的在 22 元/件，而且 22 元/件是市场主流。

（3）消费者价格和价值感知。

通过对消费者调查发现：消费者普遍认为 A 公司产品的口味非常好，比该区域市场的第一品牌口味都要好，很受消费者欢迎，但终端铺货量较少，价格对消费者影响尚不大。

根据对各种因素的综合考虑，公司采取竞争导向定价法的随行就市定价法，将该产品的价格定位在中档价位，价格定在 22 元/件，建议零售价 23～24 元/件。考虑市场后期发展的不可预见性，建议公司在产品推广中每件预提 2 元用于产品的推广和促销。

此方案得到公司总经理的认可，并执行该价格定位，最终结果是企业产品顺利上市，并取得了良好的销售业绩。

（资料来源：根据百度文库“给产品一个合适的价格”改编）

学习任务 2
选择定价方法

任务抛锚

家乐福（Carrefour）成立于 1959 年，是大卖场业态的首创者，是欧洲第一大零售商、世界第二大国际化零售连锁集团，现拥有 11000 多家营运零售单位，业务范围遍及世界 30 个国家和地区。集团以三种主要经营业态引领市场——大型超市、超市以及折扣店。此外，家乐福还在一些国家发展了便利店和会员制量贩店。2018 年 7 月 19 日，《财富》世界 500 强排行榜发布，家乐福位列第 68 位。2019 年 6 月 23 日，家乐福中国 80% 的股份被苏宁易购以 48 亿元收购。家乐福的成功在很大程度上归功于其科学的定价方法。家乐福采取的定价方法有哪些？

任务解析

在市场营销中，技术、质量、服务等方面固然是企业竞争的重要因素，价格同样是不可忽视的参与竞争的有效手段。公司定价太低会损害公司的盈利能力，定价太高则会被消费者拒绝购买，无法产生有效的需求。产品成本设定了最低价格，消费者对产品的看法设定了最高价格。公司必须考虑竞争者的价格和其他内部、外部因素，在最高和最低价格之间制定合理的价格。一般来说，可供公司选择的定价方法主要有三大类：成本导向定价法、需求导向定价法和竞争导向定价法。

知识储备

一、成本导向定价法

基于成本的定价方法，就是企业以成本费用为基础来制定价格，主要包括成本加成定价法和目标利润定价法两种具体方式。

（一）成本加成定价法

成本加成定价法即根据单位成本与一定的加成率来确定产品的单位价格，具体有以下两种方式：

1. 以成本为基础的加成

即企业在产品的单位总成本（包括单位变动成本和平均分摊的固定成本）上加一定比例的利润（即加成）来制定产品的单位销售价格。

该方法的计算公式是：

单位产品价格 = 单位成本 ×（1 + 成本加成率）

2. 以售价为基础的加成

有的企业（如零售商）往往以销售额中的预计利润率为加成率来定价。如假设某零售商的单位进货成本为 1600 元，该企业想要在销售额中有 20% 的利润，其加成价格的计算如下：

单位产品价格 = 单位成本 ÷（1 − 销售额中的预计利润率）= 1600 ÷（1 − 20%）= 2000（元）

成本加成定价法的关键是加成率的确定。在实际中，企业一般是根据某一行业或某种产品已经形成的传统习惯来确定加成率。但不同的商品、不同的行业、不同的市场、不同的时间、不同的地点加成率是不同的，甚至同一行业中不同的企业也会有不同的加成率。一般来说，加成率应与单位产品成本成反比；加成率应和资金周转率成反比；加成率应与需求价格弹性成反比（需求价格弹性不变时加成率也应保持相对稳定）；零售商使用自己品牌的加成率应高于使用制造商品牌的加成率。

（二）目标利润定价法

目标利润定价法也称为目标收益定价法、投资报酬定价法，这是制造企业普遍采用的一种定价方法。该方法的操作过程是企业在单位总成本、预计销售量等指标的基础上，考虑企业的投资所能获得的投资报酬率来制定价格。公式为：

价格 = 单位成本 + 总投资额 × 投资报酬率 ÷ 预计销售量（单位）

成本导向定价法曾一度为多数企业所推崇，因为它简单易行。但是，这种定价导向存在很明显的缺陷。在大多数行业中，要在产品价格确定之前确定产品单位成本是不可能的，这是因为单位成本随产品的销量而变化。从国际来看，除了极少数企业外，大多数企业都废弃了单纯的成本导向定价法，而转变为需求导向定价法和竞争导向定价法，基于竞争和消费者心理的定价策略越来越受到重视。

二、需求导向定价法

根据市场需求强度和消费者对产品的感觉差异来确定价格的方法叫作需求导向定价法，又称市场导向定价法、顾客导向定价法。下面主要介绍认知价值定价法和反向定价法。

【小案例7-3】

"安静的小狗"

"安静的小狗"是一种松软猪皮便鞋的牌子，由美国沃尔弗林环球股份公司生产。当"安静的小狗"问世时，该公司为了了解消费者的心理，采取了一种独特的试销方法：先把100双鞋无偿送给100位顾客试穿8周。8周后，公司派人登门通知顾客收回鞋子，若想留下，每双付5美元。其实，公司老板并非真想收回鞋子，而是想知道5美元一双的猪皮便鞋是否有人愿意购买。结果，绝大多数试穿者把鞋留下了。得到这个消息，沃尔弗林公司便大张旗鼓地开始生产、推销。结果，该公司以每双7.5美元的价格，销售了几万双"安静的小狗"。

（一）认知价值定价法

认知价值定价法是指企业依据消费者对商品价值的理解来制定价格的方法。该定价方法不是依据企业的成本费用水平来定价，而是根据消费者对商品价值的认知来确定价格。企业采用此种方法定价，必须要做到以下两点：一是通过运用各种营销策略和手段，提高消费者对商品的认知价值；二是获得消费者对有关商品价值认知的准确资料。企业如果过高估计消费者的认知价值，其价格就可能过高，难以达到应有的销量；反之，若企业低估了消费者的认知价值，其定价就可能低于应有水平，使企业收入减少。认知价值定价法的关键在于提供并向潜在顾客展示比竞争者更高的价值。

【小案例7-4】

凯特比勒公司的感觉价值定价

凯特比勒公司是生产和销售牵引机的一家公司，它的定价方法十分奇特。一般牵引机的价格在2万美元左右，然而该公司卖2.4万美元，虽然每台高4000美元，但卖得更多！

当顾客上门，询问为何该公司的牵引机要贵4000美元时，该公司的经销人员会给你算以下的账：

20000美元是与竞争者同一型号的机器价格；3000美元是产品更耐用多付的价格；2000美元是产品可靠性更好多付的价格；2000美元是公司服务更佳多付的价格；1000美元是保修期更长多付的价格；28000美元是上述总和的应付的价格；4000美元是折扣；24000美元

是最后价格。

凯特比勒公司的经销人员使目瞪口呆的客户相信，他们如果付24000美元，就能买到一台值28000美元的牵引机，从长远来看，购买这种牵引机的成本比一般牵引机的成本更低。

（二）反向定价法

反向定价法主要不是考虑产品成本，而是重点考虑需求状况，依据消费者能够接受的最终销售价格，反向推算出中间商的批发价和生产企业的出厂价格。反向定价法被分销渠道中的批发商和零售商广泛采用。该方法的特点是：价格能反映市场需求情况，有利于加强与中间商的良好关系，保证中间商的正常利润，使产品迅速向市场渗透，并可根据市场供求情况及竞争状况及时调整，定价比较灵活。

三、竞争导向定价法

竞争导向定价法是指企业通过研究竞争对手的生产条件、服务状况、价格水平等因素，依据自身的竞争实力，参考成本和供求状况来确定商品的价格。其特点是：价格的制定以竞争者的价格为依据，与企业自身商品的成本及市场需求状况不发生直接关系。竞争导向定价法主要包括：

（一）随行就市定价法

随行就市定价法指企业按照行业的现行平均价格水平来定价，利用这样的价格来获得平均报酬。这样定价易于被消费者接受，可以避免激烈竞争特别是价格竞争带来的损失，同时可以保证适度的盈利。另外，由于企业不必去全面了解消费者对不同价差的反应，可为营销人员、定价人员节约很多时间。在以下情况时往往采用此定价方法：①企业难以估算成本；②打算与同行业竞争对手和平共处；③另行定价时很难估计购买者和竞争者对本企业价格的反应；④经营的是同质产品，产品供需基本平衡。

（二）密封投标定价法

这种定价方法适用于产品投标的活动，许多大宗商品、原材料、成套设备和建筑工程项目最终的买卖和承包价格就是通过此方法确定的。其具体操作方法是首先由采购方通过刊登广告或发出函件说明拟采购商品的品种、规格、数量等具体要求，邀请供应商在规定的期限内投标。供应商如果想做这笔生意就要投标，即在规定的期限内填写标单，填明可供应商品的名称、品种、规格、价格、数量、交货日期等，密封送给招标人（采购方）。采购方在规定的日期内开标，选择报价最合理的、最有利的供应商成交并签订采购合同。一般来说，招标方只有一个，处于相对垄断地位，而投标方有多个，处于相互竞争地位，因此，最后的价格是供应商根据对竞争者报价的估计制定的，而不是按照供应商自己的成本费用或市场需求来制定的。

任务实施

家乐福所采用的定价方法主要是成本导向定价法和竞争导向定价法。

1. 家乐福的成本导向定价法

家乐福的商品价格是以成本价加上一个固定的毛利率。其商品的一般毛利率分别为：食品、饮料、日用品类为3%～5%，鲜活类为17%，服装类为30%，玩具类为20%，家具类为20%～30%，家电类为7%，文化用品为20%。这种方法，首先保证了商场的盈利，同时在竞争日趋激烈的市场上，也缓和了与对手的相互对抗。但如单纯地使用这种方法，则不能适应市场需要的变化，很容易被对手在价格上占优，因而它同时也采用了竞争导向定价法。

2. 家乐福的竞争导向定价法

家乐福的竞争导向定价法在前期相对来说用得比较多。开业初期，它采用低价策略成功地打开市场后，下一步便是针对主要对手来制定价格。以家乐福北京店为例，每周三它都要派出大量人员到主要竞争对手——燕莎望京购物中心采价，然后迅速汇总，星期四晚上调整价格，迎接双休日的销售高峰。

在竞争导向定价法中，它主要运用了随行就市法，它以燕莎望京购物中心的价格作为基础，只是稍微进行下调，从而既保证了价格的优势，也不致使收入过分降低。

然而随着万客隆超市的开业，它在价格上就无法与其进行全面竞争了，也正是这样，家乐福趋向以成本导向定价为主，同时把价格的主要竞争放在了食品、饮料、干果类上，这样一方面保证了价格优势，另一方面也突出了超市的经营特色，迎合了当前的超市发展趋势。

学习任务3 选择定价策略

任务抛锚

家乐福的经营理念是以低廉的价格、卓越的顾客服务和舒适的购物环境为广大消费者提供日常生活所需的各类消费品。家乐福对顾客的承诺是在价格、商品种类、质量、服务及便利性等各方面满足消费者的需求。家乐福的成功很大程度上取决于它的价格策略。家乐福采取了哪些定价策略呢？

任务解析

价格对产品的销路及整个企业的利润，都有“看得见”的影响。因而，产品定价既具有高度的科学性，又具有“微妙的”的艺术性。定价策略是市场营销组合中一个十分关键的组成部分。价格通常是影响交易成败的重要因素，同时又是市场营销组合中最难以确定的因素。价格决策受到一系列复杂的环境和竞争因素的影响。企业定价既要考虑成本的补偿，又要考虑消费者对价格的接受能力，因而定价策略具有买卖双方双向决策的特征。此外，价格还是市场营销组合中最灵活的因素，它可以对市场做出灵敏的反映。

企业的定价策略主要有：新产品定价策略、折扣定价策略、心理定价策略、差别定价策略和产品组合定价策略。

知识储备

一、新产品定价策略

企业在向市场上推出新产品时，首先要考虑的便是新产品的定价问题。新产品的定价策略选择得正确与否，将直接关系到新产品能否顺利地打开和占领市场，能否获得较大的经济效益。新产品的定价策略主要有三种：撇脂定价策略、渗透定价策略和满意定价策略。

（一）撇脂定价策略

撇脂定价又称取脂定价、撇油定价，该策略是一种高价格策略，是指在新产品上市初期，将新产品价格定得较高，以便在较短的时间内获取丰厚利润，尽快收回投资，减少投资风险。

一般情况下，撇脂定价策略适用于以下情形：①流行商品、全新产品或换代新产品上市之初；②受专利保护的产品、难以仿制的产品；③新产品与同类产品、替代产品相比具有较大的优势和不可替代的功能；④新产品采取高价策略获得的利润足以补偿因高价造成需求减少所带来的损失。

【小案例7－5】

原子笔的定价

美国人雷诺研制出新型原子笔时，每支造价只有80美分。雷诺在请教有关营销专家做广泛的市场调查和科学的价位论证后，决定以每支12.5美元的售价向市场推出，上市时机选择在圣诞节前夕。由于雷诺笔是新产品，独家生产，价格昂贵，顾客感觉既新鲜又好奇，争相购买。6个月后，最初投资2.6万元的雷诺已经赚回155.86万美元的税后利润。

（二）渗透定价策略

与撇脂定价策略相对立的是渗透定价策略，这是一种低价策略，又称薄利多销策略，指在新产品投入市场时，利用消费者求廉的消费心理，有意将价格定得很低，以吸引顾客，迅速扩大销量，提高市场占有率。这种定价策略适用于新产品没有显著特色、产品存在着规模经济效益、市场竞争激烈、需求价格弹性较大、市场潜力大的产品。

【小案例7－6】

三星微波炉的低价策略

20世纪70年代中期，韩国三星集团公司开始研制生产微波炉。当时全球年产量约220

万台，市场远未饱和，但国际微波炉市场几乎全由日本公司垄断，想与之分庭抗礼，难度相当大，三星公司决心以不可抗拒的低价竞销刺激外国代理商的胃口。三星公司首先盯住了市场潜力最大、竞争相对薄弱的美国市场。当年美国微波炉定价每台为350～400美元，而三星公司不惜亏本以每台290美元的绝对低价向美国大零售商供货。结果三星微波炉初战告捷，很快风靡北美市场。三星公司又进一步改进工艺，千方百计降低成本，逐步将每台造价降低到155美元，远低于美国同行的218美元的成本。时至1988年，三星公司年产微波炉300万台，超过日本对手，产品畅销欧美、亚洲和南非等国际市场。

（三）满意定价策略

满意定价策略也叫适价策略，是一种介于撇脂定价和渗透定价之间的价格策略。该策略是指企业将新产品的价格定得比较适中，以便照顾各方面的利益，使各方面都满意。由于取脂定价策略定价过高，对消费者不利，可能遇到消费者拒绝，具有一定风险；渗透定价策略定价过低，虽然对消费者有利，但容易引起价格战，且由于价低利薄，资金的回收期也较长，实力不强的企业将难以承受；而满意价格策略采取适中价格，基本上能够做到供求双方都比较满意，因此，不少企业采取满意定价策略。

二、折扣定价策略

折扣定价策略是指销售者为回报或鼓励购买者的某些行为，如批量购买、提前付款、淡季购买等，将其产品基本价格调低，给购买者一定的价格优惠。具体办法有：现金折扣、数量折扣、功能折扣、季节性折、促销折扣等。

（一）现金折扣

现金折扣是为了鼓励顾客尽早付款，加速资金周转，降低销售费用，减少企业风险，而给购买者的一种价格折扣。

（二）数量折扣

数量折扣是因买方购买数量大而给予的折扣。购买数量越大，折扣越多，其目的是鼓励和吸引顾客长期、大量或集中向本企业购买商品。数量折扣可以分为累计数量折扣和非累计数量折扣两种形式。累计数量折扣规定顾客在一定时间内，购买商品若达到一定数量或金额，则按其总量给予一定折扣，其目的是鼓励顾客经常向本企业购买，成为可信赖的长期客户。非累计数量折扣也称一次性数量折扣，该折扣规定一次性购买某种产品达到一定数量或购买多种产品达到一定金额，则给予折扣优惠，其目的是鼓励顾客批量或集中购买，促进产品的快速销售，加快资金周转。

（三）功能折扣

功能折扣又称交易折扣、贸易折扣，是企业根据其中间商在产品销售中所承担的功能、责任和风险的不同，而给予的不同价格折扣，以补偿中间商的有关成本和费用。目的在于鼓励中间商大批量订货，扩大销售，争取顾客，与生产企业建立长期、稳定、良好的合作关系。

（四）季节折扣

季节折扣是企业为在淡季购买商品的顾客提供的一种价格折扣。由于有些商品的生产是连续的，而其消费却具有明显的季节性，通过提供季节折扣，可以鼓励顾客提早进货或淡季采购，从而有利于企业减轻库存，加速商品流通，迅速收回资金，促进企业均衡生产，充分发挥生产和销售潜力，避免因季节需求变化所带来的市场风险。如商家在夏季对冬季服装进行的打折促销便是季节折扣。

（五）促销折扣

促销折扣指企业在进行促销活动的过程中给顾客价格上的优惠。由于促销活动往往是在一定期限内进行，因此，这种折扣一般有时间上的限制。

【小案例 7－7】

沃尔玛的“折价销售”

沃尔玛能够迅速发展，除了正确的战略定位以外，也得益于其首创的“折价销售”策略。每家沃尔玛商店都贴有“天天廉价”的大标语。同一种商品在沃尔玛比其他商店要便宜。沃尔玛提倡的是低成本、低费用结构、低价格的经营思想，主张把更多的利益让给消费者，“为顾客节省每一美元”是他们的目标。沃尔玛的利润率通常在30%左右，而其他零售商如凯马特的利润率都在45%左右。公司每个星期六早上举行经理人员会议，如果有分店报告某商品在其他商店比沃尔玛低，可立即决定降价。低廉的价格、可靠的质量是沃尔玛的一大竞争优势，吸引了一批又一批的顾客。

三、心理定价策略

心理定价策略是企业针对消费者的不同消费心理，制定相应的商品价格，以满足不同类型消费者的需求的策略。常用的心理定价策略一般包括以下几种：

（一）尾数定价策略

尾数定价又称奇数定价、非整数定价，是指企业利用消费者求廉、求实的心理，故意将商品的价格带有尾数，以促使顾客购买商品。这种定价方法多用于中低档商品。心理学家的研究表明，价格尾数的微小差别，能够明显影响消费者的购买行为。如将零售价定为3.9元而不是4.1元。虽然前后仅相差2角钱，但会让消费者产生一种前者便宜很多的错觉。有时价格为尾数让消费者觉得真实，如98.95元，让消费者觉得其价格是经过企业仔细算出来的，给人以货真价实的感觉。有时候尾数的选择完全是出于满足消费者的某种风俗和偏好，如西方国家的消费者对“13”忌讳；日本的消费者对“4”忌讳；美国、加拿大等国的消费者普遍认为单数比双数少，奇数比偶数显得便宜；我国的消费者则喜欢尾数为“6”和“8”。

（二）整数定价策略

整数定价是指针对消费者的求名、求方便心理，将商品价格有意定为以“0”结尾的整数。在日常生活中，对于难以辨别好坏的商品，消费者往往喜欢以价论质，而将商品的价格定为整数，使商品显得高档，正好迎合了消费者的这种心理。如将一件西服定价为1000元，而不是998元，尽管实际价格仅相差2元钱，给人的感觉却是这套西服上了一个档次，因为它的价格是在1000元的范围内，而不是900元的范围内。因此，对那些高档名牌商品或消费者不太了解的商品，采用整数定价可以提高商品形象。另外，将价格定为整数还省去了找零的麻烦，提高了商品的结算速度。

（三）声望定价策略

声望定价是企业根据消费者的求名心理，有意将名牌产品的价格制定得比市场中同类商品的价格高。名牌商品可以减少购买者对商品质量的顾虑，满足某些消费者对地位、身份、财富、名望和自我形象的需求等，消费者往往愿意花高价来购买。声望定价往往采用整数定价方式，这更容易显示商品的高档。如微软公司的Windows98（中文版）进入中国市场时，一开始就定价1998元人民币，便是一种典型的声望定价。另外，用于正式场合的西装、礼服、领带等商品，其服务对象为企业总裁、律师、外交官等消费者，则都应该采用声望定价，否则，这些消费者就不会去购买。

声望定价往往采用整数定价方式，其高昂的价格能使顾客产生“一分价格一分货”的感觉，从而在购买过程中得到精神的享受，达到良好效果。

【小案例7-8】

金 利 来 领 带

金利来领带，一上市就以优质、高价定位。有质量问题的金利来领带决不上市销售，更不会降价处理。该公司给消费者这样的信息，即金利来领带绝不会有质量问题，低价销售的金利来绝非真正的金利来产品，从而极好地维护了金利来的形象和地位。

（四）招徕定价策略

招徕定价是一种有意将少数商品降价以招徕吸引顾客的定价方式。企业在一定时期将某些商品的价格定得低于市价，吸引消费者前来购物。顾客在选购这些特价商品时，往往还会购买店内其他商品，这实际上是以少数商品价格的损失来扩大其他商品的销售，增加企业的总体利润。

【小案例7-9】

一元拍卖活动

北京地铁有家每日商场，每逢节假日都要举办“一元拍卖活动”，所有拍卖商品均以1元起价，报价每次增加5元，直至最后定夺。但这种由每日商场举办的拍卖活动由于基价定得过低，最后的成交价就比市场价低得多，因此，会给人们产生一种卖得越多、赔得越多的感觉。岂不知，该商场用的是招徕定价术，它以低廉的拍卖品活跃商场气氛，增大客流量，带动了整个商场的销售额上升。

四、差别定价策略

差别定价是指企业对同一产品或劳务制定两种或多种价格以适应顾客、地点、时间等方面的差异，但这种差异并不反映成本比例差异。差别定价策略主要有以下几种形式：

（一）顾客差别定价

顾客差别定价即企业按照不同的价格把同一种产品或劳务卖给不同的顾客。比如，公园对老年人优惠，火车票对学生优惠等。

（二）产品形式差别定价

产品形式差别定价即企业对不同花色品种、式样的产品制定不同的价格，但这个价格对于它们各自的成本是不成比例的。如流行服装与普通式样的服装虽然成本近似，但价格差异较大。

（三）地点差别定价

地点差别定价即对处于不同地点的同一商品收取不同的价格，即使在不同地点提供的商品的成本是相同的。比较典型的例子是影剧院、体育场、飞机等，其座位不同，票价也不一样。这样做的目的是调节客户对不同地点的需求和偏好，平衡市场供求。

（四）时间差别定价

时间差别定价即企业对于不同季节、不同时期甚至不同钟点的产品或服务也分别制定不同的价格。如旅游景点在淡旺季的收费不同，长途电话在不同时间收费不同等都是时间差别定价的例子。

【小案例 7 – 10】

“美佳”西服店的折扣销售方法

日本东京银座“美佳”西服店采用了一种折扣销售方法，颇获成功。具体方法是这样：先发布一则公告，介绍某商品品质性能等一般情况，再宣布打折的销售天数及具体日期，最后说明打折方法：第一天打九折，第二天打八折，第三、四天打七折，第五、六天打六折，以此类推，到第十五、十六天打一折。这个销售方法的实践结果是：第一、二天顾客不多，来者多半是来探听虚实和看热闹的。第三、四天人渐渐多起来。第五、六天打六折时，顾客像洪水般地拥向柜台争购。以后连日爆满，没到一折售货日期，商品早已售缺。

五、产品组合定价策略

一个企业往往并非只提供一种产品，而是提供许多产品。产品组合定价策略的着眼点在于制定一组使整个产品组合利润最大化的价格。常用的产品组合定价策略有以下几种形式：

（一）产品线定价策略

产品线定价是指根据产品线内各项目之间在质量、性能、档次、款式、成本、顾客认知、需求强度等方面的不同，参考竞争对手的产品与价格，确定各个产品项目之间的价格差距，以使不同的产品项目形成不同的市场形象，吸引不同的顾客群。

（二）选择特色定价策略

选择特色定价是指企业在提供主要产品时，还提供各种可选择的产品或具有特色的产品。比较典型的例子如餐馆、酒吧等。餐馆主要提供饭菜，另外，顾客还可要烟、酒、饮料等。有的餐馆将食品的价格定得较低，而将烟酒类商品的价格定得较高，主要靠后者赢利；有的餐馆则将食品的价格定得较高，将酒类商品的价格定得较低，以吸引那些爱酒人士。

（三）附属产品定价策略

附属产品是指必须与主要产品一同使用的产品。例如，剃须刀的附属品是刀片，机械产品的附属品是配件。大多数企业采用这种策略时，将主要产品价格定得较低，而将附属产品价格定得较高，即以高价的附属品获取高利，补偿主要产品因低价造成的损失。例如，柯达公司给照相机定低价，胶卷定高价，既增强了照相机在同行业中的竞争力，又保证了原有的利润水平。

（四）副产品定价策略

在生产加工食用肉类、石油、化工等产品的过程中，常常会产生大量的副产品。有些副产品本身对顾客就有价值，企业应对它们合理定价，销往特定市场。

（五）产品捆绑定价策略

企业常常将一些产品捆绑在一起进行销售，捆绑价低于单件产品的价格总和。如化妆品公司将润肤露、洗发水、防晒霜等捆绑在一起进行销售，虽然有的消费者并不需要其中的某项，但看到价格比单件购买便宜很多，也会乐意购买。在捆绑定价时要注意使用这一策略的灵活性，不能硬性搭配。

任务实施

1. 家乐福的低价渗透策略

家乐福在北京一开业首先就采用了低价策略，其目标市场为工薪阶层、购买频率较高的家庭日用品，因而吸引了大量的顾客前来购买，并且通过这些顾客口碑相传，使家乐福迅速提高了知名度。

家乐福在店庆和一些节日活动期间还会采用一些特价策略。如在店庆期间，一辆永久自行车仅售396元，而进价则为392元，最后与厂家结算时平均每辆车的利润仅0.5元。一种迷你衣柜进价159元，售价却只有149元。一种休闲沙发床正常售价779元，此时也仅售599元。这些特价商品，强烈刺激了顾客的购买欲，使店庆期间几天的销售额就超过了400万元。

2. 家乐福的心理定价策略

（1）尾数定价。抽查家乐福的500种商品价格，整数定价的商品中，食品类约占10%，非食品类为20%；尾数为奇数的占80%，其中日用品、食品、饮料为5、9居多，约占50%，而非食品类以9居多，占40%。家乐福的价格往往仅在尾数上比对手少一点，但因此让顾客感觉家乐福的东西更便宜。

（2）促销定价。家乐福每一列货架的两端都有促销台，台上单一的摆放着那些低价的促销商品，而且上方挂着醒目的大黄色价格牌。这些低价商品10%～20%的让利一般由厂家全部负担或商场摊一小部分，对于家乐福来说并无太大损失，甚至每个促销台还要加收台费。促销商品中最明显的要数百事可乐，一般正常价格，大瓶为5.10元，听装为2.75元，而促销价格大瓶为4.50元，听装为1.75元。

（3）招徕定价。家乐福始终有10%左右的低价商品，然而这10%的商品却带动了其他90%的正常价格商品的销售。这些低价商品又主要以低利润、购买频率高、购买量大的日用化妆品和食品饮料为主。一般的低价商品比正常价格低10%～20%。这也正迎合了人们的敏感价格心理，人们在买一大件商品时多花几元、十几元也不会太在乎，而会因为几分钱与小贩讨价还价。通过这些低价商品诱惑，使得消费者对家乐福更是情有独钟。

（4）折扣定价。对于折扣定价家乐福则采用不多，一些打折商品，即那些促销的特价商品也往往是直接写出促销价格。家乐福没有直接的打折，一方面简化了财务上的管理，另一方面从长远看也是正确的，现在人们对于打折已经越来越冷淡了，据调查现在仅有30%的人对打折有兴趣。

家乐福的价格策略充分反映了它的经营理念。虽然是超低售价，但是通过高速运转以及统一进货、协力配送、计算机网络管理等先进的经营方式，保证了在低价销售时仍可通过最大销量来获取利润。家乐福通过价格策略的运用，再配以宽松的购物环境、优良的服务，牢牢吸引住了顾客的心。

（资料来源：根据豆丁网“家乐福的定价策略”改编，http：//www.docin.com/p－554273488.html）

学习任务4
制定价格调整策略

任务抛锚

休布雷公司在美国伏特加酒的市场中，属于营销出色的企业，他们生产的史密诺夫酒在伏特加酒的市场占有率达23%。20世纪60年代，另一家公司推出了一种新型伏特加酒，其质量不比史密诺夫酒低，而每瓶酒的价格却比史密诺夫酒低1美元。按照惯例，休布雷公司面前有三条对策可用：

第一，降低1美元，以保住市场占有率。

第二，维持原价，通过增加广告费用和推销支出与竞争对手竞争。

第三，维持原价，听任市场占有率降低。

由此看出，不论该公司采取上述哪种策略，休布雷公司都处于市场的被动地位。休布雷公司该如何决策，才能使自己在竞争中处于有利地位呢？

任务解析

企业为某种产品制定出价格策略之后，并不意味着大功告成。随着市场营销环境的变化，企业必须对现行价格予以适当的调整。调整价格，可采用减价及提价策略。企业产品价格调整的动力既可能来自于内部，也可能来自于外部。倘若企业利用自身的产品或成本优势，主动地对价格予以调整，将价格作为竞争的利器，这称为主动调整价格。有时，价格的调整出于应付竞争的需要，即竞争对手主动调整价格，而企业也相应地被动调整价格。无论是主动调整，还是被动调整，其形式不外乎是降价和提价两种。

知识储备

一、价格调整策略

（一）降价策略

一般来说，企业降价可能有以下一些原因：

（1）企业生产能力过剩，急需要扩大销量来缓解库存压力，但此时通过加强推销、改进产品或者其他措施都不能达到目的。

（2）企业希望通过降价来夺取竞争者的市场份额。例如，丰田公司在20世纪50年代初，为了打开美国市场，丰田汽车的平均价格比美国车便宜1300美元，以低价竞争的姿态出现在各大竞争对手面前，先后击败福特汽车公司、克莱斯勒汽车公司。

（3）企业的成本降低，或者是企业希望通过降价来扩大市场份额，进而达到成本降低的目的。因为有些产品的潜在顾客由于受其消费水平的限制而放弃购买，企业降价无疑可使这一部分顾客转化为现实顾客，从而增大企业的销量。

（4）消费者的购买力下降，他们只愿意买较为便宜的东西，此时企业不得不降价，以适应消费者的购买力水平。

企业降价既可直接将企业产品的目录价格或标价绝对下降，也可灵活地采用变相降价的方式。如通过提供各种折扣、优惠；提供多种免费服务；在价格不变的情况下，提高产品质量、增加产品的性能、增大单位包装的产品含量；允许顾客延期付款等。由于这些降价方式较为灵活与隐蔽，不会很快招致竞争者的攻击。

降价也存在一定的风险。首先，顾客可能会误认为产品的质量降低；其次，价格降低在一定时期内可增加市场份额，但得不到顾客的忠诚，随着竞争者的价格降低，顾客又会转向竞争者。

（二）提价策略

提价往往容易给企业带来不利影响，如竞争力的下降、消费者的不满、经销商的抱怨等，甚至还会受到政府的干预和同行的指责。然而，一次成功的提价却能大幅度地提高企业利润。

1. 企业提价的原因

企业提价的原因往往有以下几个：

（1）缓解成本增加的压力。企业成本的提高可能是由于原材料价格、劳动力价格上涨，或者是由于生产或管理费用提高，或者是由于通货膨胀引起的普遍物价上涨。为了保证利润率不因此降低，企业不得不采取提价策略。

（2）产品供不应求。对于某些产品来说，在需求旺盛而生产规模又不能及时扩大、出现供不应求的情况下，可以通过提价来遏制需求，同时又可以取得高额利润，缓解市场的供需矛盾。

2. 企业提价的方式

企业提价可采取以下几种方式：

（1）直接提高商品目录的价格。在企业提价原因不明的情况下，很容易招致消费者的反感。

（2）在通货膨胀时期，延缓报价。企业决定暂时不规定最后价格，等到产品制成时或交货时才规定最后价格。对于生产周期较长的商品，如大型机械设备、轮船、飞机的制造，采用延缓报价可减少通货膨胀对企业造成的不利影响。

（3）采用价格自动调整条款。企业要求顾客按当前价格付款，但在交货时可按某种价格指数调整价格，如在交货时支付由于通货膨胀引起增长的全部或部分费用。这一般适用于施工时间较长的工程，如建筑业。

（4）将免费项目独立出来收费。如免费送货、免费的零配件都可被重新加以定价。

（5）减少或取消价格折扣。如数量折扣、现金折扣等。

在方式选择上，企业应尽可能多地采用间接提价，把提价的不利因素减到最低程度，使提价不影响销量和利润，而且能被潜在消费者普遍接受。同时，企业提价时应采取各种渠道向顾客说明提价的原因。另外，在确定价格调整幅度时，企业应考虑到消费者的反应。

当然，企业也可采取其他方法来避免提价：在价格不变、包装不变的情况下，减少产品的分量；降低产品的质量；减少产品的功能；使用廉价的材料等。但是如果这些方法运用不当，容易引起顾客的不满，降低企业形象，给企业的长远发展带来不利影响。

二、价格变动后的反应

企业价格变动往往容易引起购买者、竞争者、分销商、供应商，甚至政府、新闻媒介等的注意。这里主要分析顾客与竞争者对企业价格变动的反应。

（一）顾客对价格变动的反应

一般情况下，由于价格与需求成反比，因而降价可刺激购买，提价会抑制购买。但也会出现相反的情况。因为顾客对降价可能有以下看法：产品将被换代新产品所替代；产品有问题，在市场上销售情况不好；企业经营不善，可能会倒闭；价格还会进一步下跌，应等待观望；产品的质量、功能下降（如使用了廉价的原材料）等。此时，降价反而抑制了购买。

顾客对提价的看法可能是：这种商品是抢手货，应赶快购买，以免价格继续上涨。在这种情况下，提价反而有利于商品的销售。“买涨不买跌”说的就是这种现象。

购买者对不同产品价格变动的反应也有所不同。对于价值高、经常购买的产品的价格变动，购买者较为敏感；而对于价值低、不经常购买的产品，购买者不大在意。

（二）竞争者对价格变动的反应

企业在考虑改变价格时，不仅要考虑购买者的反应，还必须考虑竞争对手对企业的产品价格的反应。

假若企业只有一个强大的竞争者，我们可将竞争者的反应分为两种情况：

（1）竞争者对其对手的价格变更以一种既定的方式做出反应。在这种情况下，竞争对手的反应可以预测。企业可以通过获取并分析该竞争者的内部资料、历史案例来预测其可能的反应，也可以从与该竞争者接触较多的顾客、供应商、代理商、金融机构等方面获取信息来预测其可能的反应。

（2）竞争者将每一次价格变更都视为一种新的挑战，并以当时的自身利益做出反应。此时，企业必须了解竞争者当时的自身利益。这就需要对竞争者的财务状况、销售情况、生产能力、顾客的忠诚性及企业目标等进行调查与分析。如果竞争者的经营目标是市场份额，它可能会跟进这次价格变动；如果竞争者的经营目标是获取最大利润，它可能在其他方面做出反应，如增加广告预算、加强产品促销、提高产品质量等。

假若企业同时面临多个竞争者，在调价时就必须估计每一个竞争者的可能反应。如果所有竞争者的行为大体相同，企业只需分析具有代表性的典型竞争者即可。如果每个竞争者在企业规模、市场占有率或企业政策等关键因素上具有显著差异，则他们对价格变动的反应也会有较大区别，此时，企业需对每个竞争者逐一进行分析。

总之，企业在调整价格时，应充分利用内、外资源来推测竞争者可能的反应，以便采取适当的营销对策。

三、对竞争者价格变动的应对

前面讲的是企业先调价时应预测其他相关方的反应，那么当竞争者的价格先变动时，企业相应地又该如何做出反应呢？

企业对竞争者调价的反应会因市场的不同而不同。在同质产品市场，如果竞争者降价，企业必随之降价，否则企业会失去顾客。如果竞争者提价，且提价对整个行业有利，其他企业会随之提价，但如有一个企业不提价，提价的企业将不得不取消这次提价。在异质产品市场，企业对竞争者价格变动的反应有更多选择的自由，因为此时的购买者不仅考虑产品价格高低，而且考虑质量、服务、可靠性等因素，因而他们对较小的价格差额并不敏感。

企业在做出反应前，应分析竞争者调价的目的是什么；调价是暂时的，还是长期的；如果企业对此不做出反应，本企业的市场份额和利润将会如何变化；如果企业对此做出反应，竞争者又会采取什么行动。

作为市场领导者的企业往往会更多地受到其他较小企业的攻击，它们往往通过“侵略性的降价”来抢占市场领导者的市场份额。在这种情况下，市场领导者可有以下几种选择：

（1）维持原价。因为市场领导者认为，如果降价就会使利润减少过多；维持原价不会失去很多的市场份额；虽然维持原价会导致目前市场份额降低，但失去的市场阵地很快能重新恢复。

（2）维持原价，同时改进产品、服务、沟通等。企业发现运用这种战略比低价经营更划算。

（3）降价。市场领导者降价是因为他们认为，降价后成本会随着数量的增加而下降；由于市场对价格很敏感，不降价将使市场占有率大幅下降；维持原价导致市场份额降低后将难以恢复原有的市场份额。如果企业降价，不应降低产品质量和服务水平，否则会损坏企业形象，影响以后的发展。

（4）提价，同时推出某些新品牌，以围攻竞争对手的品牌。

（5）推出廉价的产品线。企业可在竞争者所攻击的产品线中增加廉价的产品，以迎接竞争者的挑战。

在现实生活中，尽管竞争对手在调整价格之前经过了较长时间的思考与权衡，但是一旦决定调价，其动作会非常迅速，有时是一夜之间的事。这就要求企业能迅速做出反应，没有过多的时间进行充分思考。因而，企业需预先准备好备用的反应措施，并建立一个价格反应程序，来缩短价格反应的决策时间。

任务实施

面对竞争对手的低价销售，休布雷公司的市场营销人员经过深思熟虑后，采取了令人大吃一惊、意想不到的第四种策略，即将史密诺夫酒的价格再提高 1 美元，同时推出一种与竞争对手新伏特加酒价格一样的瑞色加酒和另一种价格更低的波波酒。

这一策略，提高了史密诺夫酒的地位，同时使竞争对手的新产品沦为一种普通的品牌。结果，休布雷公司不仅渡过了难关，而且利润大增。实际上，休布雷公司的上述 3 种产品的味道和成分几乎相同，只是该公司懂得以不同的价格来销售相同的产品策略而已。企业通过提高价格，将自己的产品定位于高档产品，这就和竞争对手的产品区别开来了。另外，休布雷公司还增加了两个不同价格层次的产品，这样可以满足市场不同收入层次的消费者的需求。

这一策略使公司实现了由集中性市场策略到选择性市场策略的转变，从生产一种价格层次的史密诺夫酒转为生产高、中、低档三个层次的酒，以满足不同收入和消费层次的顾客。

实战演练

1. 背景资料：

上海大众“帕萨特”的定价策略

上海大众是德国大众在我国与上海汽车工业集团总公司成立的合资企业，在品牌营销方向基本上继承发扬了德国大众的策略。而德国大众是世界知名的跨国公司，其制定出的定价策略，是保证公司目标实现的重要条件。通常，这类公司产品价格制定会受到三个因素制约——生产成本、竞争性产品的价格和消费者的购买能力，其中产品的生产成本决定了产品的最低定价，而可比产品的竞争性定价和消费者的购买能力则制约着产品的最高定价。

以上海大众刚上市销售的帕萨特最高档车帕萨特2.8V6为例。2003年1月21日，上海大众正式向媒体展示刚刚推出的帕萨特2.8V6。其打出的品牌定义为“一个真正有内涵的人，并非矫揉造作”。营销目标是“成为中高档轿车的领导品牌”“成为高档轿车的选择之一”。无疑上海大众希望传播这样一个目标：帕萨特是中高档轿车的首选品牌；在品牌形象方面是典范；要凌驾于竞争对手别克、雅阁和风神蓝鸟之上；缩小与高档品牌（如奥迪、宝马、奔驰）之间的差距。

上海大众为了达到营销目标，在分析了自己的优劣势后进行了定价决策，并围绕着营销目标和所制定的价格进行了一系列行之有效的广告宣传。

上海大众为了制定出有竞争优势的市场价格，首先从以下几个方面分析了自己的优劣势：

第一，就生产成本而言，由于该车系上海大众已在2000年就开始生产了，而且产销量每年递增，所以生产成本自然会随着规模的增加而降低。

第二，竞争品牌技术差异。

①与市场同档次产品（如奥迪A6、本田雅阁、通用别克等）相比，虽然帕萨特的长度排名最后一位，但是帕萨特轿车身材最高，达1.47米；整车轴距为2.803米，远远高于雅阁、别克。帕萨特的乘坐空间和乘坐舒适性在同类轿车中处于最好水平，尤其对后排乘员来说，腿部和头部空间尤显宽敞。

②帕萨特和奥迪A6所用的2.8V6发动机技术水平均处于领先地位。

③空气阻力影响汽车的最高车速和燃油油耗。帕萨特的风阻系数仅为0.28，在同类轿车中处于最好水平。

④和帕萨特及奥迪A6的周密防盗系统相比，雅阁没有发动机电子防盗系统和防盗报警系统，别克轿车没有防盗报警系统。

⑤帕萨特轿车的长度在四种车型中名列最末，但由于其卓越的设计，帕萨特的行李箱容积却超过了广州本田雅阁和上海通用别克的水准。

第三，售后服务是汽车厂商们重点宣传的部分，而维修站的数量则是一个硬指标。上海大众建厂最早，售后服务维修站的数量自然也会居于首位。在市场营销方案中，上海大众依然用图表的方式充分展示了自己在这方面的优势。

在对经销商的培训及消费者的宣传中，上海大众用了这样的语言：上海大众便捷的售后服务、价平质优的纯正配件，使帕萨特的维护费用在国产高级轿车中最低，用户耽搁时间最短，真正实现“高兴而来，满意而归”。很明显，上海大众抓住了消费者的需求心理：高质量、低价位、短时间。

在对全员的培训中，上海大众非常明确地描绘出了帕萨特的品牌定位：感性表述——帕萨特宣告了你人生的成就；理性描述——帕萨特是轿车工业的典范。最后一句“帕萨特2.8V6是上述品牌定位的最好例证”，推出了新产品的卖点与竞争力。

整个营销方案的最后，打出了帕萨特2.8V6的定价：35.9万元人民币。

（资料来源：根据道客巴巴“上海大众‘帕萨特’的定价策略”改编）

2. 训练目标：学会定价方法和策略的运用。

3. 训练内容：分析上海大众“帕萨特”的定价策略。

4. 训练步骤：以项目小组为单位进行训练，步骤如下：

（1）模拟小组成员个人阅读案例，进行初步分析。

（2）模拟公司成员集体讨论，形成一个案例分析报告。

（3）每个小组选派一位代表在全班汇报。

5. 实训成果：每个小组完成一份PPT形式的上海大众“帕萨特”的定价策略分析报告。

6. 成果考核：根据各模拟公司的汇报，先由模拟公司之间相互提问，最后由教师进行点评，以团队为单位进行考核。

项目八 8 制定分销渠道策略

知识目标

1. 了解分销渠道的功能与结构；
2. 熟悉影响分销渠道选择的因素；
3. 掌握分销渠道设计和管理的基本方法。

能力目标

1. 会分析影响分销渠道选择的因素；
2. 能够为小微企业设计分销渠道方案；
3. 会制订渠道管理方案。

学习任务1
认识分销渠道

任务抛锚

卡特皮勒公司（Caterpillar）是世界上最大的基建和矿山设备制造商，同时在农用机械和重型运输机械领域也占有相当地位，目前公司的价值已超过160亿美元。在全世界，卡特皮勒公司有186个独立经销商，他们出售公司的产品并提供产品支持和服务，成为架起公司与顾客之间的桥梁。除了对一些国家新开放的市场、原始设备制造厂和美国政府外，卡特皮勒公司的产品都是通过独立经销商来经销的。这种现象在其他竞争者那里是看不到的。

卡特皮勒公司当初在建立分销系统的时候，是基于怎样的考虑？为什么不自己设立经销机构，而要通过经销商来销售产品呢？

任务解析

一个企业的成功与否不仅仅取决于它自身的运作情况和表现，还取决于它所在的整个分销渠道系统与竞争对手的分销渠道系统在市场竞争中的表现。分销渠道就是促使产品或服务顺利地从制造商转移给消费者或工业用户的一系列组织机构。营销者要建立一个具有竞争力的分销系统，首先要认识分销渠道的特征和功能，其次要了解分销渠道的流程与结构。

知识储备

由于顾客需求随着商品、时间以及地点的不同经常发生变化，所以分销渠道也要随着顾客需求的变化而发生改变。比如：IBM 公司在 20 世纪 80 年代依靠它的推销人员将它的计算机卖给商业用户，因为那个时代计算机很贵，普通消费者没有购买能力。后来，随着计算机成本的下降，伴随着销售价格的迅速下降，出现了大量的代理商、批发商和零售商以满足普通家庭的需求。

一、分销渠道概述

分销渠道，是指产品或服务从制造商流向消费者（用户）所经过的各个中间商联结起来的整个通道。这个通道通常由制造商、批发商、零售商及其他辅助机构组成，为使产品到达企业用户和最终消费者而发挥各自职能，通力合作，有效地满足市场需求。一个运作良好的分销渠道不仅要在适宜的地点以适宜的价格、质量、数量提供产品或服务来满足市场需求，而且要通过渠道成员的各种营销努力来刺激市场需求。

分销渠道成员包括经销商（包括批发商、零售商、批零兼营商等）和代理商等，此外，还包括处于渠道起点和终点的生产者和最终消费者或用户，但是，不包括供应商、辅助商。

二、分销渠道的功能

（一）市场调研

收集、整理有关现实与潜在消费者、竞争者及营销环境的有关信息，并及时向分销渠道其他成员传递。

（二）促进销售

通过各种促销手段，以消费者乐于接受的、富有吸引力的形式，把商品和服务的有关信息传播给消费者。

（三）寻求顾客

寻求潜在顾客，针对不同细分市场的特点，为消费者提供不同的营销业务。

（四）分类编配

按买方要求分类整理供应产品，如按产品相关性分类组合，改变包装大小、分级等。

（五）洽谈生意

在分销渠道的成员之间，按照互利互惠的原则，彼此协商，达成有关商品的价格和其他条件的最终协议，实现所有权或持有权的转移。

（六）物流运输

从商品离开生产线起，就进入了营销过程，分销渠道自然承担起商品实体的运输和储存功能。

（七）财务信用

分销渠道的建设、运转、职工工资支付、渠道成员之间货款划转、消费信贷实施都需要财务上的支持。

（八）承担风险

分销渠道成员通过分工分享利益的同时，还应共同承担商品销售、市场波动带来的风险。

三、分销渠道的基本结构

分销渠道的结构主要包括渠道的层级结构、宽度结构。分销渠道的结构会随着商品的特点、渠道成员的多少、不同渠道的长短先后等因素的不同而发生变化。

（一）层级结构

分销渠道按照商品从制造商转移到消费者的过程中所包含的渠道层级的多少，可以分为零层渠道（通常叫作直接渠道）、一层渠道、二层渠道和三层渠道，据此也可以分为直接渠道和间接渠道、短渠道和长渠道等几种类型。渠道的层级结构如图 8－1 所示。

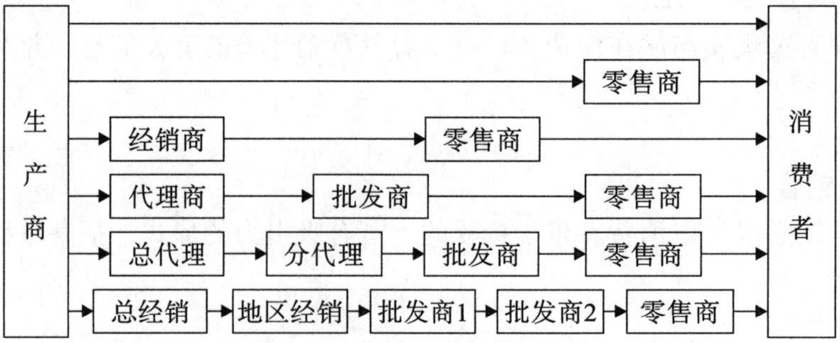

图 8－1 渠道的层级结构

1. 零层渠道（直接销售）

这是制造商将产品直接销售给最终消费者，中间不经过任何中间商的分销渠道类型。这种直销的主要方式有上门推销、邮销、互联网直销及厂商自设机构销售。直销是工业品销售的主要方式，大型设备、专用工具及需要提供专门服务的工业品，几乎都采用直销渠道。随着科学手段的完善，消费品直销渠道也得到长足发展。

2. 一层渠道

该渠道包括一级中间商。在消费品市场上，中间商通常是零售商；而在工业品市场上，它可以是一个代理商或经销商。

3. 二层渠道

该渠道包括两级中间商。消费品二层渠道的典型模式是经由批发和零售两级转手销售。在工业品市场上，两级中间商大多是由工业品批发商和销售代理商组成。

4. 三层渠道

这是包含三级中间结构的渠道类型。一些消费面宽的日用品，如肉类食品及包装方便面，需要大量零售机构营销，其中许多小型零售商通常不是大型批发商的服务对象。

四层渠道、五层渠道等层级更高的分销渠道也有，但极罕见。一般来说，对制造商而言，渠道层级越多越难协调和控制，会给分销渠道的管理与控制带来许多不便。

（二）宽度结构

渠道的宽度结构，是根据每一层级渠道中间商的数量的多少来定义的一种渠道结构。渠道的宽度结构受产品的性质、市场特征、用户分布以及企业分销战略等因素的影响。渠道的宽度结构分成以下三种类型：广泛型分销渠道、选择性分销渠道和独家分销渠道，具体内容见“学习任务 2”。

任务实施

卡特皮勒公司的竞争优势在于有一个无与伦比的产品分销系统。其首席执行官 Donald V. Fites 认为，在当地找经销商要远比自己企业设立经销机构有利。因为经销商都是在当地有一定历史的企业，他们已深深地融入当地的社会中，他们对当地顾客的熟知程度和因此而建立起的与顾客的亲密关系，值得卡特皮勒在这上面花钱。另外，卡特皮勒的产品都是高价值的固定资产，折旧期较长，但它们通常都是在建筑工地、矿山这些环境恶劣的地方作业，就是最好的产品也要发生故障，而一旦发生故障，就会给使用者带来经济损失。通过经销商，卡特皮勒公司形成了世界上最快捷、全面的零件运送和维修服务系统。公司承诺对于在世界任何地方的卡特皮勒产品，都可以在 48 小时内获得所需的更换零件和维修服务。

仅有一个形式上完善的分销体系并不足以使卡特皮勒在激烈的竞争中站稳脚跟，卡特皮勒和经销商的关系远胜于一纸合同上所注明的权利义务关系，他们之间更是一种家庭式的亲密关系。经销商不仅仅是卡特皮勒的产品运到顾客手中的一个渠道，还是将顾客的意见反馈回来的一个渠道。这样，经销商的职能也不仅仅是销售产品和提供售后服务，还能促使公司生产出更符合顾客需要的产品。

例如，卡特皮勒在 20 世纪 80 年代初期推出了 D9L 式履带拖拉机。这种机型采用了一些新的设计方案，因而被认为可以提高使用效率，相应地，该机型的价格也要高于传统的机型。但是当 D9L 在世界上卖出几百台之后，一场灭顶之灾悄然而至。一些拖拉机在工作到

2500 小时之后，就开始出现故障了，这表明 D9L 远没有当初所设想的那么好。这一问题足以动摇卡特皮勒在行业中的霸主地位从而让竞争对手有机可乘。为了挽救公司，各地的经销商都纷纷行动起来，他们帮助公司制定了一整套的补救措施，如迅速修理已出故障的机器，及时检查那些一时还没有发生问题的机器。各个经销商之间也充分合作，如一个英国的经销商派出人员来帮助在沙特的经销商处理这类问题，而有的经销商为了对顾客负责，日夜服务，随叫随到。终于，一年以后，所有的 D9L 机型都得到了检查和维修，用户的停工待修时间被压缩到最短，大大减少了可能有的经济损失，顾客的抱怨消失了。同时，公司的设计人员也及时更改了设计，从而 D9L 产品成为在市场上受欢迎的产品。

这种与经销商之间的伙伴关系的建立并不是一朝一夕就可以达到的，它是卡特皮勒执行一贯的原则和努力的结果。

1. 不对经销商进行压榨

许多企业所犯的一个毛病就是当发现市场不景气时，就开始压榨他们的经销商以保证自己的利益；而一旦发现有什么有利可图的生意时，就马上越过经销商，把生意拿来自己做。这样虽可以获得一时的利益，却会长久损害与经销商之间的关系。例如，在 20 世纪 70 年代，有一次，阿拉斯加的企业要求卡特皮勒直接将产品卖给他们，否则他们就购买竞争者的产品。但卡特皮勒并没有让步，而是坚持让对方从其经销商处购买，因为经销商可以为产品提供优良的售后服务。卡特皮勒认为，如果绕过经销商，就等于在自断臂膀。

2. 向经销商提供除产品及零部件以外的其他东西

除了提供产品和零部件外，卡特皮勒还帮助经销商向顾客提供分期付款等信用担保，同时在存货管理和控制、物流、设备维护工作程序等方面给予经销商支持。例如，公司每年都要印刷多种书面技术材料提供给经销商的技术人员作为参考，并随时按照经销商的需要向他们的员工提供培训服务，其中包括如何制定企业计划、如何预测市场、如何管理电子信息系统、如何进行营销、广告等方面的管理。

3. 与经销商经常深入而又坦诚的交流

经销商对卡特皮勒公司的信任度是非常高的，他们提供给公司自己的财务报表和关键的营业数据，如果两者之间不是高度信赖的话，是很难做到这一点的。同时，卡特皮勒公司也最大限度地开放了自己的信息资源。所有公司的雇员和经销商的工作人员都能从电脑中得到关于销售趋势及预测、顾客满意的调查数据等即时信息。

每年，卡特皮勒公司的高层管理人员都要与经销商的高层管理人员举行一些地区性的会议。在会议上，他们就每一个产品线的销售目标以及为了达到这一目标双方各应该做些什么进行讨论。另外，公司还定期邀请所有的经销商进行为期一周的会议，主要是对公司的战略、产品计划和营销政策进行全面的回顾。

4. 把经销商留在卡特皮勒大家庭中

卡特皮勒公司通常更愿意与家族企业打交道，因为他们认为家族企业比公众企业在管理政策上更具有一贯性。之所以强调这一点，是因为卡特皮勒公司的产品寿命周期一般在 10 ~ 12 年，有些高达 20 ~ 30 年。而在公众企业中，首席执行官的任期一般最多只有 5 ~ 6 年，从向顾客提供一贯性的服务这一点来说，公众企业有可能不如家族企业那样稳定。

卡特皮勒还通过组织各种活动让经销商的子女们从小就对卡特皮勒公司发生兴趣。公司的想法是让他们认识卡特皮勒，让他们对这一行当发生兴趣并让他们能够与自己的同辈也就是未来的工作伙伴相识。他们参观卡特皮勒的工厂，亲自操作机器。同时，卡特皮勒也鼓励经销商将他们的孩子从小纳入企业工作中去。他们时常为经销商的孩子安排一些暑假工作，当他们大学毕业后，就安排一些全日制的工作。有时还会建议经销商先让他们的孩子干两年的零件销售工作，然后到工程部门干一阵子，最后再来管理产品支持业务。

（资料来源：根据道客巴巴“卡特皮勒公司的成功之道”改编）

学习任务 2
设计分销渠道

任务抛锚

百事可乐（Pepsi－Cola），诞生于 19 世纪 90 年代，是全球食品和饮料行业的领导者，主要业务包括桂格麦片食品、纯果乐果汁、佳得乐运动饮料、菲多利休闲食品和百事可乐饮料以及其他数百种美味健康、全球消费者喜爱的食品及饮料产品。1981 年，百事公司在深圳特区成立了其在中国的首家灌装厂。

2017 年 6 月，2017 年 BrandZ 最具价值全球品牌 100 强公布，百事可乐排名第 84 位；2018 年 5 月，《福布斯》杂志发布 2018 年全球最具创新力企业百强榜单，百事可乐排名第 67 位。

百事公司在渠道管理和建设方面建立了一整套的解决方案，百事的渠道管理在哪些方面值得国内快速消费品行业效仿呢？

任务解析

在渠道设计上，生产商常常在理想和现实的渠道结构之间摇摆不定。当一个公司刚刚起步时，能力有限，它通常只在一个有限的区域内进行销售。当市场很小时，公司可能直接面对零售商销售；当市场较大时，就可能会需要好好设计自己的分销系统，有目的地进行渠道分析和制定决策。设计一个有效的渠道方案，首先要明确渠道设计目标，其次分析影响渠道的因素，最后设计出高效率的渠道方案。

知识储备

营销渠道设计（Marketing Channel Design）是指为实现营销目标，对各种备选渠道结构进行评估和选择，从而开发新型的营销渠道或改进现有营销渠道的过程。

一、分销渠道设计的目标

分销渠道目标的确定，首先必须是以消费者的需求为核心。渠道设计的目标主要有以下几个方面：

（1）顺畅，保证产品以最短的时间送到消费者手中。这主要是满足目标消费者时间上便利的要求。

（2）便利，使顾客方便购买。

（3）开拓市场，增加新顾客、发现新用途。非传统渠道使得消费者能在方便的地方购买商品和得到服务。

（4）提高市场占有率，增加新顾客，提高重复购买率，激活休眠客户。

（5）扩大品牌知名度，增强顾客对产品的认知，树立产品在顾客心目中的地位。

（6）经济性，建立低成本上的分销策略使企业能赢得需求弹性大的市场部分，将费用节约的好处让给消费者，并通过挑战竞争对手的价格而获得满意的利润。

（7）市场覆盖面及密度，销售网点的建立和维护。制造商往往通过两条以上竞争的分销通路销售同一商标的货物，或销售两种商标的基本相同的产品。

（8）控制渠道，实现高效率的渠道网络和渠道整合。

为了实现以上目标，我们首先要考虑两个匹配，即：产品与市场的匹配，渠道与客户购买行为的匹配。

二、影响分销渠道选择的因素

（一）目标市场特性对渠道选择的影响

（1）顾客的规模与分布。顾客需求大、顾客数量多的话，采用长宽渠道，否则采用短窄渠道。

（2）购买特点。购买批量大、购买频率低、购买形式单一以及购买稳定的话，采用短窄渠道，否则采用长宽渠道。

（3）竞争状况。竞争激烈则采用短宽渠道，进行深度分销，否则采用长窄渠道。

（二）产品特性对渠道选择的影响

（1）产品的价值、体积与重量。价值高、体积大、重量大的产品采用短窄渠道，否则采用长宽渠道。

（2）产品的易损性与时尚性。易损、易腐蚀、流行性的产品采用短宽渠道，否则采用长宽渠道。

（3）标准化程度与附加服务。标准化程度高、附加服务少的产品采用长宽渠道，否则采用短窄渠道。

（4）产品生命周期。成长期、成熟期的产品采用长宽渠道，其他时期采用短窄渠道。

（三）企业特性对渠道选择的影响

（1）企业的规模与声誉。规模大、声誉好的企业采用短渠道，否则采用长渠道。（宽窄酌情而定）

（2）企业销售人员的经验与服务能力。销售人员经验丰富、服务能力强的企业采用短渠道，否则采用长渠道。

三、渠道决策

（一）渠道长度决策

渠道长度是以渠道层次的数量来衡量的，渠道长度决策主要是决定产品从生产者向消费者转移过程中经过的流转环节的多少。渠道长短是相对的，一般把零层次和一层次渠道称为短渠道；二层次或二层次以上的渠道称为长渠道。

渠道的长度决策应考虑以下因素：

1. 产品因素

（1）产品单价。一般来说，产品单价越低，分销环节就越多，渠道就越长；反之，则越短。

（2）产品的体积和重量。一般来说，体大物重的产品，应采用较短的渠道；反之，则可使用长渠道。

（3）产品的技术性和复杂性。对于技术性强、使用复杂的产品，往往要求采用短渠道分销；反之，则可选择长渠道分销。

（4）产品的耐久性。对于易腐性和易毁性较强的产品，应尽量使用短渠道分销；而对于耐用久性较好的产品，则可使用长渠道分销。

（5）产品款式或式样的稳定性。款式或式样经常变化的产品宜采用短渠道流通；反之，则可采用长渠道。

（6）产品生命周期阶段。对于处于投入期的产品，宜采用短渠道分销，以便收集市场信息；而成熟期的产品由于质量、性能均已稳定，可根据需要选择长渠道分销。

2. 市场因素

（1）目标市场的地理分布情况。企业的目标市场越分散，则应通过长渠道分销；反之，则可选择短渠道。

（2）潜在顾客的数量。如果潜在顾客较少，企业就可采用短渠道；反之，宜用长渠道。

（3）顾客购买数量。对于购买数量大的顾客，企业可采取上门推销、直接供货；反之，对于购买数量较少的顾客，则可采取长渠道分销，通过中间商来满足其要求。

（4）消费者的购买习惯。对于便利品，企业可通过众多的中间商经销，方便顾客购买；而对于选购品，尤其是特殊品，企业可选择短渠道分销。

（5）消费的季节性。消费季节性较强的产品，需要批发商提供储存功能，宜采用长渠道分销；反之，则可采用短渠道。

3. 企业自身的因素

（1）企业资源。企业资源较丰富，可采取短渠道销售产品，实现产销一体化；反之，则能依靠中间商，通过长渠道销售产品。

（2）企业对分销渠道的管理能力和经验。如果企业对分销渠道的控制和管理能力较强，且企业有足够的资源，可自设销售机构，通过短渠道销售产品；反之，则通过中间商销售产品。

（3）企业控制渠道的愿望。如果企业控制渠道的愿望较强，就采用短渠道，否则，可通过中间商，即采用长渠道分销产品。

（二）渠道宽度决策

渠道宽窄取决于渠道的每个环节中使用同类型中间商数目的多少。企业使用的同类中间商多，产品在市场上的营销面广，称为宽渠道。反之，企业使用的同类中间商少，分销渠道窄，称为窄渠道，它一般适用于专业性强的产品或贵重耐用的消费品，通常由一家中间商统包，几家经销。它使生产企业容易控制营销，但市场营销面受到限制。

分销渠道的宽窄是相对而言的。分销渠道的宽度结构大致有以下三种类型：

1. 独家分销渠道

独家分销渠道是指企业在目标市场上或目标市场的一部分地区内，仅指定一家中间商经营其产品，如图8－2所示。独家分销渠道是窄渠道。

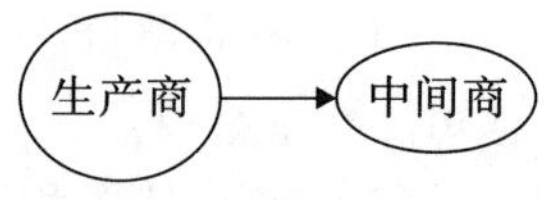

图8－2　独家分销渠道

独家分销渠道的优点是：中间商能获得企业给定的产品的优惠价格，不能再代销其他竞争性的相关产品。对于独家经销商而言，经营有名气的企业产品，可凭名牌产品树立自己在市场上的声望和地位，同时可获得制造商广泛的支持，所以能提高中间商的积极性。对于企业而言，易于控制产品的零售价格，易取得独家经销商的合作。其缺点则有：因缺乏竞争，顾客的满意度可能会受到影响，经销商对制造商的反控力较强。

此种模式适用于技术含量较高，需要售后服务的专用产品的营销，如机械产品、耐用消费品、特殊商品等。例如，东芝在进入美国市场的早期，将80%的产品交给史勒伯百货连锁店销售。

2. 选择性分销渠道

选择性分销渠道指在同一层次上或一定区域内，精选少数符合要求的中间商，经销本企业的产品，如图8－3所示。此种类型的分销渠道通常由实力较强的中间商组成，能有效地维护制造商品牌信誉，建立稳定的市场和竞争优势。这类渠道多为消费品中的选购品和特殊品以及工业品中的零配件等。

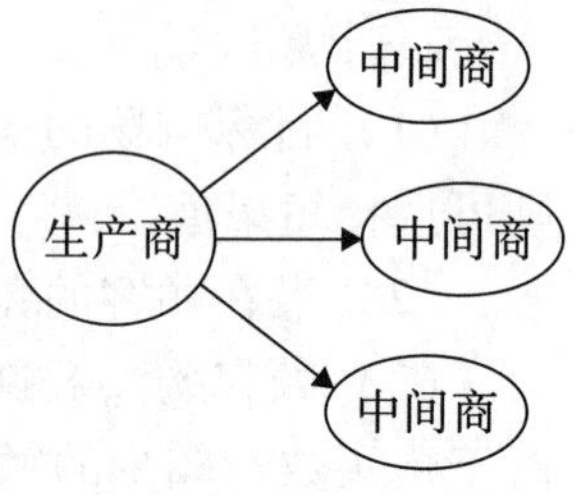

图8－3　选择性分销渠道

选择性分销渠道的优点是：比广泛型分销渠道能取得经销商更大的支持，同时又比独家分销渠道能够给消费者购物带来更大的方便。一般来说，消费品中的选购品和特殊品适宜采用此种渠道。其缺点有：中间商的竞争较独家分销渠道时激烈，而且选择符合要求的中间商较困难。消费者和用户在选购商品时会进行商品的比较，所以没有广泛型分销渠道那么方便顾客。

3. 广泛型分销渠道

广泛型分销渠道是指在同一层次上使用较多的中间商，即凡符合厂家最低要求的中间商均可参与分销渠道，如图8－4所示。一般来说，产品的营销密度越大，销售的潜力就越大。

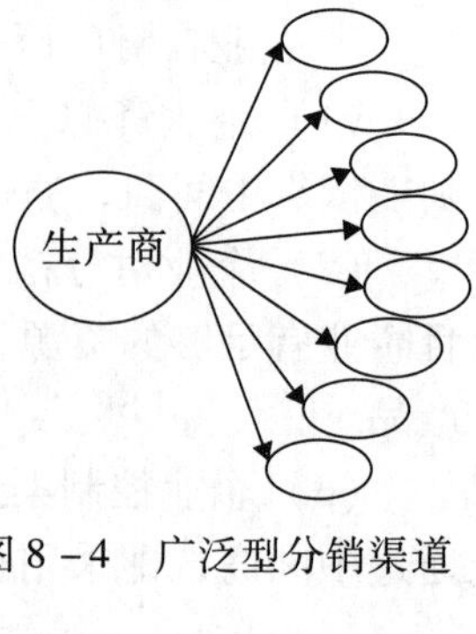

图8－4　广泛型分销渠道

广泛型分销渠道的优点是：市场覆盖率高、便利顾客。其缺点则是：市场竞争激烈，价格竞争激烈，导致市场混乱，有时会破坏厂家的营销意图；渠道的管理成本，包括经销商的培训、营销系统支持、交易沟通网络的建设等费用很高。

课堂思考

牙膏和家具的分销渠道是否一样？为什么？

（三）中间商类型决策

中间商类型决策主要是选择企业将产品卖给何种类型的中间商，有批发商、零售商和代理商三种选择。

1. 批发商

批发商的特点是通过采购活动取得商品的所有权，通过买卖活动从进销差价中取得利润。批发商能提供较为全面的销售功能，它们拥有一定面积的仓库、运输工具、相当数量的固定资金和流动资金，有能力大批量地向生产者进货，同零售商具有广泛的联系，有一定的经营管理经验。

2. 零售商

零售商也与批发商一样，通过采购活动取得产品的所有权，通过买卖活动从进销差价中取得利润。但它们规模小，多数零售商仓库面积较小、运输能力薄弱、流动资金少，只能采取批量采购、勤进快销的方式，但零售商与广大消费者有直接的、广泛的接触。

3. 代理商

代理商的主要特点是不拥有产品的所有权，它本身不从事产品购销活动，只为生产企业代销产品或为中间商代购商品，并按成交额的大小收取一定比例的佣金作为报酬。代理商的功能单一，主要为供需双方沟通信息，达成交易。

任务实施

1. 百事（中国）公司分销渠道概况

为了应对不断变化的市场形势，百事公司对渠道管理进行了一系列变革。在进行渠道变革之前，百事公司是借助经销商完成全国的网络覆盖的，经销商承担了所有零售终端的供货。百事公司打破了原有的渠道格局，将大卖场、超市、便利店等独立出来，作为现代渠道的重要客户，由百事直接负责供货。其余的客户全部归类到传统渠道，作为传统渠道仍然由经销商负责供货。

百事可乐在中国的分销渠道已经细分成为下列的22个：①传统食品零售渠道；②超级市场渠道；③平价商场渠道；④食杂店渠道；⑤百货商店渠道；⑥购物及服务渠道；⑦餐馆酒楼渠道；⑧快餐渠道；⑨街道摊贩渠道；⑩工矿企事业渠道；⑪办公机构渠道；⑫部队军营渠道；⑬大专院校渠道；⑭中小学校渠道；⑮在职教育渠道；⑯运动健身渠道，即设立在运动健身场所的出售饮料、食品、烟酒的柜台，主要为健身人员提供产品和服务，或指设立在竞赛场馆中的食品饮料柜台；⑰娱乐场所渠道；⑱交通窗口渠道；⑲宾馆饭店渠道；⑳旅游景点渠道；㉑第三方面消费渠道，即批发商、批发市场、批发中心、商品交易所等以批发为主要业务形式的饮料销售渠道，该渠道不面向消费者，只是商品流通的中间环节；㉒其他渠道，指各种商品展销会、食品博览会、集贸市场、各种促销活动等其他销售饮料的形式和场所。

2. 百事公司选择渠道成员的标准

百事公司在选择渠道成员方面主要从以下方面进行考量：

（1）渠道成员经济能力。主要衡量渠道成员的财务状况，好的财务状况是承载市场健康运转的物质保证。

（2）渠道成员延伸能力。主要考核渠道成员对周边区域的影响力及渗透能力，这一指标也是衡量渠道成员渠道拓展能力的标准之一。

（3）渠道成员经营能力。百事公司在这方面的考量主要是渠道成员的专业、市场覆盖以及稳定市场方面的能力。

（4）渠道成员沟通能力。主要考核渠道成员对所经营品牌的认可及渠道自身素质与所经营品牌形象的一致性。

（5）渠道成员学习能力。百事公司要求其渠道成员拥有应对不断变化的市场环境快速应变的能力。

（6）渠道成员控制能力。百事公司要求渠道成员在可控的范围内经营百事产品，双方之间相互合作。

学习任务3
管理分销渠道

任务抛锚

杭州娃哈哈集团创建于1987年，从3个人、14万元借款白手起家，在创始人宗庆后的领导下，现已发展成为规模、效益都位居行业前列的大型饮料企业，饮料产量位居世界前列。在全国29个省（自治区、直辖市）建有近80个生产基地、180多家子公司。产品主要涵盖蛋白饮料、包装饮用水、碳酸饮料、茶饮料、果蔬汁饮料、咖啡饮料、植物饮料、特殊用途饮料、罐头食品、乳制品、医药保健食品等10余类190多个品种，其中包装饮用水、含乳饮料、八宝粥罐头多年来产销量一直位居全国前列。公司近年来开始向菌种、酶制剂、机电等高新技术产业发展，目前已形成自己的菌种资源库，并成功自主开发了串、并联机器人，自动物流分拣系统等智能设备，成为食品饮料行业具备自行研发、自行设计、自行生产模具、饮料生产装备和工业机器人能力的企业。30年多来娃哈哈一直保持稳健发展，为中国500强企业、中国民营500强企业。“娃哈哈”为中国驰名商标、中国名牌。

娃哈哈的产品并没有很高的技术含量，其市场业绩的取得和它对渠道的有效管理密不可分。娃哈哈是如何进行渠道管理的呢？

任务解析

渠道管理是指制造商为实现公司分销的目标而对现有渠道进行管理，以确保渠道成员间、公司和渠道成员间相互协调和通力合作的一切活动，其意义在于共同谋求最大化的长远利益。渠道管理工作包括：选择中间商，激励中间商，做好日常渠道管理工作。

知识储备

一、渠道中的中间商

中间商是指介于生产商与消费者之间，参与流通业务，促成买卖行为发生的商人（包括企业或个人）。

（一）经销商与代理商

经销商是从事商品交易业务，在商品买卖过程中拥有产品的所有权的中间商。代理商是从事商品交易业务，接受生产者委托，但不拥有商品所有权的经销商。

（二）批发商与零售商

1. 批发商

批发商是指向生产企业购进商品，然后转售给零售商、产业用户或各种非营利组织，不直接服务于个人消费者的商业机构，位于商品流通的中间环节。批发商的主要功能，见表 8－1。

表 8－1　　批发商的主要功能

职 能	说　　明	零售商与批发商的不同之处
销售与促销	批量向生产者进货，颇受生产者欢迎，因此能以较低价成交。批发商具有较广泛的业务关系，客户基本不受区域限制。将产品批量销售给零售商和企业单位	零售商向批发商进货，直接销售给消费者
购买与编配商品	批发商有力量也有条件选择顾客需要编制花色的品种，从而方便顾客并节省时间	零售商也具有该职能，但数量较少
分 装	批发商整买商品，折零销售，可满足小客户的需要，为顾客节约了成本	零售商也有分装职能，但范围较小
仓 储	多数批发商备有仓库和存货	零售商没有该职能或较小
运 输	批发商有自运设备，充分利用社会运力系统	零售商没有该职能或较小
融 资	无论是买方卖方，长期建立信誉后即可代销或赊销，有的还可向客户（零售商或生产厂）提供信贷	零售商不能，可少量赊销
承担风险	帮助持有商品的所有权的批发商，承担商品因失窃、破损、腐烂过时的费用开支及经营风险	零售商由于进货量小，出货快，承担风险较小
市场信息	批发商经常向生产者和零售商提供有关信息，如新产品、价格变动、竞争者动态等	零售商只可提供消费者的消费信息
管理服务与咨询	批发商通过为零售商训练销售人员，帮助布置店堂和商品陈列，建立会计与存货管理制度帮助他们改善经营，同时也可通过提供培训与技术服务，帮助生产者	零售商不具有该职能

2. 零售商

零售商是指将商品直接销售给最终消费者的中间商，是相对于生产者和批发商而言的，处于商品流通的最终阶段。零售商的基本任务是直接为最终消费者服务，它的职能包括购、销、调、存、加工、拆零、分包、传递信息、提供销售服务等。零售商在地点、时间与服务方面，方便消费者购买。它是联系生产企业、批发商与消费者的桥梁，在分销途径中具有重要作用。

二、选择中间商应考虑的因素

（一）中间商的市场范围

首先，要考虑预定的中间商的经营范围所包括的地区与产品的预计销售地区是否一致；其次，中间商的销售对象是否是生产商所希望的潜在顾客，这是个最根本的条件。

（二）中间商的产品政策

选择时一要看中间商有多少“产品线”，二要看各种经销产品的组合关系，是竞争产品还是促销产品。一般认为，应该避免选用经销竞争产品的中间商。

（三）中间商的地理区位优势

区位优势即位置优势。选择零售中间商最理想的区位应该是顾客流量较大的地点。批发中间商的选择则要考虑它所处的位置是否利于产品的批量储存与运输。

（四）中间商的产品知识

许多中间商被规模巨大而且有名牌产品的生产商选中，往往是因为它们对销售某种产品有专门的经验。选择对产品销售有专门经验的中间商就会很快地打开销路。因此，生产企业应根据产品的特征选择有经验的中间商。

（五）预期合作程度

中间商与生产企业合作得好会积极主动地推销企业的产品，对双方都有益处。有些中间商希望生产企业也参与促销，扩大市场需求，并相信这样会获得更高的利润。

（六）中间商的财务状况及管理水平

中间商能否按时结算包括在必要时预付货款，取决于财力的大小。整个企业销售管理是否规范、高效，关系着中间商营销的成败，而这些都与生产企业的发展休戚相关，因此，这两方面的条件也必须考虑。

（七）中间商的促销政策和技术

采用何种方式推销商品及运用选定的促销手段的能力直接影响销售规模。要考虑到中间商是否愿意承担一定的促销费用以及有没有必要的物质、技术基础和相应的人才。选择中间商前必须对其所能完成某种产品销售的市场营销政策和技术的现实可能程度作全面评价。

（八）中间商的综合服务能力

现代商业经营服务项目甚多，选择中间商要看其综合服务能力如何。合适的中间商所能提供的综合服务项目与服务能力应与企业产品销售所需要的服务要求相一致。

三、对中间商的激励

（一）目标激励

这是一种最基本的激励形式。厂家每年都会给分销渠道成员制定（或协商制定）一个年度目标，包括销量目标、费用目标、市场占有目标等，完成目标之后分销商将会获得相应的利益、地位以及渠道权力。所以，目标对于分销商来说，既是一种巨大的挑战，也是一种内在动力。要制定科学合理的渠道目标，必须考虑目标的明确性、可衡量性、挑战性、激励性以及可实现性。

（二）渠道奖励

这是制造商对分销商最为直接的激励方式。渠道奖励包括物质奖励和精神奖励两个方面。其中，物质奖励主要体现为价格优惠、渠道费用支持、年终返利、渠道促销等，这是渠道激励的基础手段和根本内容；精神激励包括评优评奖、培训、旅游、“助销”、决策参与等，重在满足分销商成长的需要和精神的需求。

（三）工作设计

这是比较高级的激励模式。工作设计的原义是指把合适的人放到合适的位置，使他们开心，使他们能够发挥自己的才能。这一思想用在渠道领域，则是指厂家合理划分渠道成员的经营区域（或渠道领域），授予独家（或特约）经营权，合理分配经营产品的品类，恰当树立和定位各渠道成员的角色和地位，互相尊重，平等互利，建立合作伙伴关系，实现共进双赢。

四、渠道管理工作的内容

（1）对经销商的供货管理，保证供货及时，在此基础上帮助经销商建立并理顺销售子网，分散销售及库存压力，加快商品的流通速度。

（2）加强对经销商广告、促销的支持，减少商品流通阻力；提高商品的销售力，促进销售；提高资金利用率，使之成为经销商的重要利润源。

（3）对经销商负责，在保证供应的基础上，对经销商提供产品服务支持。妥善处理销售过程中出现的产品损坏变质、顾客投诉、顾客退货等问题，切实保障经销商的利益不受无谓的损害。

（4）加强对经销商的订货处理管理，减少因订货处理环节中出现的失误而引起发货不畅。

（5）加强对经销商订货的结算管理，规避结算风险，保障制造商的利益。同时，避免经销商利用结算便利制造市场混乱。

（6）其他管理工作，包括对经销商进行培训，增强经销商对公司理念、价值观的认同以及对产品知识的认识。还要负责协调制造商与经销商之间、经销商与经销商之间的关系，尤其对于一些突发事件，如价格涨落、产品竞争、产品滞销以及周边市场冲击或低价倾销等扰乱市场的问题，要以协作、协商的方式为主，以理服人，及时帮助经销商消除顾虑，平衡心态，引导和支持经销商向有利于产品营销的方向转变。

任务实施

娃哈哈在全国31个省市选择了1000多家能控制一方的经销商，组成了几乎覆盖中国每一个乡镇的联合销售体系，形成了强大的销售网络。

1. 科学稳固的经销商制度

娃哈哈对经销商的选取和管理十分严格。近年来，娃哈哈放弃了以往广招经销商、来者不拒的策略，开始精选合作对象，筛除那些缺乏诚意、职业操守差、经营能力弱的经销商，为防止串货上了第一道保险。

（1）利用保证金制度，让一部分经销商先预付款（即为一级批发商），付款后，娃哈哈就有了周转资金偿还银行的贷款，一级批发商拿到货品之后再给二级批发商，以此类推。

（2）娃哈哈联销体模式还制定了批发商的销货数量，只有完成了目标的经销商才能拿到最终的一大笔年终返利，而未完成的则只能动态淘汰。

（3）娃哈哈和联销体的其他成员签订严明的合同。合同中明确加入了“禁止跨区销售”的条款，将经销商的销售活动严格限定在自己的市场区域范围之内，并将年终给各地经销商的返利与是否发生串货结合起来。为了防止串货现象再次卷土重来，娃哈哈特地明确了区域销售责任制，对区域的经销商进行仔细编号，详细说明每个编号人员负责的销售地区，一旦出现跨地区销售，那么整个区域的经销商都将受到经济惩罚。

（4）为了扩大市场，娃哈哈还制定了许多优惠政策来吸引优质经销商，比如，设置高于市场同类产品的销售利润。

2. 渠道成员的选择与激励

娃哈哈规定，在一个地区内只能有一家一级批发商的存在，公司时常会指派销售骨干帮助经销商进行市场细分、定位等流程。到现在为止，娃哈哈公司所属的一级批发商已经超过1000个，同时对这些成员进行考核，一旦有成员不能达到娃哈哈的要求，就会取消它的经销资格，并立即引进新的经销商。

娃哈哈也有返利激励，但并不是单一的销量返利这样的直接激励，而是采取包括间接激励在内的全面激励措施。间接激励，就是通过帮助经销商进行销售管理，以提高销售的效率和效果来激发经销商的积极性。比如，娃哈哈各区域分公司都有专业人员指导经销商，参与具体销售工作；各分公司派人帮助经销商管理铺货、理货以及广告促销等业务。与别的企业往往把促销措施直接针对终端消费者不同，娃哈哈的促销重点是经销商，公司会根据一定阶段内的市场变动和自身产品的配备，经常推出各种各样针对经销商的促销政策，以激发其积极性。

娃哈哈和经销商的关系是非常融洽的，感情是深厚的，有许多经销商都是与娃哈哈一起成长起来的。娃哈哈以下的一些制度和做法无疑能维持和加深与经销商的感情。

（1）对经销商信守诺言。为什么每年经销商都踊跃地向娃哈哈预交保证金？很重要的一点就是娃哈哈的承诺能够兑现，赢得了经销商的信任。

（2）为经销商提供销售支持。公司常年派出一到若干位销售经理和理货员帮助经销商开展各种铺货、理货和促销工作。甚至在某些县区，当地的一批经销商仅提供资金、仓库和一些搬运工，其余的所有营销工作都由娃哈哈派出的营销人员具体完成。

（3）每年举行全国联销体会议。娃哈哈总是借此热情款待每一位合作伙伴，以加强感情、巩固合作关系。

3. 渠道控制措施

（1）以保证金制度为基础，让经销商无法立即退出娃哈哈市场区域的销售。同时，娃哈哈开发新品的速度一直在饮料行业首屈一指。创新是企业的生命源头，不断开发新品，一方面彰显了企业的资金雄厚，另一方面也说明了娃哈哈市场份额的庞大，这无疑建立了一批忠诚的批发商。

（2）利润是吸引经销商的关键。娃哈哈在每一环节的价格上都给予了经销商高于市场的利益，这样就稳定了经销渠道，减少了渠道混乱的可能性。并且，对于一级、二级、三级批发价格与零售价格，根据地区的不同也有着不同的定价，进行更加人性化的设计。

（3）在大量同类产品将市场投入经济较为发达的城市时，娃哈哈率先入驻中国农村，打响了漂亮的"翻身仗"。在农村各大小卖部、批发店里随处可见娃哈哈的产品，因此建立起强大的产品忠诚度。对于许多人来说，娃哈哈有着童年的回忆。经销商意识到了娃哈哈对消费者的重要性，也就不会轻易地停止销售。

（4）娃哈哈在渠道设计上也有着独特风格。它热衷于在产品销售区域建设生产线，一方面，可以间接宣传企业产品；另一方面，也可以减少运输成本。

（5）娃哈哈制定联销体的协议，明确规定了协议成员的责任，要求各级成员按照协议进行批发销售，从法律制度上界定了彼此的义务。

实战演练

1. 背景资料：请同学们登录美的集团的官网，了解其分销渠道策略。

2. 训练目标：学会分析分销渠道策略。

3. 训练内容：分析美的集团的分销渠道策略。

4. 训练步骤：以项目小组为单位进行训练，步骤如下：

（1）由模拟公司负责人分配每个成员需要搜集的资料，包括美的产品渠道的长度与宽度策略，对渠道成员的激励政策。

（2）以个人为单位收集产品信息，要求尽量完整。

（3）模拟公司就各成员收集到的信息进行讨论。

（4）每个小组选派一位代表在全班汇报。

5. 实训成果：每个小组完成一份 PPT 形式的美的集团营销渠道策略分析报告。

6. 成果考核：根据各模拟公司汇报的情况，先由模拟公司之间相互提问，进行辩论，最后由教师进行点评，以团队为单位进行考核。

项目九
9 制定促销策略

知识目标

1. 了解促销组合及其影响因素；
2. 掌握人员推销队伍设计与推销队伍管理；
3. 掌握广告决策的步骤；
4. 掌握公共关系与营业推广策略。

能力目标

1. 能够制订企业的促销组合方案；
2. 能够针对特定产品制定促销推广方案。

学习任务 1 认识促销组合

任务抛锚

中国电信拥有全球规模最大的宽带互联网络和技术领先的移动通信网络，具备为全球客户提供跨地域、全业务的综合信息服务能力和客户服务渠道体系，目前已成为全球最大的LTE－FDD 4G运营商、光纤宽带运营商、IPTV运营商、固定电话运营商。截至2018年3月，各类用户总量达到7亿户。

中国电信作为建设网络强国、数字中国和智慧社会的主力军，作为云计算、大数据、人工智能等供给侧结构性改革的先行者和网络基础设施的提供者，将在新时代实现新的作为。在习近平新时代中国特色社会主义思想的指引下，以建设网络强国、打造一流企业、共筑美好生活为目标，以加强信息基础设施建设、深化四个融合、提升全要素生产力为己任，加快网络智能化、业务生态化、运营智慧化的步伐，奋力谱写新时代的电信新篇章。

近年来，公司推出智慧家庭项目，该项目以智能组网为切入点，为用户提供家庭 WiFi 网络接入平台，并在此基础上持续丰富各类家庭信息化应用，满足用户日益增长的家庭信息化需求。那么，应该如何将智慧家庭项目推向市场呢？

任务解析

在现代营销环境中，企业仅有一流的产品、合理的价格、畅通的销售渠道是远远不够的，还需要有一流的促销。市场竞争是产品的竞争、价格的竞争，更是促销的竞争。促销的实质是卖方企业与现实和潜在顾客之间进行信息沟通的过程。高校大学生消费市场（以下简称“大学生市场”）是以所有在校的大学生为消费主体的消费品市场。中国联通在进行促销组合设计时必须在掌握促销的步骤、促销组合内容的基础上，考虑大学生市场的特点，才能有针对性地制定促销策略。

知识储备

一、促销概述

促销指企业通过人员推销、广告、公共关系和营业推广等各种促销方式，向消费者或用户传递信息，引起他们的注意和兴趣，激发他们的购买欲望和购买行为，促成顾客购买行为的全部活动的总称。促销策略是市场营销组合的基本策略之一。促销从本质上是一种信息的传播和沟通活动。

为了成功地把企业及产品的有关信息传递给目标受众，企业需要进行促销活动规划。

（一）确定目标受众

企业首先要明确目标受众的人口特征。确定目标受众是促销的基础，它决定了企业传播信息应该说什么（信息内容），怎么说（信息结构和形式），什么时间说（信息发布时间），通过什么说（传播媒体）和由谁说（信息来源）。

（二）确定促销目标

所谓促销目标，是指企业促销活动所要达到的目的。例如，在一定时期内，某企业的促销目标是在某一市场激发消费者的需求，扩大企业的市场份额；而另一企业的促销目标则是加深消费者对企业的印象，树立企业的形象，为其产品今后占领市场、提高市场竞争地位奠定基础。显然，这两个企业的促销目的不同，因此，促销组合决策就不应该一样。前者属于短期促销目标，为了近期利益，它宜采用广告促销和营业推广相结合的方式。后者属于长期促销目标，其公关促销具有决定性意义，辅之以必要的人员推销和广告促销。在决策中，企业还须注意，企业促销目标的选择必须服从企业营销的总体目标，不能为了单纯的促销而促销。

（三）选择信息沟通渠道

企业将合适的产品在适当地点、以适当价格出售的信息传递到目标市场，一般有两种方式：一种是人员沟通，另一种是非人员沟通。这两种沟通方式各有利弊，起着相互补充的作用。

人员沟通渠道可以是当面交流，也可以通过电话、信件甚至QQ网络聊天等方式进行。这是一种双向沟通，能立即得到对方的反馈，并能够与沟通对象进行情感交流，因此沟通效率较高。在产品昂贵、风险较大或不常购买及产品具有显著的社会地位标志时，销售人员的影响尤为重要。

非人员沟通渠道是不经人员接触和交流而进行的一种信息沟通方式，是一种单向沟通方式。包括大众传播媒体、气氛和事件等。大众传播媒体面对广大的受众，传播范围广；气氛指设计良好的环境因素制造氛围，如商品陈列、POP广告、营业场所的布置等，促使消费者产生购买欲望并导致购买行为；事件指为了吸引受众注意而制造或利用具有一定新闻价值的活动，如新闻发布会、展销会等。

（四）制定促销预算

促销预算是企业面临的最难作的营销决策之一。行业之间、企业之间的促销预算差别相当大。在化妆品行业，促销费用可能达到销售额的20%～30%，甚至30%～50%，而在机械制造行业中仅为10%～20%。企业制定促销预算的方法有许多，常用的主要有以下几种：

（1）量力支出法。这是一种量力而行的预算方法，即企业以本身的支付能力为基础确定促销活动的费用。

（2）销售额百分比法。即依照销售额的一定百分比来制定促销预算。

（3）竞争对等法。主要根据竞争者的促销费用来确定企业自身的促销预算。

（4）目标任务法。企业首先确定促销目标，然后确定达到目标所要完成的任务，最后估算完成这些任务所需的费用，这种预算方法即为目标任务法。

二、促销组合

促销的具体方式包括人员推销、广告、公共关系和营业推广四种。企业把这四种促销形式有机结合起来，综合运用，即为促销组合。

（一）人员推销

人员推销指企业通过派出推销人员与一个或一个以上可能成为购买者的人交谈，作口头陈述，以推销商品，促进和扩大销售。

（二）广告

广告有广义和狭义之分。从广义上说，凡是以说服的方式（包括口头方式或文字图画方式）有助于商品和劳务销售的公开宣传都称作广告，即包括人员推销以外的一切非人员推销的促销手段。从狭义上说，广告是广告主以付费的方式，通过一定的媒体有计划地向公众传递有关商品、劳务和其他信息，借以影响受众的态度，进而诱发或说服其采取购买行动的一种大众传播活动。

（三）公共关系

公共关系是企业为改善与社会公众的关系，促进公众对组织的认识、理解及支持，达到树立良好组织形象、促进商品销售的目的的一系列公共活动。如通过第三者以非付款方式在报刊、电台、电视等传播媒体上，发表有关企业和产品的消息等。

（四）营业推广

营业推广是由一系列的具有短期诱导性的战术性促销方式所组成的。

三、影响促销组合的因素

（一）促销目标

促进销售的总目标，是通过向消费者宣传、诱导和提示，促使消费者产生购买动机，进而产生购买行为。但在总目标的前提下，在特定时期，对特定产品，促销的目标有所不同。如，针对某些产品，企业的促销目标可以是引起广泛的社会公众的注意，宣传产品存在的信息；也可以是重点突出产品的特点、性能等吸引顾客购买；还可以强调售后服务优良等。总之，在进行促销组合时，要根据具体而明确的促销目标对不同的促销方式进行选择，组合使用，从而达到促销目标的要求。

（二）产品的类型

一般来说，消费品采用的促销方式顺序依次为广告、营业推广、人员推销和公共关系；工业品则为人员推销、营业推广、广告和公共关系。

（三）促销的基本策略

促销的基本策略分为有“推动策略”和“拉引策略”两种，如图9－1所示。推动策略是企业把商品由生产者“推”到批发商，批发商再“推”到零售商，零售商再“推”到消费者。显然，企业采取推动策略，人员推销的作用最大。拉引策略是以最终消费者为主要促销对象。企业通过广告等形式引起消费者对产品的需求和兴趣，消费者向中间商购买，中间商受利润驱动向厂商进货。可见，企业采用拉引策略，广告是最重要的促销手段。

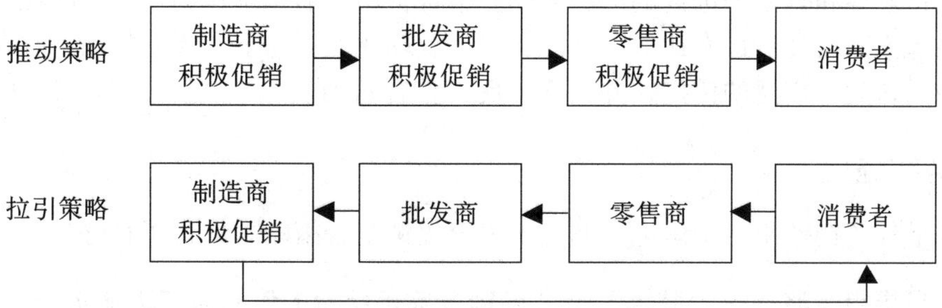

图9－1　促销的基本策略

（四）消费者所处的阶段

消费者的购买过程一般分为 6 个阶段，即知晓、认识、喜欢、偏好、确信和行动。在知晓阶段，广告和公关的作用较大；在认识和喜欢阶段，广告作用较大，其次是人员推销和公共关系；在偏好和确信阶段，人员推销和公共关系的作用较大，广告次之；在行动阶段，人员推销和营业推广的作用最大，广告和公共关系的作用相对较小。

（五）产品所处的生命周期阶段

产品所处的生命周期阶段不同，促销的重点不同，所采用的促销方式也就不同。一般来说，当产品处于投入期，促销的主要目标是提高产品的知名度，因而广告和公共关系的效果最好，营业推广也可鼓励顾客试用。在成长期，促销的任务是增进受众对产品的认识和好感，广告和公共关系需加强，营业推广可相对减少；到成熟期，企业可适度削减广告，应增加营业推广，以巩固消费者对产品的忠诚度；到衰退期，企业的促销任务是使一些老用户继续信任本企业的产品，因此，促销应以营业推广为主，辅以公共关系和人员推销。

（六）促销费用

四种促销方式的费用就总体来说，广告宣传的费用较大，人员推销次之，营业推广花费较少，公共关系的费用最少。企业在选择促销方式时，要综合考虑促销目标、各种促销方式的适应性和企业的资金状况，进行合理的选择，符合经济效益原则。

四、整合营销传播

整合营销传播（Integrated Marketing Communication，简称 IMC），是指企业将各种传播方式加以综合集成，从而使得企业及其产品和服务的总体传播效果达到明确、连续、一致和提升。整合营销传播一方面把广告、促销、公关、直销、CI、包装、新闻媒体等一切传播活动都涵盖于营销活动的范围之内，另一方面则使企业能够将统一的传播资讯传达给顾客。其中心思想是以通过企业与顾客的沟通满足顾客需要的价值为取向，确定企业统一的促销策略，协调使用各种不同的传播手段，发挥不同传播工具的优势，从而使企业实现促销宣传的低成本化，以高强冲击力形成促销高潮。

整合营销传播的开展，是 20 世纪 90 年代市场营销界最为重要的发展，整合营销传播理论也得到了企业界和营销理论界的广泛认同。整合营销传播理论作为一种实战性极强的操作性理论，兴起于商品经济最发达的美国。在经济全球化的形势下，近几年来，整合营销传播理论也在中国得到了广泛的传播，并一度出现“整合营销热”。

任务实施

为达到最佳营销效果，中国电信制定了一套促销组合策略，取得了良好效果。

一、人员推销策略——“装维”与“随销”完美结合的信息化工程师队伍

作为面向客户的重要窗口，装维人员承担着售后工作的重要角色。在装维过程中，一定要乐于跟客户沟通，只有在深入的沟通和交流中，才能获得更详细的客户需求，在此基础上推荐合适的套餐，就显得更有针对性，更容易成功。如果装维过程中只顾着低头干活，那客户就没有机会获得更多关于业务的信息，随销也就无从下手。因此，边做边聊，既能营造良好的气氛，取得客户的信任，又能发掘商机，这是非常实用的营销手法。为了发挥装维人员贴近客户、获取市场信息快的优势，把装维服务与装维随销有效结合起来，实施装维服建一体化运营，公司采取了以下措施：

（1）转变社区经理的传统营销理念，将传统的安装维修人员，打造成一支既能安装维修，又能营销的信息化工程师团队。

（2）通过集中培训、情景演练、技能竞赛，全面提升信息化工程师队伍的随销能力。

（3）让信息化工程师全面融入促销活动，现场开展随销与装维工作。装维人员参与社区店每日晨会，装维单加载商机，总结和分享经验，配合社区店参与每周的生态化促销活动。

二、广告策略——与时俱进、线上线下相结合

1. 锁定目标受众——家庭

智慧家庭项目以家庭为目标受众。随着消费者经济收入的增加，人们对生活品质有了更高的要求。依托优质的家庭 WiFi 网络基础，为用户提供高清视频、家庭安防、家庭云相册共享、家庭云 VR、云游戏等丰富的智慧家庭应用，创造出健康、安全、舒适、低碳、便捷的个性化家居生活，实现政务服务、社会服务信息化，逐步实现家庭智慧化，是许多家庭追求的共同目标。

2. 确定广告目标——增加顾客黏性

广告策略首先要针对家庭消费者突出中国电信的优质品牌。广告诉求重在感情的传递和沟通，而非事实阐述或说教。表达方式应新颖别致，以吸引家庭消费者的注意。广告目标以家庭为核心，通过营造具体的信息化应用场景强化用户的智慧家庭业务感知，激发用户购买需求，增加宽带客户黏性。在 100% 必推智能组网的前提下，新顾客主推智慧家庭融合套餐，老顾客全面导向叠加智慧家庭提速。

3. 选择广告媒体

广告目标确定之后，要选择适当的媒体，才能把信息传递给目标消费者。

（1）传统媒体广告。传统的四大媒体包括电视、广播、报纸和杂志。这些媒体都有各自的优点和不足。为了充分发挥传统媒体的优势，公司在知名度高且和民生密切相关的本地电视台、报纸等展开宣传，以提高知名度和美誉度。

（2）互联网广告。与传统的四大传播媒体广告及备受垂青的户外广告相比，互联网广告具有得天独厚的优势，是实施现代营销媒体战略的重要部分，其速度最快、效果也很理想。该公司充分利用官方网上营业厅、手机掌上营业厅、企业微信公众号等线上渠道开展企业业务宣传推广，并鼓励员工通过自媒体（如抖音、微信公众号）等随时发布业务优惠信息，打造网络爆文等方式扩大业务宣传效果。

（3）卖场 POP 广告。POP 广告即购买时点广告，是指那些设置在销售现场的宣传物。其主要形式有悬挂于天花板上的彩条、店内旗帜、立式展示物、海报、特殊陈列架、特

别布置物、特价标示牌等。由于 POP 广告布置在商店内外，它借助于强烈的视觉传达效果，可以吸引路人进入店内，使客户既能看到广告宣传又能见到实物，效果比较理想。公司在营业厅门店和社区店内，利用营业厅体验区、灯箱广告、X 架、地贴等方式进行全方位宣传。

（4）其他媒体广告。公司还采用横幅、单张、海报、上门派单或派信函、信箱投递、挂拉宣传牌等多种方式在责任片区内进行宣传；在小区楼道公示为主，此外还有电梯广告和在小区出入道闸广告。利用地铁站、公交站灯箱广告开展业务宣传等方式充分体现出多方位、全覆盖的广告攻势。

三、公关活动策划——激发热情、互动交融

活动策划是公司开展公关活动最好的切入点，在活动中不仅拉近了公司与客户的距离，为客户提供了实惠和便利，也为公司进行企业及项目的宣传提供了契机。

1. 社区主题活动

与小区物业管理部门建立合作关系，营销服务中心组织各渠道力量，片区间联动组织，以服务为主题，精心预备开展活动，强化现场智慧家庭业务体验，制造声势和气势，打响社区店的形象。

2. 网络检测活动

开展家庭 WiFi 网络免费检测服务，既方便了客户，又增加了上门拜访机会。

3. 便民、惠民活动

开展各种便民惠民服务的同时，与客户进行良好互动，并进行户外现场客户信息收集。

4. 利用社交平台进行宣传

通过与社区物业管理部门建立紧密联系，由物业管理部门利用微信平台通过业主群传播公司产品和服务信息。

四、销售推广策略——直入人心、刺激购买

1. 营业厅现场促销

运用智慧家庭营销话术，业务人员对进入营业厅的顾客主动进行沟通，促成交易，交易成功后开展产品辅导，确保活跃率。

2. 专设区域现场演示

公司在专设的演示区内进行现场演示，演示商品的功能、使用方法，解答顾客提出的询问并制造活跃的气氛，启发顾客对智慧家庭的兴趣。这种方式可以帮助缺乏商品知识和消费经验的顾客了解商品性能，引发购买兴趣；并去到周边小区扫楼宣传，将顾客吸引到营业厅，开展智慧家庭体验营销。

3. 奖励促销

这是极有效果的促销活动，可在短期内对促销产生明显的效果。通常使用有奖销售、集点赠送和以旧换新等方式。开展“以旧换新”活动，优惠直降 100 元促成交。抓住用户不愿意浪费的心理，对旧路由器进行回收更换，促进销售转化。

学习任务2
制定人员推销策略

任务抛锚

上海霞飞化妆品有限公司，前身为原上海日化厂，成立于1985年，坐落于上海浦东开发区，厂区占地面积达3万多平方米。上海霞飞化妆品有限公司是一家集产品研发、生产及销售三位一体的专业化妆品制造企业，业务范围涉及国内、国外（OEM）两大市场。目前霞飞化妆品有限公司拥有中国十大驰名商标“霞飞”品牌的美容、护肤、护发、洗发等日化系列产品。为了扩大产品市场，上海霞飞化妆品有限公司应该制定促销组合？如何制定人员推销策略呢？

任务解析

在企业营销活动中，只有把商品的使用价值与顾客的现实需要紧密联系在一起，才能实现商品从生产领域向消费领域的转移，而推销人员在这种转移过程中起着桥梁和纽带的作用。推销人员的主要任务就是通过走访顾客，发掘顾客的需要，在为顾客服务的同时，说服顾客购买企业的产品或服务。对企业来说，如果把企业比作一列火车，推销人员是企业的火车头，那么，这列火车行驶速度的快慢取决于推销人员。对顾客而言，推销人员代表着企业形象。因此，制定人员推销策略，对企业的营销活动至关重要。人员推销策略主要包括：销售队伍设计、销售队伍管理。

知识储备

一、人员推销概述

（一）人员推销的任务

1. 开拓市场

推销人员应该寻求机会，发现潜在顾客，创造需求，开拓新的市场。

2. 传递信息

推销人员要及时向消费者传递产品和劳务信息，为消费者提供购买决策的参考资料。

3. 销售产品

推销人员开拓市场的最终目的是将产品销售给目标顾客。

4. 收集情报

推销人员在推销过程中还要收集情报，反馈信息。

5. 开展售前、售中、售后服务

（二）人员推销的特点

相对于其他促销形式，人员推销具有以下特点：

1. 注重人际关系，与顾客进行长期的情感交流

情感的交流与培养，必然使顾客产生惠顾动机，从而与企业建立稳定的购销关系。

2. 较强的灵活性

推销人员可以根据各类顾客的特殊需求，设计有针对性的推销策略，容易诱发顾客的购买欲望，促成购买。

3. 较强的针对性

推销人员在对顾客调查的基础上，可以直接针对潜在顾客进行推销，从而提高推销效果。

4. 说服力强

推销人员通过现场示范，介绍商品功能，回答顾客问题，可以立即获知顾客的反应，并据此适时调整自己的推销策略和方法，容易使顾客信服。

5. 营销功能的多样性

推销人员在推销商品过程中，承担着寻找客户、传递信息、销售产品、提供服务、收集信息、分配货源等多重功能，这是其他促销手段所没有的。

（三）人员推销的工作步骤

人员推销应该包含推销准备、寻找顾客、约见顾客、接近顾客、推销洽谈、处理顾客异议以及成交等几个阶段，如图9－2所示。

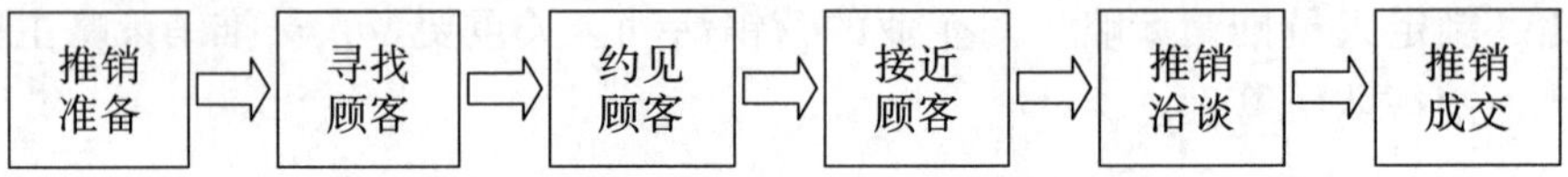

图9－2　推销人员工作步骤

二、销售队伍设计

（一）销售队伍组织结构

销售队伍组织结构设计关系到推销工作的效率和资源最佳利用问题。销售队伍组织结构可按照地区结构、产品、顾客以及这三个因素的结合进行调整和组织。

1. 按地区结构设计

这是最简单的推销人员结构，如图9－3所示。这种组织结构的好处是：第一，结构清晰，便于整体部署；第二，推销人员的活动范围与责任边界明确，有利于管理与调整销售力量，能鼓励推销人员努力工作；第三，有利于推销人员与当地商界及其他公共部门建立良好关系；第四，相对节省往返旅途费用。

图 9－3 地区销售组织

企业在规划地理区域时，要充分考虑地理区域的某些特征，如各区域是否易于管理，各区域销售潜力是否易于估计，他们用于推销的全部时间可否缩短等。

2. 按产品结构设计

这是按产品线来设计的推销结构，推销人员负责一种或一类产品的推销工作，如图 9－4 所示。

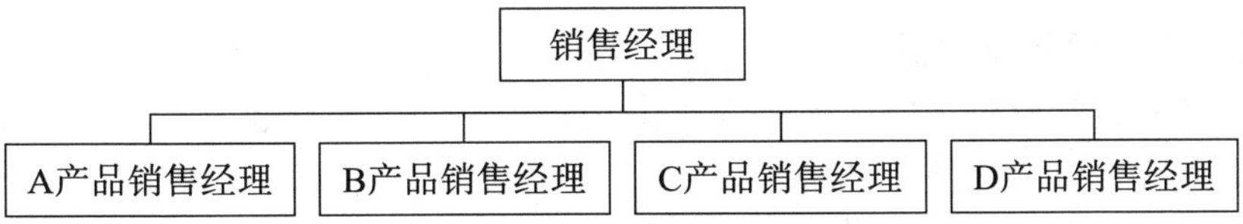

图 9－4 产品销售组织

这种设计一般适合以下情况：一是产品技术性强，生产工艺复杂，不同产品线的推销人员应有专门知识，否则很难有效地推销；二是企业产品种类繁多。

这种组织结构的优点主要有：第一，产品经理能够实现产品的最佳营销组合；第二，产品能较快地成长起来；第三，能够对市场出现的问题及市场状况的变化迅速做出反应。

3. 按顾客结构设计

企业也常常按顾客类别来分配推销人员。如企业对不同行业安排不同的销售队伍，一般来说，分类方法有行业类别、用户规模、分销途径等，如图 9－5 所示。

图 9－5 客户销售组织

这种组织结构能针对不同顾客采取不同的推销策略。但是，一个推销人员可能要横跨若干省份或大区域，整个销售队伍有可能重复交叉出现在同一个地区。

（二）销售队伍的规模

企业销售队伍的规模必须适当。西方企业一般采用工作负荷量法确定销售队伍的规模。例如，某企业有 250 个客户，若每个客户每年平均需要 20 次登门推销，则全年就需要 5000 次登门推销。若平均每个推销人员每年能上门推销 500 次，则该企业就需要 10 名推销人员。

三、销售队伍管理

（一）推销人员选拔和培训

企业的推销员主要有两个来源，即企业内部选拔和向外部招聘。不管推销员来自何方，一个合格的推销员都要具备良好的思想政治素质、文化修养、心理素质和身体素质，并有较强的实际工作能力以及适宜的个性。西方营销专家麦克墨里给超级推销员列出了五项特质："精力异常充沛，充满自信，经常渴望金钱，勤奋成性，并有把各种异议、阻力和障碍看作是挑战的心理状态。"

企业必须对推销员进行专业培训。推销员培训的一般内容包括企业历史、现状、发展目标，产品知识、市场情况、推销技巧、法律常识和有关产品的生产技术和设计知识等。

（二）推销人员的评价和激励

对推销人员的合理评价决定了推销人员的积极性。企业必须建立一套合理的评估指标体系，并随时注意收集有关的信息和资料。

合理的报酬制度是调动推销人员积极性的关键。确定推销人员的报酬应以推销绩效为主要依据，一般有以下几种形式：固定工资制、提成制、固定工资加提成制。由于推销工作的复杂性，固定工资加提成制是一种比较理想的选择。

调动推销人员的积极性除了对推销人员的绩效的合理评价以及合理的报酬制度外，对推销人员的激励也必不可少。一般对推销员的激励手段主要有奖金、职位的提升、培训机会、表扬及旅游度假等。

（三）推销人员的业绩评估

业绩评估的主要考核指标如下：

（1）销售数量指标；

（2）访问顾客的次数；

（3）增加新用户的数量（或市场占有率的提高）；

（4）销售完成率 = 实际销售额/计划销售额；

（5）推销费用率 = 推销费用/总销售收入。

任务实施

上海霞飞化妆品有限公司针对两种类型的促销对象，设计了以下两种类型的促销组合：

（1）以最终消费者为对象的促销组合。基本策略是：以塑造产品形象为目标的广告宣传活动，并辅之以一定的零售点营业推广活动。

（2）以中间商为对象的促销组合。基本策略是：以人员促销为主导要素，配合以交易折扣和耗费巨大的年度订货会为主要特征的营业推广活动。

在人员推销方面，主要策略如下：

（1）全公司产品的销售任务由销售部全面负责，该部门的人数占全公司总人数的十分之一。

（2）推销人员实行合同制，每年同公司方签订为期一年的合同。推销人员若不能完成销售指标，第二年即不续签。

（3）推销人员的报酬实行包干制，无固定月薪收入，按销售实到货款提取0.5%的费用。

（4）推销人员工作实行地区负责制，每一省区配1～3名推销人员。

（5）派出营业员进驻全国各大百货商店的联销专柜，提高推销主动性。

（资料来源：根据百度文库“‘霞飞’化妆品的促销策略”改编）

学习任务3
制定广告策略

任务抛锚

大众汽车公司创立于1937年，是德国最大的汽车生产集团，汽车产量居世界第五位。大众集团包括有在德国本土的大众汽车公司和奥迪公司以及设在美国、墨西哥、巴西、阿根廷、南非等7个子公司。由于大众车型满足不了美国人对大空间的需要，导致销路不畅，因此，到后来撤销了在美的子公司，连设备一并卖给中国第一汽车制造厂继续生产高尔夫捷达。使大众汽车公司扬名的产品是“甲壳虫”轿车，该车在20世纪80年代初就已生产了2000万辆，启动了大众汽车公司的第一班高速列车。紧随其后的POLO、高尔夫、奥迪、帕萨特、桑塔纳等也畅销全世界。

1990年奥迪决定进入中国市场，当时中国市场的豪华车消费刚刚开始，奥迪首先引进了针对公商务车市场的奥迪A6。奥迪汽车在国外虽然有几十年的历史和较高的知名度，但在中国市场缺乏知名度，所以进入中国市场的首要任务就是提高产品认知度和尊贵感。那么奥迪应该采用什么手段来达到这个目的呢？

任务解析

对于消费品来说，首选的促销方式就是广告。如何才能让抽象、感性的品牌价值观在中国的目标消费者心里植根并领略奥迪完美品质？这是整合营销传播要解决的问题，而广告作为传播的核心载体，自然要比其他营销活动承担得要多。因此，必须做到广告传播方案的周密性、良好的计划性。全年的宣传概念和分阶段的主题，在每一个阶段，媒体公关、事件营销、广告等都围绕这些主题进行，按部就班、有条不紊地把奥迪的品牌形象注入目标消费者心里。

知识储备

一、广告的作用

（一）信息沟通作用

广告是企业与消费者之间的桥梁，它以媒介为载体，把企业文化、价值观念、管理状况、服务宗旨、产品信息等方面的内容，形象、具体、集中地介绍给社会公众，增强组织活动的透明度，畅通组织与消费者之间的信息流动和心理感情上相互和谐，为相互间的进一步理解、支持奠定了基础。

（二）形象塑造作用

广告是为塑造企业的良好形象服务的。塑造良好的企业形象既是促销活动的目标，也是广告的目标。单凭广告往往不易达到这个目标，但是广告通过及时、准确、真实地报道有关企业和消费者意愿的各种信息，可以极大地促进企业良好形象的塑造，不断推进公众对组织的认知感和信任度。每一次广告，都是对企业形象的一次塑造，都会对企业形象产生有力的影响，发挥着对企业美誉度日渐强化的作用。

（三）审美作用

如果说信息沟通是广告的基本作用，那么，促进组织良好形象的塑造是广告的主要作用。这两种作用都是随着广告审美作用的发生而发挥其效力的。广告中各种艺术的综合使用，各种现代传播技术的大量运用，也是为了使企业的美好精神风貌更充分地展现在消费者面前，让消费者通过对广告创制的艺术形象和欣赏来认识美、发现美，产生审美愉悦，这就是广告的艺术魅力。

二、广告决策

对于广告在促销中的作用尽管存在争论，尽管我国的企业家发出“不做广告是等死，做广告是找死”的感叹，但在市场上，我国企业对广告却始终情有独钟。如今市场早已走出了“酒好也怕巷子深”的时代，当代企业所要考虑的并不是要不要做广告的问题，而是如何做出精品广告，从而赢得消费者对广告的信任的问题，这需要企业进行科学的广告决策。

【小案例9-1】

可口可乐的广告本土化策略

可口可乐的广告策略在全世界是首屈一指的。可口可乐公司的前老板伍德拉夫有一句名言：“可口可乐99.61%是碳酸、糖浆和水。如果不进行广告宣传，那还有谁会喝它呢?”从历史上看，可口可乐公司是以广告投入巨大而取胜的。如今可口可乐在全球每年的广告费超过6亿美元。中国市场也不例外，可口可乐在中国每年的广告投入高达几千万元。起初，可口可乐是以国际化形象出现在中国消费者面前的，凭最典型化的美国风格和美国个性来打动消费者，所用广告也是美国亚特兰大版本。临近20世纪末时，可口可乐意识到，要当中国饮料市场的领导者，品牌融合中国文化才是长久之路。于是在1997年，可口可乐的广告营销策略发生了显著的变化，其在中国推出的电视广告，第一次选择在中国拍摄，第一次请中国广告公司设计，第一次邀请中国演员拍广告。可口可乐开始大踏步地实施广告本土化的策略。

企业的广告决策，一般包括五个重要的步骤，简称“5M”。

（一）确定广告目标

广告目标是企业通过广告活动要达到的目的，其实质就是要在特定的时间对特定的目标受众完成特定内容的信息传播，并获得目标受众的预期反应。

企业的广告目标取决于企业的整个营销目标。由于企业营销任务的多样性和复杂性，企业的广告目标也是多元化的。一般可以把广告的目标大致分为告知、劝说和提示三大类。

1. 告知性广告

告知性广告主要用于向市场推销新产品，介绍产品的新用途和新功能，宣传产品的价格变动，推广企业新增的服务以及新企业开张等。告知性广告的主要目标是为了促使消费者产生初始需求。

2. 劝说性广告

在产品进入成长期、市场竞争比较激烈的时候，消费者的需求是选择性需求。此时企业广告的主要目标是促使消费者对本企业的产品产生“偏好”，具体包括：劝说顾客购买自己的产品；鼓励竞争对手的顾客转向自己；改变消费者对产品属性的认识；使顾客有心理准备乐于接受人员推销等。劝说性广告一般通过现身说法、权威证明、比较等手法说服消费者。

3. 提示性广告

这是在产品的成熟期和衰退期使用的主要广告形式，其目的是提示顾客购买。比如，提醒消费者购买本产品的地点，提醒人们在淡季时不要忘记该产品，提醒人们在面对众多新产品时不要忘了继续购买本产品等。

（二）制定广告预算

广告目标确定后，企业必须确定广告预算。广告预算是否合理对企业是一个至关重要的问题。预算太少，广告目标不能实现；预算太多，又造成浪费，有时甚至决定企业的命运。确定广告预算的方法，主要有量力支出法、销售额百分比法、目标任务法和竞争对等法。

（三）确定广告信息

广告的效果并不主要取决于企业投入的广告经费，关键在于广告的主题和创意。广告主题决定广告表现的内容，广告创意决定广告表现的形式和风格。只有广告内容迎合目标受众的需求，广告表现具有独特型，广告才能引人注意，并给目标受众带来美好的联想，并促进销售。广告的信息决策一般包括以下 3 个步骤：

1. 确定广告的主题

广告主题是广告所要表达的中心思想。广告主题应当显示产品的主要优点和用途以吸引消费者。对于同一类商品，可以从不同角度提炼不同的广告主题，以满足不同消费者的需要和同一消费者的不同需要。

2. 广告信息的评估与选择

一个好的广告总是集中于一个中心的促销主题，而不必涉及太多的产品信息。“农夫山泉有点甜”，就以异常简洁的信息在受众中留下深刻的印象。如果广告信息过多过杂，消费者往往不知所云。

3. 信息的表达

广告信息的效果不仅取决于“说什么”，更在于“怎么说”，即广告信息的表达。广告表现的手段包括语言手段和非语言手段。

【小案例 9-2】

宝洁广告的惯用公式

宝洁电视广告惯用的公式是“专家法”和“比较法”。宝洁先指出你面临的一个问题，比如头痒、头屑多，接着便有一个权威的专家来告诉你，头屑多这个问题可以解决，那就是使用海飞丝，最后用了海飞丝，头屑没了，秀发自然更出众。这就是“专家法”。“比较法”是指宝洁将自己的产品与竞争者的产品相比，通过电视画面，消费者能够很清楚地看出宝洁产品的优越性。当然，宝洁广告常常揉和“专家法”和“比较法”，比如舒肤佳广告。舒肤佳先宣扬一种新的皮肤清洁观念，表示香皂既要去污，也要杀菌。它的电视广告，通过显微镜下的对比，表明使用舒肤佳比使用普通香皂，皮肤上残留的细菌少得多，强调了它强有力的杀菌能力。它的说辞“唯一通过中华医学会认可”，再一次增强其权威性。综观舒肤佳广告，它的手法平平，冲击力却极强。

【小案例 9-3】

世界经典广告语

雀巢咖啡：“味道好极了！”

这是人们最熟悉的一句广告语，也是人们最喜欢的广告语。它简单而又意味深远，朗朗上口。

M&M 巧克力：“只溶在口，不溶在手。”

这是著名广告大师伯恩巴克的灵感之作，堪称经典，流传至今。它既反映了 M&M 巧克力糖衣包装的独特 USP，又暗示 M&M 巧克力的口味好，以至于我们不愿意让巧克力在手上停留片刻。

百事可乐：“新一代的选择！”

在与可口可乐的竞争中，百事可乐终于找到突破口，它们从年轻人身上发现市场，把自己定位为新生代的可乐，邀请新生代喜欢的超级歌星作为自己的品牌代言人，终于赢得青年人的青睐。

大众甲壳虫汽车：“想想还是小的好。”

20 世纪 60 年代的美国汽车市场是大型车的天下。伯恩巴克提出“think small”的主张拯救了大众的甲壳虫，运用广告的力量，改变了美国人的观念，使美国人认识到小型车的优点。

耐克：“just do it！”

耐克通过以 just do it 为主题的系列广告以及篮球明星乔丹的明星效应，迅速成为体育用品的第一品牌。

（四）选择广告媒体

广播、电视、报纸和杂志是传统的四大大众传播媒体，网络被称为第五大大众媒体。除大众传播媒体以外，还有招牌、墙体等户外媒体，车船身、车站等交通媒体，信函、传单等直接媒体等众多种类。

【小案例 9－4】

别具一格的“垃圾信”

在美国，经常能收到一些印有“重要！”“紧急，请马上回信！”“紧急，×月×日前答复！”字样的信件。这些看似重要的信件只是推销产品的广告和订单，被称为“垃圾信”。这些“垃圾信”五花八门，为了能引起消费者和读者的注意，发信者别出心裁。信的形式设计得很精致，印刷精美，有些信甚至冒充“官方通知”，信封上标有老鹰标记，寄信地址是“联邦调查局”，印有黑体大字“拘票通知”，但仔细一看就会发现一行小字：“领取现金或奖品通知”，打开信封里面竟是“某某邀请函”。有的凭信件可买到优惠商品，有的录像带可试看 15 天，甚至连牛排都用干冰邮寄，让消费者难以推却。

广告媒体的选择，主要依据下列因素进行：

1. 广告产品的特征

一般生产资料适合选择专业性的报纸、杂志、产品说明书，而生活资料则适合选择生动形象、感染力强的电视媒体和印刷精美的彩色杂志等媒体。

2. 目标市场的特征

第一，目标市场的范围。全国性市场适合选择全国性媒体。第二，目标市场的地理区域。农村市场需要选择适合农民的媒体。第三，目标市场的媒体习惯。每种媒体都有自己独特的定位，每类消费者也都有自己的媒体习惯。

3. 广告目标

以扩大市场销售额为目的的广告应选择时效性快、表现性强、针对性强的媒体；树立形象的广告则适合选择覆盖面广、有效期长的媒体。

4. 广告信息的特征

情感诉求的广告适合选择广播、电视媒体等媒体；理性诉求的广告适合选择报纸、杂志等印刷类媒体。

5. 竞争对手的媒体使用情况

一般情况下，应尽可能避免与竞争对手选择同一种媒体，特别是同种媒体的同一时段或同一版面。

6. 广告媒体的特征

各类广告媒体都有各自的广告适应性，如电视的优势是生动形象，时效性强，多手段传播，但不易保存，费用高；报纸价格便宜，易保存，但不生动等。选择广告媒体一定要对各类媒体的广告属性进行充分的把握。

7. 国家广告法规

广告法规关于广告媒体的规定是选择广告媒体的重要依据。

【小案例 9－5】

四两拨千斤

世界著名的利普顿公司为了使自己的产品迅速打进市场，在开业伊始别出心裁地举办了一次精彩的表演——他们买来几头小猪，用缎带给它们精心打扮，并插上“我要去利普顿市场”字样的小旗，然后赶着它们穿过闹市，引起众人的注意，达到了让商品家喻户晓的目的。

做广告需要花重金，但若匠心独运，也能四两拨千斤，用最少的钱让广告有声有色。茶叶公司与猪，风马牛不相及，经公司公关人员策划、牵线搭桥，小猪成为促销功臣，企业也借此腾飞。

（五）评估广告效果

广告的效果主要体现在三个方面，即广告的传播效果、广告的促销效果和广告的社会效果。广告的传播效果是前提和基础，广告的促销效果是广告效果的核心和关键，企业的广告活动也不能忽视对社会风气和价值观念的影响。

1. 广告传播效果的评估

主要评估广告是否将信息有效地传递给目标受众。这种评估传播前和传播后都应进行。传播前，既可采用专家意见综合法，由专家对广告作品进行评定；也可以采用消费者评判法，聘请消费者对广告作品从吸引力、易读性、好感度、认知力、感染力和号召力等方面进行评分。传播后，可再邀请一些目标消费者，向他们了解对广告的阅读率或视听率，对广告的回忆状况等。

2. 广告促销效果的评估

促销效果是广告的核心效果。广告的促销效果，主要测定广告所引起的产品销售额及利润的变化状况。测定广告的促销效果，一般可以采用比较的方法。在其他影响销售的因素一定的情况下，比较广告后和广告前销售额的变化；或者其他条件基本相同的甲和乙两个地区，在甲地做广告而在乙地不做广告，然后比较销售额的差别，以此判断广告的促销效果。

3. 广告的社会效果的评估

主要评定广告的合法性以及广告对社会文化价值观念的影响。一般可以通过专家意见法和消费者评判法进行。

任务实施

1. 广告传播主线化

奥迪的广告传播有四条主线：综合品质、生活方式、销售服务、品牌价值。这是四个最大的主干诉求点，在此基础上才有分支诉求点。

2. 广告传播周期化

周期性不仅表现在年度传播计划上，还表现在新产品推广上。2000 年奥迪 A6 上市时，营销传播主要分三个阶段进行：

（1）宣传奥迪的品质和领先的技术，用这些具体的信息来诠释奥迪品牌价值观中的“远见”；

（2）用奥迪的卓越声誉和所代表的生活方式来诠释“激情”；

（3）用先进的服务和销售网络来诠释“领先”。

3. 广告诉求规律化

从理性、概念到感性，有一个容易为受众接受的过程。奥迪广告主题词丰富多彩，核心概念是强调其卓越的品质与潮流的代表，同时辅以感性诉求并打动消费者，如“奥迪凝聚分享的乐趣”“奥迪畅快之旅”等。

4. 广告媒体整合化

在媒体组合方面，以报刊、电视等广告投放为主流媒体，每年都要在 200 种以上报刊发布广告。另外，还包括网站、户外等媒体。对于企业网站，除发布新闻、车型等信息外，还利用网络工具和消费者进行双向沟通。开通“奥迪论坛”等互动栏目，定期举办在线活动，如邀请 2000 年出征勒芒 24 小时耐力赛的奥迪车队赛车手进行网上访谈等。

5. 版面选择科学化、大气化

奥迪主要版面按投放频次的多少依次为新闻类、汽车专版、经济版、文化娱乐等，注重广告版面与目标受众的关联性。另外，奥迪采用中等篇幅的广告较多，彩色或黑白的横、纵半版是其最常用的方式。另外，1/4 版、1/8 版、通栏等规格在奥迪行销宣传时被广泛应用，展示了良好的企业实力。

6. 发布时间集中化

发布时间关系到广告到达率，奥迪平面广告通常选择大多数人群最忙碌的周二到周四发布奥迪广告，而周三又是三天中广告的投放高峰。

7. 广告投放广泛化

奥迪轿车广告主要宣传地为北京、广州、上海、沈阳、成都等 50 余座城市，范围广泛，主要是重点营销区域或营销的薄弱区域，实现整个中国市场上的联动。

8. 核心媒体策略

奥迪广告媒体以报刊为主，核心策略是：地方日报结合部分地方强势晚报，再配以在特定领域影响力较广的经济类报纸、专业性杂志，如《北京青年报》《财富》《IT 经理世界》等。

9. 广告运动化

广告传播口号也一直在“运动”着，诸如奥迪 A6：“舒适、安全与技术领先”“成功与科技互辉映”，乃至继而出现的“奥迪，引领时代”，而“突破科技，启迪未来”则是广告的传播灵魂，使品牌从导入期向推广期平稳过渡。

（资料来源：根据百度文库“奥迪中国市场营销攻略”改编）

学习任务4
制定公共关系策略

任务抛锚

在世界高档豪华车市场上，宝马、奔驰都是奥迪最强劲的竞争对手，中国市场上亦是如此。同时，凯迪拉克、沃尔沃、丰田等品牌也在悄悄跟进，争分高档车市场的一杯羹。尽管奥迪采取高价位策略，奥迪已成为中国高档豪华车市场的绝对霸主。当然这与奥迪“全价值链本土化”的一汽—大众奥迪模式、强大的产品组合以及面向未来的技术解决方案密不可分，但也离不开奥迪全球理念下的整合营销策略。在整合营销策略中，除了运用广告策略，奥迪还需要运用公共关系策略推广“奥迪”的品牌。奥迪如何制定公共关系策略呢？

任务解析

当前，公共关系的价值和意义逐渐被企业所认可和重视。公共关系是现代营销管理的重要组成部分，它利用传播技能和研究方法作为主要工具，帮助企业建立并保持与消费者之间的相互交流、理解、认可与合作；公共关系参与处理各种问题和事件，帮助企业了解消费者意见并对之做出反应；公共关系明确和强调企业为公共利益服务的责任。随着市场经济的不断发展，企业公共关系的应用领域也不断扩大，从市场营销中的策略组合，到企业发展中的重大问题的解决，到危机事件的处理等更为广泛的领域。制定公共关系策略主要包括：确定公关目标、明确公共关系对象、选择公共关系的方式、实施公关方案和评估公关效果等五个方面。

知识储备

一、公共关系的特点

从营销的角度讲，公共关系是企业利用各种传播手段，沟通内外部关系，塑造良好形象，为企业的生存和发展创造良好环境的经营管理艺术。

作为一种促销手段，公共关系与前述其他手段相比，具有自己的特点：

（一）注重长期效应

公共关系是企业通过公关活动树立良好的社会形象，从而创造良好的社会环境。这是一个长期的过程。良好的企业形象也能为企业的经营和发展带来长期的促进效应。

（二）注重双向沟通

在公关活动中，企业一方面要把本身的信息向公众进行传播和解释，同时也要把公众的信息向企业进行传播和解释，使企业和公众在双向传播中形成和谐的关系。

（三）可信度较高

相对而言，大多数人认为公关报道比较客观，比企业的广告更加可信。

（四）具有戏剧性

经过特别策划的公关事件，容易成为公众关注的焦点，可使企业和产品戏剧化，引人入胜。

二、公共关系策略的制定

（一）确定公关目标

进行公共关系活动要有明确的目标。确定目标是公共关系活动取得良好效果的前提条件。企业的公关目标因企业面临的环境和任务的而不同。一般来说，企业的公关目标主要有以下几类：

（1）新产品、新技术开发之中，要让公众对此有足够的了解；

（2）开辟新市场之前，要在新市场上宣传企业的形象和声誉；

（3）转产其他产品时，要树立企业新形象，使之与新产品相适应；

（4）参加社会公益活动，增加公众对企业的了解和好感；

（5）开展社区公关，与企业所在地的公众沟通；

（6）本企业的产品或服务在社会上造成不良影响后，进行公共关系活动以挽回影响；

（7）创造一个良好的消费环境，在公众中普及同本企业有关的产品或服务的消费方式。

（二）明确公共关系对象

公共关系的对象决定于公共关系的目标，不同的公共关系目标决定了公关传播对象的侧重点不同。如果公关目标是提高消费者对本企业的信任度，那么公关活动应该重点根据消费者的权利和利益要求进行；如果企业与社区关系出现摩擦，公关活动就应该主要针对社区公众进行。

（三）选择公共关系的方式

公共关系的方式是公共关系工作的方法系统。在不同的公关状态和公关目标下，企业必须选择不同的公关模式，以便有效地实现公共关系目标。一般来说，供企业选择的公关方式主要有以下两类：

1. 战略性公关方式

下列五种公关方式，主要针对企业面临的不同环境和公关的不同任务，从整体上影响企业形象，属于战略性公关。

（1）建设性公关。主要适用于企业初创时期或新产品、新服务首次推出之时，主要功能是扩大知名度，树立良好的第一印象。

（2）维系性公关。适用于企业稳定发展之际，用以巩固良好企业形象的公关模式。

（3）进攻性公关。企业与环境发生摩擦冲突时所采用的一种公关模式，主要特点是主动。

（4）防御性公关。企业为防止自身公共关系失调而采取的一种公关模式，适用于企业与外部环境出现了不协调或摩擦苗头的时候，主要特点是防御与引导相结合。

（5）矫正性公关。企业遇到风险时采用的一种公关模式，适用于企业公共关系严重失调，从而企业形象严重受损的时候，主要特点是及时。

2. 策略性公关方式

下列五种公关方式，属于公共关系的业务类型，主要是公共关系的策略技巧，属于策略性公关。

（1）宣传性公关。运用大众传播媒介和内部沟通方式开展宣传工作，树立良好企业形象的公共关系模式，分为内部宣传和外部宣传。

（2）交际性公关。通过人际交往开展公共关系的模式，目的是通过人与人的直接接触，进行感情上的联络。其方式是开展团体交际和个人交往。

（3）服务性公关。以提供优质服务为主要手段的公共关系活动模式，目的是以实际行动获得社会公众的了解和好评。这种方式最显著的特征在于实际的行动。

（4）社会性公关。利用举办各种社会性、公益性、赞助性活动开展公关，带有战略性特点，着眼于整体形象和长远利益。其方式有三种：一是以企业本身为中心开展的活动，如周年纪念等；二是以赞助社会福利事业为中心开展的活动；三是资助大众传播媒介举办的各种活动。

（5）征询性公关。以提供信息服务为主的公关模式，如市场调查、咨询业务、设立监督电话等。

（四）实施公关方案

实施公共关系方案的过程，就是把公关方案确定的内容变为现实的过程，是企业利用各种方式与各类公众进行沟通的过程。实施公关方案是企业公关活动的关键环节。再好的公关方案，如果没有实施，都只能是镜花水月，没有任何价值。实施公关方案，需要做好以下工作：

1. 做好实施前的准备

任何公共关系活动实施之前，都要做好充分的准备，这是保证公共关系实施成功的关键。公关准备工作主要包括公关实施人员的培训、公关实施的资源配备等方面。

2. 消除沟通障碍，提高沟通的有效性

公关传播中存在着方案本身的目标障碍，实施过程中语言、风俗习惯、观念和信仰的差异以及传播时机不当、组织机构臃肿等多方面形成的沟通障碍和突发事件的干扰等影响因素。消除不良影响因素，是提高沟通效果的重要条件。

3. 加强公关实施的控制

公关实施中的控制主要包括对人力、物力、财力、时机、进程、质量、阶段性目标以及突发事件等方面的控制。公关实施中的控制一般包括制定控制标准、衡量实际绩效、将实际绩效与既定标准进行比较和采取纠偏措施四个环节。

（五）评估公关效果

公共关系评估，就是根据一定的标准，对公共关系计划、实施及效果进行衡量、检查、评价和估计，以判断其成效。公共关系评估并不是在公关实施后才评估公关效果，而是贯穿于整个公关活动之中。

公共关系评估的内容包括：

1. 公共关系程序的评估

即对公共关系的调研过程、公关计划的制定过程和公关实施过程的合理性和效益型做出客观的评价。

2. 专项公共关系活动的评估

主要包括对企业日常公共关系活动效果的评估、企业单项公共关系活动（如联谊活动、庆典活动等）效果的评估、企业年度公共关系活动效果的评估等方面。

3. 公共关系状态的评估

企业的公共关系状态包括舆论状态和关系状态两个方面。企业需要从企业内部和企业外部两个角度对企业的舆论状态和关系状态两个方面进行评估。

任务实施

奥迪非常重视公关营销，诸如在上海设立奥迪新闻中心，在网站设立网上新闻中心，能够拥有良好的新闻条件和环境。良好的公关环境是奥迪在中国市场快速发展的基础。

1. 事件营销

要知道，营销绝对不是孤立的，在奥迪品牌大举赞助商务、政务、艺术等活动的同时，更是一种事件营销，或者说是注意力营销，吸引目标消费群体的眼球，在社会上引起了不小的轰动。基于目标客户品牌定位不同，奥迪在公关营销方面较少采取像“2002 捷达西部行”“红旗高空跌落实验”那样的事件营销活动，但也并非完全没有，诸如“奥迪 A4，心动之旅”的试车及路演活动。可以说，奥迪目前缺少的不是知名度，而是美誉度和忠诚度的深入积累，事件营销却多为知名度传播的一个公关技巧或者说策略。

2. 社会营销

作为汽车产业，应密切关注企业社会效益，诸如安全、环保以及对其他公益事业做出反应，而不是把经济效益放在首位。企业要想融入中国市场，绝对不仅仅是在产品、技术等理性方面的本土化，还应包括感性方面本土化，这一点奥迪做得也很好，诸如向环保领域出资、赞助社会公益事业等。

3. 赞助商务会议活动

奥迪一直在努力改变中国消费者对其“官车”的传统心理定位，或者说致力于拓宽产品的市场口径。于是，奥迪采取赞助大规模的经济商务活动的策略：2003 年 8 月作为第七届中国投资贸易洽谈会唯一赞助商赞助高尔夫 20 辆；赞助世界经济峰会中国企业论坛……这是奥迪争夺商务车市场，塑造商务首选形象的强势出招。

4. 赞助大型政务活动

一汽—大众或大众中国总部赞助了很多大型政务活动，以保其在官车市场上继续做大，诸如：2002年赞助亚洲博鳌论坛，奥迪A6成为唯一指定用车；2003年7月奥迪A6成为第五届亚欧经济部长会议唯一指定用车，赞助奥迪A6 30辆……这是奥迪在争夺政要用车市场的主要举措。

5. 体育营销

体育营销是利用体育明星的影响力，吸引观众积极广泛地参与体育赛事。赞助体育活动的广告效应必然不凡。奥迪品牌本身就强调“动感”（如奥迪A6广告语：更激情、更动感、更尊贵），使品牌和体育行销之间产生了一种必然联系，“动起来更精彩”，这拉近了奥迪品牌与体育赛事的距离。当然，奥迪赞助的都是顶级体育赛事或顶级明星，就如奥迪顶级品牌、顶级品质一样。在国内，奥迪抓住体育赛事热点，有两个较为成功的案例：一是赞助泰格·伍兹挑战赛，二是赞助皇马中国行。

（资料来源：根据百度文库“奥迪中国市场营销攻略”改编）

学习任务5 制定营业推广策略

任务抛锚

屈臣氏集团（香港）有限公司（A. S. Watson Group (Hong Kong) Ltd.）创建于1828年，是和记黄埔旗下的国际零售及食品制造机构，业务遍布34个地区。集团涉及的商品包括保健产品、美容产品、香水、化妆品、食品、饮品、电子产品、洋酒及机场零售业务。屈臣氏个人护理店（屈臣氏）是亚洲区最具规模的保健及美容产品零售连锁店。中国屈臣氏拥有1000多家分店，是中国目前最大规模的保健及美容产品零售连锁店。长久以来，屈臣氏不只在品质与创新方面建立了相当声誉，更赢得顾客的高度信赖。

在日益同质化竞争的零售行业，只有为消费者提供合适的产品选择和优质的购物体验才能赢得市场。而实现这一切的首要基础就是准确锁定目标消费群。屈臣氏将中国大陆的目标消费群锁定在18岁~35岁，月收入在2500元人民币以上的时尚女性。这个人群则富有挑战精神，比较注重个性，喜欢体验优质新奇的产品。同时，是女性中收入增长最快的一个群体，有较强的消费能力，但通常又时间紧张，不太喜欢去大卖场或大超市购物，追求的是舒适的购物环境。这些消费者特征都与屈臣氏的商品定位非常吻合。屈臣氏该如何针对目标顾客的特点设计营业推广策略呢？

任务解析

营业推广是市场竞争过程中的一把利剑。我们看到，在市场上并非每一个公司都做广告，但是每一个公司都无一例外地开展促销。从全球的广告与促销对比中看，促销费用的增长率至少比广告费用的增长率高出三个百分点。促销活动之所以有这么大的开支，是因为人们都看好这一销售形式并得益于最后的效果，企业乐意为立竿见影的效果付出。

知识储备

一、营业推广概述

营业推广（Sales Promotion，简称 SP），又称为销售促进，它是指企业运用各种短期诱因鼓励消费者和中间商购买、经销企业产品和服务的促销活动。其目的是扩大销售和提高人气。在企业面临市场竞争加剧、广告媒体费用上升、短期销售压力增加的情况下，加之消费者对交易中的实惠日益重视，使得营业推广受到越来越多企业的青睐。

营业推广比较适合于对消费者和中间商开展促销工作，一般不太适用于产业用户。对于个人消费者来说，营业推广主要吸引三类人群：一是已经使用本企业产品的消费者，可以促使其更多的消费，增加其忠诚度；二是已经使用其他品牌产品的消费者，通过营业推广，吸引其转向本企业的产品；三是从未使用过本企业产品的消费者，争取其试用本企业的产品。对于中间商而言，营业推广主要是吸引中间商更多地进货和积极经销本企业的产品，增强中间商的品牌忠诚度，争取新的中间商。

在产品处于生命周期的投放期和成长期时，营业推广的效果较好；在成熟阶段，营业推广的作用明显减弱。对于同质化程度较高的产品，营业推广可在短期内迅速提高销售额，但对于高度异质化的产品，营业推广的促销作用相对较小。

企业将营业推广与广告、公共关系、人员推销等促销方式结合起来，以营业推广吸引竞争者的顾客，再用广告和公共关系使之产生长期偏好，从而争取竞争对手的市场份额。

二、营业推广策略制定

企业进行营业推广活动，应重点做好以下工作：

（一）确定营业推广的目标

企业在进行营业推广活动之前，必须明确营业推广的目标。推广目标因不同的推广对象而不同。

对消费者推广的目标是：促使他们更多地购买产品；吸引消费者积极试用产品；将竞争者顾客吸引过来等。

对中间商推广的目标是：吸引中间商经销本企业的产品；进一步调动中间商经销产品的积极性；巩固中间商对本企业的忠诚度等。

（二）选择恰当的营业推广方式

1. 营业推广的方式

（1）无偿 SP。无偿 SP 是指针对目标顾客不收取任何费用的一种促销手段 。它包括两种形式：

①无偿附赠，以酬谢包装为主。酬谢包装是指以标准包装为衡量基础，但给消费者提供更多价值的一种包装形式。额外包装，即在包装内额外增加分量而无偿赠予；包装内赠，即

将赠品放入包装内无偿提供给消费者；包装外赠，即将赠品捆绑或附着在包装上无偿提供给消费者；功能包装，即包装具有双重以上的使用价值，不但可以做包装物，还可另做他用。

②无偿试用，以免费样品为主。免费样品是指将产品直接提供给目标对象无偿免费试用。实施免费样品促销，最主要的问题在于如何将样品分送到目标顾客手中。

【小案例9-6】

高露洁在日本的促销

美国的高露洁牙膏在进入日本目标市场时，并没有采取贸然进入、全面出击的策略，而是先在离日本本土最近的琉球群岛上开展了一连串的促销活动。

他们在琉球群岛上赠送样品，使琉球的每一个家庭都有免费的牙膏。因为是免费赠送的，所以琉球的居民不论喜欢与否，每天早上总是使用高露洁牙膏。这种免费赠送活动，引起了当地报纸、电视的注目，把它当作新闻发布，甚至连日本本土的报纸、月刊也大加报道。

于是，高露洁公司在广告区域策略上就达到了这样的目的：以琉球作为桥头堡，使得全日本人都知道了高露洁，以点到面，效果十分明显。

（2）惠赠SP。惠赠SP是指对目标顾客在购买产品时所给予一种优惠待遇。

①买赠，即购买获赠。只要顾客购买某一产品，即可获得一定数量的赠品。最常用的方式，如买一赠一、买五赠二、买一赠三等。

②换赠，即购买补偿获赠。只要顾客购买某一产品，并再略做一些补偿，即可再换取到其他产品。

③退赠，即购买达标退利获赠。只要顾客购买或购买到一定数量的时候，即可获得返利或赠品。它包括消费者累计消费返利和经销商累计销售返利。例如，当购买量达到1000万元之时返利5%；当购买到10个商品时，免费赠送1个商品；当消费三次以上时退还一次的价款等。

（3）折价SP。折价SP是指在目标顾客购买产品时，给予不同形式的价格折扣。

①折价优惠券。即通称优惠券，是一种古老而风行的促销方式。优惠券上一般印有产品的原价、折价比例、购买数量及有效时间。顾客可以凭券购买并获得实惠。折价优惠卡，即一种长期有效的优惠凭证，使发卡企业与目标顾客保持一种比较长久的消费关系。它一般有会员卡和消费卡两种形式。

【小案例9-7】

1元销售术

美国人卡尔开了家小店，开始时生意萧条，后来他经过精心计算做出决定，只要顾客拿出1美元，便可以购买店里的任意1件商品。于是招来了大批顾客，销售量超过了附近几家大的百货公司。后来他改行经营绸布店，又在经营方式上出新，决定凡在该店购买10美元商品，即可获赠白券1张，积5张白券可兑换蓝券1张，积5张蓝券可兑换红券1张，1张红券可以任意挑选店中的1件商品。这种“卡尔销售术”，使他成为百万富翁。

②现价折扣。即在现行价格基础上打折销售。这是一种最常见且行之有效的促销手段。它可以让顾客现场获得看得见的利益并心满意足，同时销售者也会获得满意的目标利润。因为，现价折扣过程一般是讨价还价的过程。通过讨价还价，可以达到双方基本满意的目标。

③减价特卖。即在一定时间内对产品降低价格，以特别的价格来销售。减价特卖的一个特点就是阶段性。一旦促销目的完成，即恢复到原来的价格水平。减价特卖促销，一般只在市场终端实行。但是，制造商一旦介入进来，就可能是一种长久的促销策略。

④低价经营。即产品以低于市场通行价格水平来销售。低价经营属于一种销售战略，其整体价格水平在长期内均需低于其他经营者。而且，一开始，低价经营者就应以优惠的价格面市。从长远上看，低价经营虽是局部微利，但这一促销策略可以强力地吸引消费群，并达到整体获利的目的。

⑤大拍卖和大甩卖。商品大拍卖是将商品以低拍的方式，以非正常的价格来销售；商品大甩卖也是以低于成本或非正常价格的方式来销售。大拍卖和大甩卖，都是一种价格利益驱动战术。对商家而言，大拍卖和大甩卖又是一种清仓策略。通过大拍卖或大甩卖，能够集中吸引消费群，刺激人们的购买欲望，在短期内消化掉积压商品。

（4）竞赛 SP。竞赛 SP 是指利用人们的好胜和好奇心理，通过举办趣味性和智力性竞赛，吸引目标顾客参与的一种促销手段。

①征集与答奖竞赛。即竞赛的发动者通过征集活动或有奖问答活动吸引消费者参与的一种促销方式。

②促销竞赛。即企业诱导消费者参加与经营商品、活动有关的竞赛活动，消费者发挥自己的才华，解决某一特定问题，根据比赛成绩，领取奖品、奖金的促销活动。最终竞赛的成功获得者，必是在比赛中的佼佼者。如广告语征集、商标设计征集、作文竞赛、译名竞赛等。

③竞猜比赛。即竞赛的发动者通过举办对某一结局的竞猜以吸引顾客参与的一种促销方式。如猜谜、体育获胜竞猜、自然现象竞猜、揭迷竞猜等。

④优胜选拔比赛。即竞赛的发动者通过举办某一形式的比赛，吸引爱好者参与，最后选拔出优胜者的促销方式。如选美比赛、健美大赛、选星大赛、形象代言人选拔赛及饮酒大赛等。

⑤印花积点竞赛。即竞赛的发动者指定在某一时间内，目标顾客通过收集产品印花，在达到一定数量时可兑换赠品的促销方式。印花积点是一种古老而具影响力的促销术。只要顾客握有一定量的凭证，即印花：商标、标贴、瓶盖、印券、票证、包装物等，即可依印花量多少领取不同的赠品或奖赏。

2. 选择恰当的营业推广工具

企业可以根据市场类型、营业推广目标、竞争情况、国家政策以及各种推广工具的特点灵活选择推广工具。

（1）生产商对消费者的推广形式。如果企业以抵制竞争者的促销为推广目的，企业可设计一组降价的产品组合，以取得快速的防御性反应；如果企业的产品具有较强的竞争优势，企业促销的目的在于吸引消费者率先采用，则可以向消费者赠送样品或免费试用样品。

（2）零售商对消费者的推广形式中。零售商促销的目的是吸引更多的顾客光临和购买。因此，促销工具的选择必须能够给顾客带来实惠。实惠就是吸引力。在推广中，零售商经常采用商品陈列和现场表演、优待券、特价包装、交易印花、抽奖、游戏等推广形式。

（3）生产商对中间商的推广形式。生产商为了得到批发商和零售商的合作与支持，主要运用购买折扣、广告折让、商品陈列折让和经销奖励等方式进行推广。

3. 制订合理的营业推广方案

一个完整的营业推广方案必须包括以下内容：

（1）诱因的大小。即确定使企业成本/效益最佳的诱因规模。诱因规模太大，企业的促销成本就高；诱因规模太小，对消费者又缺少足够的吸引力。因此，营销人员必须认真考察销售和成本增加的相对比率，确定最合理的诱因规模。

（2）推广对象的范围。企业需要对推广对象的条件做出明确规定，比如赠送礼品，是赠送给每一个购买者还是只赠送给购买量达到一定要求的顾客等。

（3）媒体选择。即决定如何将营业推广方案告诉给促销对象。如果企业将要举行一次赠送礼品的推广活动，可以采用以下方式进行宣传：一是印制宣传单在街上派送；二是将宣传单放置销售终端供顾客取阅；三是在报纸等大众媒体上做广告；四是邮寄给目标顾客等。

（4）营业推广时机的选择。企业可以灵活地选择节假日、重大活动和事件等时机进行促销活动。

（5）确定推广期限。推广期限要恰当，不可太短或太长。根据西方营销专家的研究，比较理想的推广期限是3个星期左右。

（6）确定促销预算。一般有两种方式确定预算：一种是全面分析法，即营销者对各个推广方式进行选择，然后估算它们的总费用；另一种是总促销预算百分比法。

4. 测试营业推广方案

为了保证营业推广的效果，企业在正式实施方案之前，必须对方案进行测试。测试的内容主要是诱因对消费者的效力、所选用的工具是否恰当、媒体选择是否恰当、顾客反应是否足够等。发现不恰当的部分，要及时进行调整。

5. 执行和控制营业推广方案

企业必须制订具体的实施方案。实施方案中应明确规定准备时间和实施时间。准备时间是指推出方案之前所需的时间。实施时间是从推广活动开始到95%的推广商品已到达消费者手中这一段时间。

6. 评估营业推广的效果

营业推广的效果体现了营业推广的目的。企业必须高度重视对推广效果的评价。评价推广效果，一般可以采用比较法（比较推广前后销售额的变动情况）、顾客调查法和实验法等方法进行。

任务实施

作为城市高收入代表的白领丽人，她们并不吝惜花钱，往往陶醉于某种获得小利后成功的喜悦，希望精神上获得满足。让都市时尚白领一族以逛商店为乐趣，并在购物后仍然津津乐道，有种“淘宝”后莫名喜悦的感觉，这可谓达到了商家经营的最高境界。屈臣氏正是捕捉了目标顾客微妙的心理细节，成功地策划了一次又一次的促销活动。

1. 超值换购

在每一期的促销活动中，屈臣氏都会推出 3 个以上的超值商品，在顾客一次性购物满 50 元后，可以多加 10 元即可任意选其中一件商品。这些超值商品通常会选择屈臣氏的自有品牌，所以能在实现低价位的同时又保证了利润。

2. 独家优惠

这是屈臣氏经常使用的一种促销手段，他们在寻找促销商品时，经常避开其他商家，给顾客更多新鲜感，也可以提高顾客忠诚度。

3. 买就送

买一送一、买二送一、买四送二、买大送小；送商品、送赠品、送礼品、送购物券、送抽奖券，促销方式非常灵活多变。

4. 加量不加价

这一招主要是针对屈臣氏的自有品牌产品，经常会推出加量不加价的包装，用鲜明的标签标示，以加量 33% 或加量 50% 为主，多是面膜、橄榄油、护手霜、洗发水、润发素、化妆棉等经常使用的产品，对消费者非常有吸引力。

5. 优惠券

屈臣氏经常会在促销宣传手册或者报纸海报上出现剪角优惠券，在购买指定产品时，可以给予一定金额的购买优惠，省 5 元到几十元都有。

6. 套装优惠

屈臣氏经常会向生产厂家定制专供的套装商品，以较优惠的价格销售，如资生堂、曼秀雷敦、旁氏、玉兰油等都会常做一些带赠品的套装，屈臣氏自有品牌也经常会推出套装优惠。例如，买屈臣氏骨胶原修护精华液一盒 69. 9 元送 49. 9 元的眼部保湿啫喱一支，促销力度很大。

7. 震撼低价

屈臣氏经常推出系列震撼低价商品，这些商品以非常优惠的价格销售，并且规定每个店铺必须陈列在店铺最前面、最显眼的位置，以吸引顾客。

8. VIP 会员卡

屈臣氏在 2006 年 9 月开始推出自己的会员卡，顾客只需去屈臣氏门店填写申请表格，就可立即办理屈臣氏贵宾卡，办卡时仅收取工本费 1 元。屈臣氏会每两周推出数十件贵宾独享折扣商品，低至 8 折，每次消费有积分。

9. 感谢日

屈臣氏举行为期 3 天的感谢日小型主题促销活动，推出系列重磅特价商品，单价商品低价幅度在 10 元以上。

10. 销售比赛

销售比赛也是屈臣氏一项非常成功的促销活动，每期指定一些比赛商品，分各级别店铺（屈臣氏的店铺根据面积、地点等因素分为 A、B、C 三个级别）之间进行推销比赛，销售排名在前三名的店铺都将获得奖励。每次参加销售比赛的指定商品的销售业绩都会以奇迹般的速度增长，供货厂家非常乐意参与这样有助于销售的活动。

（资料来源：根据全球品牌网“屈臣氏促销案例剖析”改编）

实战演练

1. 背景资料：请同学们上网搜集美的集团目前采用的各种促销策略。

2. 训练目标：掌握促销策略的方法和技巧，能制订出可行的促销方案，并能够运用各种促销方式开展促销活动。

3. 训练内容：为美的空调制定“双节”促销方案（小组自选某一具体产品）。

4. 训练步骤：以项目小组为单位进行训练，步骤如下：

（1）以个人为单位收集与美的集团促销策略有关的所有信息，并进行分类整理。

（2）模拟公司就各成员收集到的信息进行讨论，分析美的促销方案的特点。

（3）模拟公司负责人对“双节”促销方案的制订工作进行分工，成员负责搜集资料并撰写个人承担的内容。最后由专人负责统稿。

（4）每个模拟公司选派一位代表在全班汇报美的空调“双节”促销方案。

5. 实训成果：每个模拟公司完成一份文档形式的美的空调“双节”促销方案。

6. 成果考核：根据各模拟公司汇报的情况，先由模拟公司之间相互提问，进行辩论，最后由教师进行点评，以团队为单位进行考核。

10

项目十 进行市场营销管理

知识目标

1. 掌握市场营销管理的实质以及八种类型营销方式；
2. 掌握营销企划方案的基本内容；
3. 了解营销执行中的问题，掌握营销执行的步骤；
4. 了解营销控制的内容以及各种控制方法。

能力目标

1. 能够根据营销调研和环境分析结果进行营销企划（做营销企划书）；
2. 能够有效设计营销组织。

学习任务1 认识市场营销管理

任务抛锚

沃尔玛公司由美国零售业的传奇人物山姆·沃尔顿先生于1962年在阿肯色州成立。经过50多年的发展，沃尔玛公司已经成为世界最大的私人雇主和连锁零售商，多次荣登《财富》杂志世界500强榜首及当选最具价值品牌。让我们看一下沃尔玛是怎样打造这一奇迹的。

一、以顾客为导向

沃尔玛坚信“顾客第一”是其成功的精髓。沃尔玛庞大事业的缔造者山姆·沃尔顿这样说过：“我们的老板只有一个，那就是我们的顾客，是他付给我们每月的薪水，只有他有权解雇上至董事长的每一个人。道理很简单，只要他改变一下购物习惯，换到别家商店买东西就是了。”沃尔玛的营业场所总是醒目地写着其经营信条：“第一条：顾客永远是对的；第二条：如有疑问，请参照第一条。”

沃尔玛这种服务顾客的观念并非只停留在标记和口号上，而且深入到经营服务行动。沃尔玛店铺内的通道、灯光设计都为了令顾客更加舒适；店门口的欢迎者较其他同行更主动热情；收银员一律站立工作以示对顾客的尊敬；当任何一位顾客距营业员3米的时候，营业员都必须面向顾客，面露微笑，主动打招呼，并问“有什么需要我效劳的吗?”沃尔玛力图让顾客在每一家连锁店都感到这是他们的商店，都会得到殷勤、诚恳的接待，以确保不打折扣地满足顾客需要。正是这些事事以顾客为先的点点滴滴为沃尔玛赢得了顾客的好感和信赖。

二、天天低价

沃尔玛一直特别注重价格竞争，长期奉行薄利多销的经营方针。沃尔顿的名言是：“一件商品，成本8毛，如果标价1元，销售数量却是1.2元时的3倍，我在一件商品上所赚不多，但卖多了，我就有利可图。”所以，沃尔玛提出了一个响亮的口号：“销售的商品总是最低的价格。”在同类商品中，沃尔玛的价格要比最大的竞争对手之一凯马特的价格低5%。然而，维持长期低价并不是一件轻而易举的事，沃尔玛之所以能长期保持价格优势还得益于其有效的成本控制。

1. 争取低廉进价。沃尔玛避开了一切中间环节直接从工厂进货，其雄厚的经济实力使之具有强大的议价能力。更重要的是，沃尔玛并不因自身规模大、实力强而肆意损害供应商来增加自身利润，而是重视与供应商建立友好融洽的协作关系，保护供应商的利益。沃尔玛给予供应商的优惠远超同行。美国第三大零售商凯马特对供应的商品平均45天付款，而沃尔玛仅为平均29天付款，大大激发了供应商与沃尔玛建立业务的积极性，从而保证了沃尔玛商品的最优进价。

2. 完善的物流管理系统。沃尔玛被称为零售配送革命的领袖。其独特的配送体系，大大降低了成本，加速了存货周转，成为“天天低价”的最有力的支持。沃尔玛补充存货的方法被称为“交叉装卸法”。这套“不停留送货”的供货系统共包括三个部分：①高效率的配送中心。沃尔玛的配送中心具有高度现代化的机械设施，送至此处的商品85%都采用机械处理，这就大大减少了人工处理商品的费用。同时，由于购进商品数量庞大，使自动化机械设备得以充分利用，规模优势充分显示。②迅速的运输系统。至1996年，沃尔玛已拥有30个配送中心，2000多辆运货卡车，保证进货从仓库到任何一家商店的时间不超过48小时，相对于其他同业商店平均两周补货一次，沃尔玛可保证分店货架平均一周补两次。③先进的卫星通信网络。这套系统的应用，使配送中心、供应商及每一分店的每一销售点都能形成连线作业，在短短数小时内便可完成“填妥订单→各分店订单汇总→送出订单”的整个流程，大大提高了营业的高效性和准确性。

3. 营销成本的有效控制。沃尔玛的广告开支仅相当于美国第二大连锁店西尔斯的三分之一，每平方英尺销售额比美国第三大连锁店凯马特高一倍。沃尔玛的营销成本仅占销售额的1.5%，商品损耗率仅为1.1%，而一般美国零售商店这两项指标的平均值分别高达5%和2%。这些都使得沃尔玛实施低价策略的实力进一步加强。

三、"一站式"购物新理念

在沃尔玛，消费者可以体验"一站式"购物（One—Stop Shopping）的新概念。在商品结构上，它力求富有变化和特色，以满足顾客的各种喜好。其经营项目繁多，包括食品、玩具、新款服装、化妆用品、家用电器、日用百货、肉类果菜等。

另外，沃尔玛为方便顾客还设置了多项特殊的服务类型：①免费停车。②沃尔玛将糕点房搬进了商场，更设有"山姆休闲廊"，所有的风味美食、新鲜糕点都给顾客在购物劳顿之余以休闲的享受。③店内聘有专业人士为顾客免费咨询电脑、照相机、录像机及其相关用品的有关情况，有助于减少盲目购买带来的风险。④店内设有文件处理商务中心，可为顾客提供包括彩色文件制作、复印、工程图纸放大缩小、高速文印在内的多项服务。⑤一次购物满2000元或以上，沃尔玛皆可提供送货服务，在指定范围内每次49元（因为商品价格中不含送货成本）。

在店址选择上，沃尔玛也以方便顾客购物为首要考虑因素。在美国，它的触角伸向西尔斯、凯马特所不屑一顾的偏远小乡镇。从明尼苏达到密西西比，从南加州到俄克拉荷马，沃尔玛无所不在。只要哪座乡镇缺乏廉价商店，沃尔玛就在哪里开业。

沃尔玛是怎样进行市场营销管理的？沃尔玛成功的关键是什么？

（资料来源：根据MBA智库百科中的营销管理案例分析"案例一：沃尔玛"改编）

任务解析

沃尔玛市场营销管理的突出特点是以顾客为导向、天天低价、"一站式"购物新理念等。我们分析这几个特点不难发现，沃尔玛在市场营销管理过程中正是以市场为导向，以顾客的需求为出发点，进行市场分析、营销策划以及实施和控制。沃尔玛之所以能够创造零售业的奇迹，成为"环球商业神话"，关键在于它能够满足顾客的需求，在于以满足顾客需求为出发点和最终目标的市场营销管理。

知识储备

一、市场营销管理概述

市场营销管理（Marketing Management），是指企业为了实现自身目标，建立和保持与目标市场之间的互利交换关系，而进行的各种分析、计划、执行和控制活动，如图10－1所示。

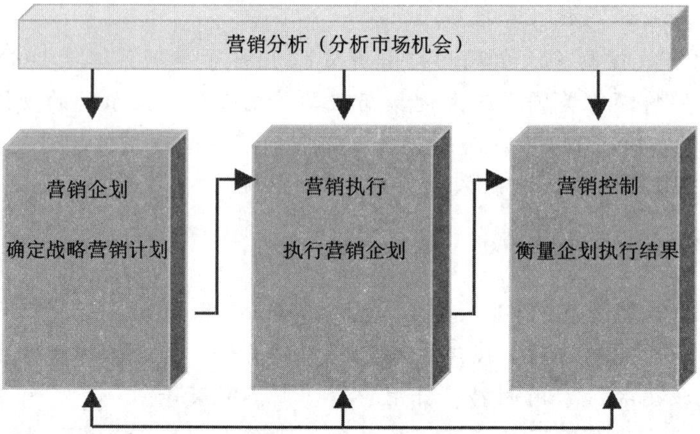

图 10－1　市场营销管理

企业通过市场营销管理调整市场的需求水平、需求时间和需求性质，以有效实现企业与目标市场之间供求关系的相互协调，从而实现互利的交换，最终达成企业目标。因此，市场营销管理实质上是需求管理。

需求管理是指以客户为中心，以客户的需求为出发点，集中精力来估计和管理用户需求，并试图利用该信息制定生产经营决策，以实现客户效用最大化的一种活动。

二、市场需求的种类

（一）负需求

当绝大多数人对某个产品感到厌恶，甚至愿意出钱回避它的情况下，市场呈现对此种产品的负需求状况。例如，从健康的角度出发，减肥者、中老年等多数人对肥肉呈现负需求状况。

（二）无需求

如果目标市场对产品毫无兴趣或漠不关心，市场呈现对此种产品无需求状况。通常情况下，市场对下列产品无需求：①人们一般认为无价值的废旧物资；②人们一般认为有价值，但在特定环境下无价值的东西；③新产品或消费者平时不熟悉的物品等。

（三）潜在需求

潜在需求指相当一部分消费者对某物有强烈的需求，而现有产品或服务又无法使之满足的一种需求状况。例如，老年人需要高植物蛋白、低胆固醇的保健食品，美观大方的服饰，安全、舒适、服务周到的交通工具等，但许多企业尚未重视老年市场的需求。

（四）下降需求

下降需求也称衰退需求，是指由于顾客对产品的兴趣下降或其他原因，导致市场对某产品的需求不断减少，呈下降趋势态，成为衰退需求。例如，随着时代的变化，中国女性对传统中式服装的需求不断下降。

（五）不规则需求

不规则需求也叫波动需求，是指某些物品或服务的市场需求在一年不同季节，或一周不同日子，甚至一天不同时间上下波动很大的一种需求状况。例如，人们对冷饮的需求，在夏季特别旺盛，而在冬季就变得非常稀少。

（六）充分需求

充分需求指某种物品或服务的目前需求水平和时间等于预期的需求水平和时间，这是企业最理想的一种需求状况。例如，人们对许多日常用品的需求，一般都呈现充分需求的状态。

（七）过量需求

过量需求是指在某种物品或服务的市场需求超过了企业所能供给或所愿供给的水平。例如，大量的国内外游客对北京故宫博物院的参观需求，已经大大超出了正常的接待能力。

（八）有害需求

有害需求指的是市场对某些有害物品或服务（对消费者、社会或企业有害无益）的需求。例如，有些人对烟、酒、毒品、黄色书籍的需求等。

三、针对不同市场需求的营销管理类型

以往人们认为，企业的市场营销管理就是企业为自己的产品找出足够数量的顾客，并尽可能地扩大需求数量，但这种想法并不完全符合企业市场营销管理的实际。事实上，任何企业的产品都有一种适当的需求水平，而且在不同时期需求水平是不同的：有时需求量可能为零；有时需求量可能适当；有时需求量可能没有规律或是需求过量。因此，企业必须通过市场营销管理找出适当的方式来面对各种不同的需求状态，做出刺激、提升、维持或减少需求等不同的选择。

根据以上八种不同的市场需求状况，可以将市场营销管理分为八种不同类型：扭转性营销、刺激性营销、开发性营销、恢复性营销、同步性营销、维持性营销、限制性营销、抵制性营销，见表 10 – 1。

表 10 – 1　八种不同类型的市场营销管理

需求状况	营销任务	营销管理类型
负需求	扭转需求：市场营销管理的任务是分析人们为什么不喜欢这些产品，并针对目标顾客的需求重新设计产品、定价，做更积极的促销，或改变顾客对某些产品或服务的信念，使其接受产品，把负需求变为正需求。	扭转性营销
无需求	激发需求：市场营销者的任务是设法吸引顾客，刺激和创造需求，通过有效的促销手段，把产品利益同人们的自然需求及兴趣结合起来。	刺激性营销

续表

需求状况	营销任务	营销管理类型
潜在需求	实现需求：市场营销管理的任务是准确地衡量潜在市场容量，努力开发有效的产品和服务来满足潜在的需求，从而使潜在需求变成现实需求。	开发性营销
下降需求	恢复需求：市场营销者要仔细分析顾客需求下降的原因，通过改变产品的特色，开发新的目标市场等不同方式来遏制需求下降，并采用更有效的沟通方法重新刺激需求，实现创造性的再营销过程。	恢复性营销
不规则需求	调节需求：市场营销管理的任务是通过灵活的定价、有效促销及其他激励因素来改变需求的时间或地点模式，使供需趋于协调，从而实现同步营销。	同步性营销
充分需求	维持需求：企业营销管理的任务是高度重视顾客需求偏好的变化以及来自竞争对手日益激烈的竞争，通过稳定产品质量、保持合理定价等方式，努力维持现有的需求水平。	维持性营销
过量需求	限制需求：企业营销管理的任务是减缓营销，可以通过提高价格、减少促销和服务等方式使需求减少。减缓营销的目的不是破坏需求，而只是暂缓需求水平，成为限制性营销。	限制性营销
有害需求	消除需求：企业营销管理的任务是通过提价、传播恐怖及减少可购买的机会或通过立法禁止销售，称之为反市场营销。反市场营销的目的是采取相应措施来消灭某些有害的需求。	抵制性营销

实战演练

1. 背景资料：请同学们查找沃尔玛在中国的经营情况。

2. 训练目标：掌握八种需求所对应的八种类型的市场营销管理。

3. 训练内容：分析沃尔玛经营的商品主要属于哪几种需求？沃尔玛针对市场对商品需求的类型采取了哪些种类的市场营销管理？

4. 训练步骤：以项目小组为单位进行训练，步骤如下：

（1）小组成员个人上网收集资料，了解沃尔玛在中国市场的经营情况。

（2）小组集中讨论，每个人说出自己的看法，最后小组达成共识。

（3）每个小组选一名代表向全班同学汇报。

5. 实训成果：提交沃尔玛需求管理分析报告（以文档形式）。

6. 成果考核：根据各小组汇报的情况，先由小组之间相互提问，进行辩论，最后由教师进行总结，以小组为单位进行考核。

学习任务 2
制订营销企划方案

任务抛锚

沃尔玛公司致力于通过实体零售店、在线电子商店以及移动设备移动端等不同平台、不同方式来帮助世界各地的人们随时随地节省开支，并生活得更好。每周，超过 2.75 亿名顾客和会员光顾在 27 个国家拥有的 58 个品牌下的 11300 多家分店以及电子商务网站。沃尔玛全球 2019 年营业收入达到 5144 亿美元，全球员工总数超 220 万名。目前沃尔玛在中国经营多种业态和品牌，包括购物广场、山姆会员商店、沃尔玛惠选超市等。沃尔玛已经在全国 180 多个城市开设了 400 多家商场、约 20 家配送中心。沃尔玛自从进入中国以来，凭借其雄厚的资金、多年的零售经营经验、先进的管理方法，取得了销售额逐年增加、市场占有率稳步上升的经营业绩。

任务解析

沃尔玛是怎样创造了零售业的奇迹，怎样做到“天天低价”的呢？这不是说做就那么容易做到的事，必须首先经过精心的策划，才能一步一步地去实现，例如，要如何争取低廉进价，要如何建立完善的物流管理系统，如何进行营销成本的有效控制等。也就是说，首先要做好营销企划。

知识储备

一、营销企划方案的概念

营销企划是在研究和分析企业营销环境的基础上，确定适合于企业资源状况、竞争能力、任务和目标的营销目标，并规划其实现的行动方案的结构性程序。

这一结构性程序的最终结果是营销企划书，即营销企划方案。每一个产品层次（如产品线、品牌）都必须有自己的营销企划。

二、营销企划方案的结构和内容

就营销企划的内容范围而言，我们可以将企业的营销企划分成整体市场营销企划与专门市场营销企划两类：前者针对企业的不同产品层次而制定；后者则针对企业不同产品层次营销活动的某一营销要素而定，如广告企划、促销企划、流通渠道企划、商品企划等。我们这里所要学习的是整体营销企划。

营销企划通过营销企划方案来制定整个营销活动的行动方案。营销企划方案必须规划整个营销管理过程，包括分析市场机会、研究与选择目标市场、制定推销战略、规划营销方案以及组织、执行和控制营销实现。一项营销企划一般涉及两大组成部分，即现有的营销环境分析和营销策略的设计。营销策划中的这两部分是相辅相成、缺一不可的。营销环境的分析是为制定企业营销策略所做的基础分析，只有对营销环境进行准确而深入的分析后，企业才有可能了解其营销现状的机遇和挑战，了解要采取某项营销策略来实现营销的目标。营销策略是一项营销策划中的主体，也是一项营销策划所应提供的营销方案中的主要部分，它包括商品或服务从创意、制造、分销到售后服务的各个环节，也涉及营销活动的产品策略、定价策略、分销策略和促销策略。

营销企划方案的一般结构包括以下几个方面：

（1）前言：营销企划的意义。

（2）企划概要：将整份营销企划浓缩到一页纸上，以方便阅读者对企划有整体的了解与把握。

（3）营销环境分析：对影响企业营销活动的宏观、微观环境因素进行仔细分析。

（4）SWOT分析：根据营销环境分析，得出企业面对的机会与威胁及自身把握机会成功营销的优、劣势结论。

（5）营销企划对象与目标界定：根据环境分析及SWOT结论，明确营销企划的对象。同时，在细分市场的基础上，确定企划对象所面对的目标市场，并进行有效的市场定位；在此基础上，确定企划对象在目标市场要达成的目标。

（6）营销策略：为企划对象设计符合目标市场的包括产品策略、价格策略、渠道策略及促销策略在内的整体营销策略。

（7）实施计划：为实现营销策略而进行的组织安排、资源配置预算以及进度安排。

（8）效果预计：用具体、定量的财务、销售等相关指标分析营销企划的各方面效果。

（9）建议：为更有效地实施营销企划提供必要的建议。

实战演练

1. 背景资料：仔细阅读项目二市场调研项目训练所做出的调研报告。

2. 训练目标：体验和把握市场营销企划。

3. 训练内容：以小组为单位，制订一份模拟企业的营销企划方案。

4. 训练步骤：以项目小组为单位进行训练，步骤如下：

（1）以调研报告为基础，以小组讨论的方式分析相关的营销环境；

（2）综合前面所学的知识，以前面做过的营销环境分析为基础，制订一份营销企划方案；

（3）以PPT形式汇报营销企划方案，发表时间为10分钟。

5. 实训成果：为小米公司制订营销企划方案，以文档形式提交，并以PPT形式汇报。

6. 成果考核：根据各小组汇报的情况，先由小组之间相互提问，进行辩论，最后由教师进行总结，以小组为单位进行考核。

学习任务3
设计市场营销组织

任务抛锚

2017 年 9 月 21 日至 2018 年 1 月 27 日的周末，宝洁公司在没有玉兰油专柜的商场内进行店内促销，目的是向消费者传递玉兰油换新包装的信息，让玉兰油时尚、专业、高档的形象深入人心，并通过促销中的买赠活动吸引更多的消费者购买。为了最大限度地利用资源并达到最好的推广效果，公司选择了商场内人流量最大的时间段——周五（18：00～20：00）、周六（11：30～20：30）和周日（11：30～20：30）。

玉兰油属于中高档化妆品，消费对象为 18～50 岁的职业女性，销售区域主要是城市，本次活动就选择在华东、华南、西南区一些经济较发达的城市进行。

宝洁公司会如何组织此次促销活动？

（资料来源：根据 MBA 智库百科“案例一：营销组织案例分析”改编）

任务解析

市场营销组织是以市场营销观念为理念建立的组织，是指企业内部涉及市场营销活动的各个职位及其结构。在整个市场运行过程中，市场营销组织以消费者需求为导向，进行市场细分、目标市场选择和市场定位的确定，其归宿点也在于满足消费者的需求。

为了完成此次促销活动，宝洁公司必须要为此次活动建立相应的组织机构。

知识储备

一、市场营销组织的类型

市场营销组织是市场营销管理过程中一个非常重要的步骤。市场营销活动的执行与控制需要通过一定的组织系统来实施。市场营销组织主要有五种类型：职能型组织、地区型组织、产品或品牌管理型组织、市场管理型组织以及产品—市场管理型组织。

（一）职能型组织

这是最常见的市场营销机构的组织形式，是在营销副总裁的领导下由各种营销职能专家构成。具体结构如图 10－2 所示。

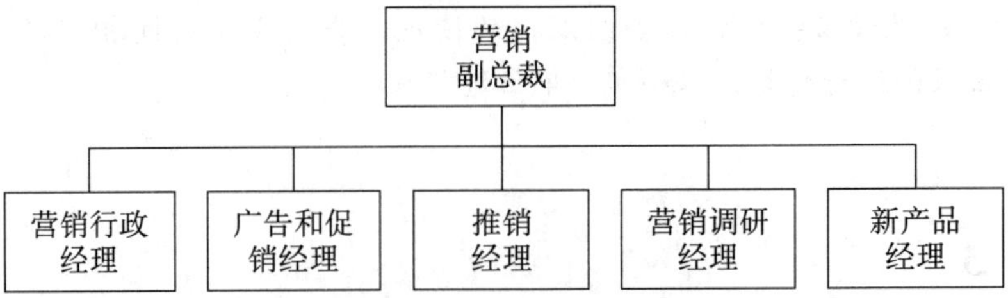

图 10－2　职能型组织结构图

该组织的主要优点是管理简单。但是，随着产品的增多和市场扩大，这种组织形式会暴露出很大的缺点。由于没有一个人对一项产品或一个市场负全部的责任，因而每项产品或每个市场制定的计划欠完整，有些产品或市场就很容易被忽略。另外，各个职能部门为了各自利益容易发生纠纷。

主要适用范围：产品比较单一、市场相对集中且规模不大的企业。

（二）地区型组织

在全国范围内组织营销的企业往往按地理区域组织其推销人员。例如，许多公司把中国内地分成华东、华南、华北、西南四大区域，每个区域设一区域经理，区域经理根据所管辖省市的销售情况再设若干地区销售经理，地区销售经理下再设若干地方销售经理或主任，每个地方经理或主任再领导几位销售代表。

这种模式明显增加了管理幅度。但在推销任务复杂，推销人员对利润影响很大的情况下，这种分层是很重要的。

主要适用范围：市场范围大且分散，运输成本突出以及客户服务需要迅速反应的企业。

（三）产品或品牌管理型组织

生产不同产品或品牌的公司往往需要设立产品或品牌管理型组织。这种组织并没有取代职能型管理组织，只不过是增加一个管理层次而已。其基本做法是，由一名产品主管经理领导，下设若干个产品大类（产品线）经理，产品大类（产品线）经理下再设几个具体产品经理。产品管理最初是由美国宝洁公司于1927年率先采用的。

该组织的优点：①可以协调其所负责产品的营销组合策略；②能及时反映产品在市场上出现的问题；③即使不太重要的产品也不会被忽视掉。

该组织的缺点：①需要同其他营销部门合作，容易造成部门冲突；②很难成为公司其他功能的专家；③管理成本往往比预计的高；④经理的流动导致该产品营销规划缺乏连续性，影响产品的长期竞争力。

主要适用范围：生产多种产品或拥有多个品牌的企业。

（四）市场管理型组织

当企业把一条产品线的各种产品向不同的市场进行营销时可采取这种组织模式。如生产电脑的企业可以把目标客户按不同的购买行为和产品偏好分成不同的用户类别，设立相应的市场管理型组织结构。具体结构如图 10－3 所示。

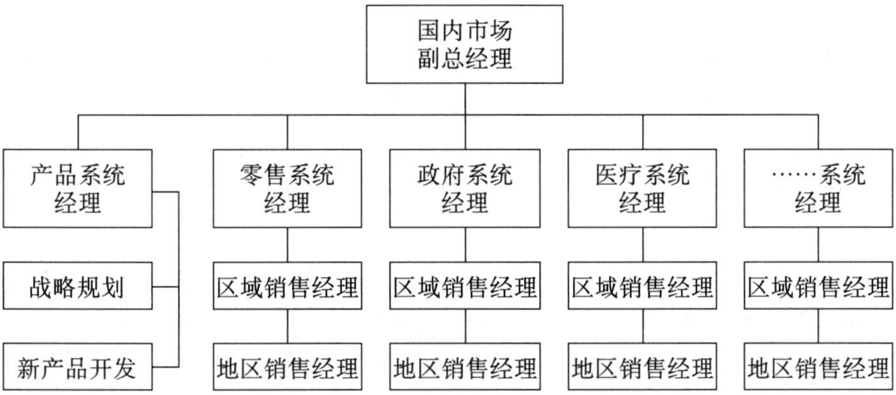

图 10－3 管理型组织结构图

市场管理型组织的优点在于，企业的市场营销活动是按照满足各类不同顾客的需求来组织和安排的，有利于企业加强销售和市场开拓。其缺点是存在权责不清和多头领导的矛盾。

主要适用范围：市场需求变化大、产品周期短的企业。在日益强调客户利益的今天，越来越多的企业采用市场管理型组织架构。

（五）产品—市场管理型组织

生产多种产品并向多个市场销售的企业，可以采用产品管理型，也可以采用市场管理型，还可以建立一种既有产品经理、又有市场经理的两维矩阵组织。

该组织结构管理费用太高，而且容易产生内部冲突。比如，各个产品在市场上的定价是由市场经理还是产品经理来决定？如何组织销售人员？是按人造丝、醋酸纤维等产品品种分别组织销售队伍，还是按男装、女装等市场来分别组建队伍？

主要适用范围：经营范围广、市场分散、规模大的企业。

二、现代营销组织设计的原则

现代营销组织设计的原则在于组织结构设计（静态设计）和组织运行制度设计（动态设计），不断优化组织结构来对应组织成长和持续提高组织绩效。在现实中，优秀的企业必须是一个适应变化、高效运行、不断追求完善的组织。

（一）组织结构设计的原则

1. 统分结合原则

企业管理需要统分结合，由于经营环境瞬息万变，这就要求子公司或营销分支机构与母公司或公司保持高度的一致，贵在“政令通达”；同时，又要求子公司或营销分支机构能够充分发挥其主动性和积极性，灵活处理内、外部环境变化带来的一系列问题，贵在“灵活主动”。

2. 精简、高效原则

企业内部在配备人员上，要坚持定任务、定机构、定岗位的原则，从节约人力成本和提高效率出发，以期实现人尽其人、物尽其用，杜绝“因职设事，因人设职”现象。

3. 责权利原则

在企业管理中应实现责任到人，义务和权利相结合，打破“干多干少一个样，干好干坏一个样”的大锅饭原则，用绩效制度来考核公司每一位员工，以达到责、权、利的平衡。

（二）组织运行制度设计的原则

1. 协调、沟通原则

为保证企业全局目标的实现，需要企业各个部门之间实现合理的纵向和横向沟通，需要企业各成员之间实现精良的团队合作。比如，营销部门需要把消费者的需求反馈到研发部门，与研发部门共同推进新产品的开发；营销部门需要与生产部门进行协调沟通，生产部门每月或每年的生产数量在多少既能满足市场需求又不积压库存；营销部门需要与行政部门协调沟通，行政部门需要为营销部门准备合适的办公用品。

2. 专业性原则

现代营销组织是企业营销活动的实施者，必须选拔既懂营销又懂管理知识的复合型人才从事公司重要岗位的工作。我们既不能把营销工作简单地看成是销售工作，也不能看成单纯的管理工作，我们需要把企业管理与企业营销技能有机地结合起来，通过专业性的工作来体现营销在现代组织中的重要性。

3. 服务性原则

现代营销组织是为消费者服务的，这主要表现在依据消费者需求研发产品，依据消费者购买习惯进行销售，依据消费者心理确保售后等。如：快餐巨头肯德基依据消费者口味，销售香辣鸡腿堡、奥尔良烤翅、蛋挞、芙蓉鲜蔬汤等食品；海尔集团强调售后服务，为消费者解除购买后的忧虑；宝洁公司按消费者需求的不同设计出柔顺、去屑、营养等多款洗发水。现代营销组织需要真正树立服务的理念，把每一项工作都做到位，这样才能体现营销工作在整个企业经营运作中的重要性。

任务实施

明确的组织及职责分工，是促销活动稳定有序进行的前提。“惊喜你自己”玉兰油非专柜促销活动有着精简的组织构架与明确的职责分工。

本次活动选取滋养霜、营养霜、洁面乳等六种产品做促销推介，买足98元玉兰油产品的顾客，凭电脑小票可获赠价值68元的伊泰莲娜项链。活动以POP广告、形象促销专用台、宣传手册和促销小姐统一黑色的OLAY服装为形式，以玉兰油高档、时尚的形象为表现主题。本次促销活动配备了严格完善的监控体系，主要有：区管及督导的日常巡店；报表体系；奖励计划。

通过缜密的策划准备与有力的贯彻执行，“惊喜你自己”玉兰油非专柜促销活动最终取得了满意的效果，玉兰油的全新形象也深植于消费者心中。

（资料来源：根据MBA智库百科“案例一：营销组织案例分析”改编）

学习任务 4
执行营销企划方案

任务抛锚

某家电制造有限责任公司曾发生过这样一起管理“事故”：三号车间有一台机器出了故障，经过技术科的工作人员检查，发现原来是一个配套的螺丝掉了，怎么也找不到，于是只好去重新购买。可是根据公司的内部规定必须先有技术工作人员填写采购申请，然后由上级审批，之后再经过采购部部长签字审批，才能够由采购员去采购。

可是，问题又出现了。市内好几家五金商店都没有那种螺丝，采购员又跑了几家大的商场，也没有买到。

几天很快就过去了，采购员还在寻找那种螺丝，可是工厂却因为机器不能够运转而停产。于是，公司的其他领导者不得不介入此事，认真打听事故的前因后果，并且想方设法地寻找修复的方法。

在这种“全民总动员”的情况下，技术科才拿出机器生产商的电话号码。采购员打电话问生产商哪里才有这种螺丝卖，对方却告诉他：“你们那个城市就有我们的分公司呀，你去那里看看，肯定会有的。”

后来打电话去分公司，半个小时后，那家分公司就派人送货来了，问题就此解决。可是之前寻找这种螺丝，就用了一个星期，而这一个星期公司已经损失了上百万元。

造成这么大的损失，问题出在哪里呢？

（资料来源：根据百度文库中的“营销执行力”改编）

任务解析

很快地，工厂又恢复了正常的生产经营。在当月的总结大会上，采购部部长将这件事情又重新提了出来，他说：“在这次事故中，我们很容易就能够看出，公司某些员工的责任心不强。从技术部提交采购申请，再经过各级审批，到最后采购员采购，这一切都没有错误，都符合公司要求，可是结果却造成这么大的损失，问题在哪里呢？竟然是因为技术科的工作人员没有写上机器生产商的联系方式，而其他各部门在工厂停工的状态下竟然也没有人过问。”

可见，公司的整体执行力对公司的发展是很重要的。可以说是从细微处见全局，不注意细节，执行力越强，错误越大。公司的每个职员的执行力要从每日的工作做起，沟通对执行力的影响非常重要。

知识储备

市场营销的执行是市场营销组织为达成营销目标，将营销企划方案变为具体营销活动的过程。

市场营销组织需要有执行力，这样营销企划方案才能付诸实施，从而有效避免盲目性与随意性，收获应有的营销绩效，实现企业目标任务。

一、市场营销的执行步骤

市场营销的执行步骤如图 10－4 所示。

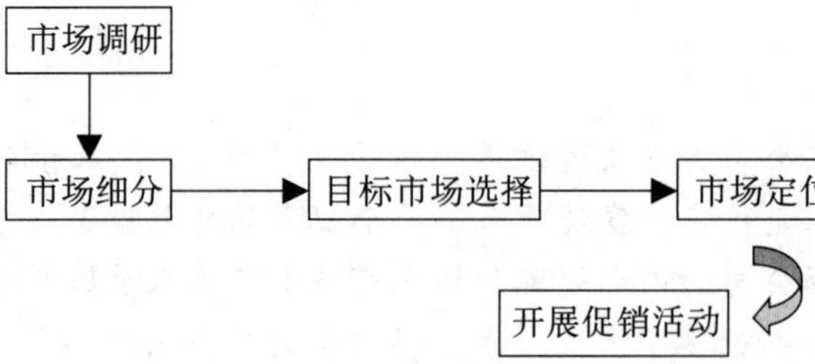

图 10－4　市场营销的执行步骤

（一）开展市场调研

市场调研员有针对性地确定调研问题，设计调研问卷，在市场调研中收集和整理调研资料，从中发现和评价市场机会，向管理层提交调研报告。

（二）进行市场细分

企业根据不同的消费者，确定产品价格，把企业产品市场从整体市场中进行一个区隔，使消费者购买需求、动机和行为的多元性和差异性得以划分出来，进而培育目标受众的忠诚度。

（三）选择目标市场

企业在进行目标市场选择时可从若干个细分市场中进行选择，选择与企业目标和资源一致的细分市场。如对奶制品市场进行调研，发现中国新生儿每年在 2000 万左右，且有递增趋势，因此确定奶粉市场存在市场销售潜力。某公司决定生产奶粉，在市场细分后考虑对目标市场进行选择，应该首选婴儿市场，构建婴儿奶粉销售渠道，因为婴儿对奶粉的需求量最大。

（四）进行市场定位

市场定位需要切合目标受众心理，使品牌成为某个产品类别或某种消费感觉的代表，进而获得消费者的认同。上述案例中目标市场选择为婴儿市场，如果此公司奶粉产品的质量与同类产品相比明显高出一筹，口感也不错，那么该公司可以考虑打造高端品牌，定位为高端婴儿奶粉市场。

（五）开展促销活动

促销是企业通过广告、人员推销、营业推广和公共关系来说服和影响消费者、促进购买行为的一种营销执行。在上述案例中我们产品定位为高端婴儿奶粉市场，那么广告的设计对象就要选择白领妈妈，播放时间定在20：00之后，播放频道选择中央电视台或省级电视台；人员推销可以考虑去大型企事业单位进行推销；营业推广可以考虑选择大型超市进行免费品尝活动；公共关系可以考虑举办宝宝运动会、准妈妈知识课堂等活动。

二、营销企划方案有效执行的保障

要想解决营销执行中的问题，提高营销企划方案的执行力，必须有制度、流程、权限及资源等作为保障，营销人员必须具备一定的执行能力。

（一）制度保障

1. 基础性管理制度

（1）绩效考核制度。将营销计划要达到的目标与营销人员的绩效考核联系起来，由此来规范营销人员的行为。围绕营销目标展开，促使计划落到实处。

（2）部门协作制度。围绕计划重点解决好各部门间的协作关系，在部门间确立合同关系，明确责权利。另外，也可以采取项目小组的形式，提高计划的运作效率。比如新产品开发业务，涉及市场、生产、技术、供应等部门，一方面要确立市场部在开发过程中的领导关系，另一方面可通过责任书的确认使其他部门都能按要求完成各环节的工作。

2. 职能性管理制度

重点是提高营销计划实施效率的管理制度，如营销推广管理制度、区域管理制度、渠道管理制度、销售业务管理制度等，这些制度一方面为销售人员提供了开展工作的规范，另一方面为衡量销售人员的工作成效提供了标准。另外，管理制度还影响着销售人员的思想意识和行为模式，其根本点都是围绕着营销计划的有效执行展开的。

（二）流程保障

一是围绕营销企划方案的关键业务，优化运作流程。关键业务流程优化甚至重组，对计划有效实施有重要作用。

二是通过重组业务流程，调整部门结构。一些关键业务流程如研发流程、推广流程、计划流程、订单处理流程等，其运作效率的高低反映了整个组织结构和部门职能是否合理。

（三）权限保障

1. 各部门业务职能的落实

营销计划有效执行很大程度上取决于各部门能否充分发挥各自的职能，计划实施一定要赋予各职能部门相应权限，否则将影响到执行效率。

2. 总部和分部间的权限分配

总部应强化专业方面的权限，而分部则应加强针对性方面的权限，使计划在执行中得以很好地整体配合。

3. 各项业务活动的权限分配

即对计划的业务内容进行合理分配，各职能部门明确对应的工作内容，主要是解决业务开展过程中的决策权限。

（四）资源保障

1. 为达成计划目标必需配备的各种资源

有些计划项目分配到的资源往往并不能保障计划的实现，而且有的企业在面对销量下滑的状况时，往往不能坚持按计划进行，而会把费用倾斜到能立即提升销量的项目上，比如渠道返利促销，但这只是一种短期行为，不会带来根本的帮助。

2. 对关键项目的资源保障

有的企业计划实施深度分销，但在区域市场只派驻了少量人员以致根本无法实现。因此，在计划实施中，一定要通过制度对关键项目进行确定，并结合绩效考核，通过政策加以保障。

三、营销人员应具备的执行能力

营销人员应具备的执行能力如图10－5所示。

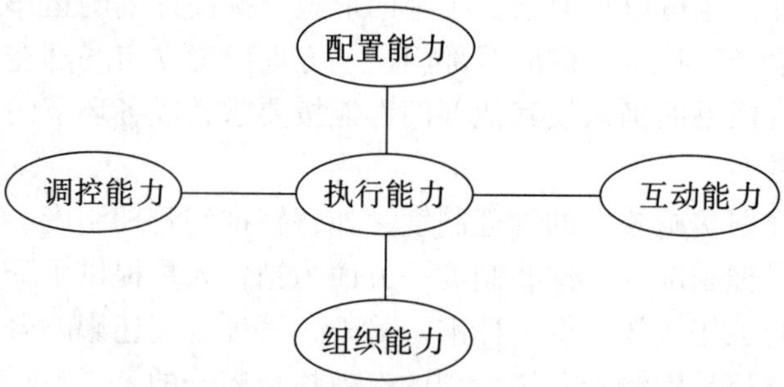

图10－5　营销人员应具备的执行能力

（一）配置能力

市场营销经理在方案、政策和职能三个层面上优化配置时间、资金和人员，在处理日常事务时具备团队管理能力。

（二）调控能力

市场营销组织建立和管理一个控制系统，对市场营销活动效果进行追踪。

（三）组织能力

市场营销人员为了有效地执行企划方案，能够灵活地运用各种方法，有效地协调和合理地组织各种力量，包括协调各部门关系的能力和善于用人的能力等。组织能力是一个人的知识、素质等基础条件的外在综合表现。

（四）互动能力

市场营销人员具备影响他人办好事情的能力。市场营销人员不仅必须有能力推动本企业的人员有效地执行既定的方案，还应该具备推动企业外的人或企业（如市场调查公司、广告公司、中间商、公关公司等）来实施本企业的战略，即使他们的目标与企业的目标有所不同。

实战演练

1. 背景资料：

××补肾药品招商阶段执行方案

目标说明：

经过第一阶段的品牌形象定位及市场预热，××补肾药品已经具有了相当的知名度，并产生了一定的消费购买。此阶段的主要任务是在全国范围内启动招商工作。

一、会前广告宣传

（一）电视广告：CCTV－10 中央台科教频道，20 秒每次。

（二）医学杂志：在《养身杂志》《养身文摘》上以养生保健为契机进行××补肾药品的相关报道。

（三）网络宣传：在新浪博客里与求医问药者沟通和交流。

二、现场布展招商

（一）产品的理念包装：

①简单解释消费者难以理解的“肾虚”概念，拉进同消费者的距离；

②以中药产品的温补作为主要诉求，抨击速效产品的毒副作用；

③中医经络学说与现代医学相结合的产品机理，推荐××补肾药品。

（二）产品形象包装：

产品手册、宣传册、终端海报、包装盒的设计。

（三）招商人员：

①组织专门的宣传小组，针对有条件有意向的经销商进行跟踪式接触。

②选拔有谈判经验的人员，研究经销商普遍心理和关注的问题，组成谈判小组，促进招商活动快速有效的实施。

（四）招商活动：

4 月 1 日厦门招商，使产品在经销商中产生初步印象，为以后招商活动打下基础。

8 月份呼和浩特招商作为重点，使产品招商在全国范围内展开。

三、招商合作模式

合作联盟：立足现有的销售渠道，建立各省、市级合作联盟。主要方式是签订正式委托书，负责产品的各地区招商、推广、终端维护、产品促销等具体市场经营活动。制定全国统一的价格体系，并签订目标责任书。

（资料来源：李毅，杨宗佩主编：《市场营销基础理论与实训》，武汉大学出版社2011年版）

2. 训练目标：认识企业营销执行中的关键性问题。

3. 训练内容：分析在市场营销执行中企业应该关注哪些问题。

4. 训练步骤：以项目小组为单位进行训练，步骤如下：

（1）小组集中讨论，每个人说出自己的想法，最后小组达成共识；

（2）每个小组选一名代表向全班同学汇报讨论情况。

5. 实训成果：提交Word文档形式的案例分析报告。

6. 成果考核：根据各小组汇报的情况，先由小组之间相互提问，进行辩论，最后由教师进行总结，以小组为单位进行考核。

学习任务5
控制市场营销过程

任务抛锚

我们看看本田雅阁的“饥饿销售法”。雅阁的细分市场是国内轿车市场竞争最不充分的中高档轿车市场。雅阁的制定目标和产品定位也非常准确。垂直换代的最新款式产品和雅阁已经在国内形成的口碑，使其产品毋庸置疑。而比上一代直降几万元的价格更使其成为2003年中高档轿车的价格标杆。雅阁最早在国内推广的4S专卖店使其销售通路极具优势。垂直换代并大举降价的行为让媒体和消费者成为其免费的推广工具。因此，无论是从战略上，还是从战术上，本田雅阁“饥饿销售法”都是成功的营销策划。

然而在行销的过程中，本田雅阁却出现了加价销售。广汽本田公司（以下简称“广本”）针对雅阁出现的加价销售，曾多次在媒体上公开表示，绝对不允许雅阁的4S品牌专卖店进行加价销售，一旦发现有4S品牌专卖店存在加价销售现象，将对其进行严惩。而事实上，只有少数消费者按照厂家制定的销售价格买到了雅阁轿车，更多的消费者面对的是4S品牌专卖店有价无车的尴尬局面。与雅阁4S品牌专卖店无车可卖形成鲜明对比的是，在车贩子的车库里却存满了“待价而沽”、等待消费者来挨宰的雅阁轿车。根据雅阁的销售渠道，这些车贩子是拿不到雅阁轿车的。显然，雅阁的销售渠道或者说通路出现了问题；显然，“饥饿营销法”的营销策划在执行中走样了，而更关键的是，广本的营销控制失控了，没有对营销执行过程进行很好的监控和评估，并根据评估结果采取避免加价销售的有力措施。所以，加价销售成为本田雅阁失败的营销执行和控制案例。

为什么说本田雅阁的营销执行和营销控制是失败的？

（资料来源：根据人民网－中国汽车报－市场专刊的“失败的营销执行与营销控制”改编）

任务解析

“饥饿营销法”在短时间内使本田品牌知名度迅速提高，并节省了大笔的推广费用。然而，由于营销控制的失败，加价销售使广本不仅失去了“饥饿营销法”这一成功的营销策划所能带来的利益最大化，反而给广本带来了极大的副作用：其一，广本的品牌美誉度大幅度下降；其二，加价销售使很多广本经销商把自己当成了上帝，而消费者成了乞丐，广本经销商几乎成了“黑心”经销商的代名词，这为广本以后产品的通道带来了极大的隐患；其三，在使广大消费者受到伤害的同时，消费者对广本品牌的忠诚度大打折扣，这些最早富裕起来的、最具购买力的消费者在被宰之后，在市场竞争充分以后，还有多少会成为广本忠诚的客户?！而忠诚客户是制造商和经销商最大的财富。

当然，上述分析都是基于广本“饥饿营销法”策划的初衷并不希望出现加价销售和广本对加价销售公开的表态。

假设广本“饥饿营销法”策划的初衷就是要加价销售，那我们就应该说，不仅广本“饥饿营销法”的策划是“成功”的营销策划，而且加价销售更是“成功”的营销执行和营销控制，广本的整个营销管理更是非常“成功”。作为当事者，广本和经销商公开的表态是绝对不支持这种假设的。但是，作为局外人，现实却使更多的消费者相信这种假设更真实，毕竟本田的营销管理不至于如此失败。最终的答案也许只有当事者心知肚明了。

知识储备

一、市场营销控制概述

市场营销控制，是企业将营销执行情况及其结果与企划方案进行比较，通过发现差异并进行改进以保证企划方案实现的过程。营销控制涉及营销工作的诸多方面，如计划、广告、销售人员、营销环境、目标市场、营销预算等。营销控制的内容主要包括年度计划控制、盈利能力控制、效率控制以及战略控制等不同类型，具体见表 10－2。

表 10－2 营销控制的不同类型

控制类型	控制目的	控制方法	控制责任人
年度计划控制	保证年度目标实现	销售分析、市场占有率分析、营销费用与销售收入比率分析、财务分析以及顾客态度追踪分析	高级管理人员、中级管理人员
盈利能力控制	检查、控制企业营销成本与盈利状况	营销成本分析、盈利能力分析	营销财会、审计人员
效率控制	检查、控制企业营销开支的效率效果	销售人员效率控制、广告效率控制、促销效率控制、分销效率控制	各营销相关部门管理人员以及营销财会、审计人员
战略控制	保证企业营销整体战略目标与规划的实现	营销审计、营销效益等级考评等	高级管理人员，营销审计人员

二、年度计划控制

年度计划控制是指营销人员随时检查营业绩效与年度计划的差异，同时在必要时采取修正行动。

年度计划控制过程分为四个步骤，如图10－6所示。

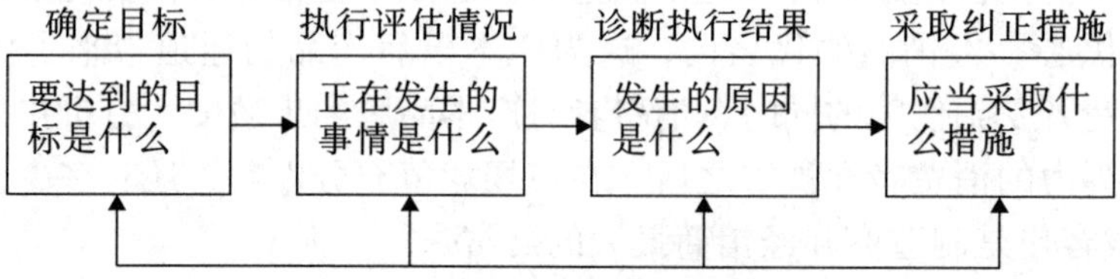

图10－6　年度计划控制过程

（1）管理者要确定年度计划中的月份目标或季度目标；

（2）管理者要监督营销计划的实施情况；

（3）如果营销计划在实施中有较大的偏差，则要去找出发生的原因；

（4）采取必要的补救或调整措施，以缩小计划与实际之间的差距。发现问题，则应在计划实施过程中查找原因，并加以纠正。

三、盈利能力控制

市场营销盈利能力控制，是用来测定不同产品、不同销售区域、不同顾客群体、不同销售渠道以及不同促销策略对企业盈利程度的影响。管理人员可以凭借盈利能力管控所提供的信息，及时调整和优化营销策略，使之更科学地为企业服务。

（一）营销成本分析

营销成本的高低直接影响企业的盈利能力，企业必须严格控制营销成本。企业的营销成本主要由直接推销费用、促销费用、储运费用以及其他营销费用构成。

（二）盈利能力分析

利润是企业营销活动最重要的目标，企业必须特别重视盈利能力分析。企业盈利能力分析的主要指标为销售利润率、资产收益率、净资产收益率以及资产管理效率等。

四、效率控制

效率控制是指企业不断寻求更有效的方法来管理销售队伍、广告、促销和分销等绩效不佳的营销实体活动。效率控制的内容主要包括四个方面：销售人员效率控制、广告效率控制、促销效率控制和分销效率控制。

五、战略控制

战略控制主要是指在企业经营战略的实施过程中，检查企业为达到目标所进行的各项活动的进展情况，评价实施企业战略后的企业绩效，把它与既定的战略目标与绩效标准相比较，发现战略差距，分析产生偏差的原因，纠正偏差，使企业战略的实施更好地与企业当前所处的内外环境、企业目标协调一致，使企业战略得以实现。

实战演练

1. 背景资料：本任务的“任务抛锚”中的案例。
2. 训练目标：把握营销控制的关键性问题。
3. 训练内容：分析上述案例中营销控制方面存在的问题及正确的控制方法。
4. 训练步骤：以项目小组为单位进行训练，步骤如下：
（1）以小组讨论的方式分析存在的问题及正确的做法；
（2）小组统一意见，形成分析报告；
（3）以小组为单位，以 PPT 形式汇报。
5. 实训成果：以 Word 文档形式提交案例分析报告。
6. 成果考核：根据各小组汇报的情况及案例分析报告进行考核。

参考文献

1. （美）菲利普·科特勒等著，何志毅等译：《市场营销原理（亚洲版）》，机械工业出版社2006年版。

2. （美）佩罗特等著，胡修浩译：《基础营销学（第15版）》，上海人民出版社2006年版。

3. 屈冠银编著：《市场营销理论与实训教程（第3版）》，机械工业出版社2013年版。

4. 兰炜主编：《市场营销理论与实务》，首都经济贸易大学出版社2010年版。

5. 毕甫清主编：《市场营销学》，中国轻工业出版社2007年版。

6. 闫丽霞、张振江编：《现代市场营销学教程》，中国电力出版社2011年版。

7. 黄海力、朱翠红著：《市场营销》，经济科学出版社2010年版。

8. 钟旭东著：《市场营销学：现代的观点》，格致出版社2012年版。

9. 李海琼编著：《市场营销实训教程》，清华大学出版社2005年版。

10. 逯宇铎、叶娇主编：《国际市场营销学》，格致出版社2012年版。

11. 何永祺、张传忠、蔡新春编著：《市场营销学（第四版）》，东北财经大学出版社2011年版。

12. 吴健安等编著：《现代推销学（第三版）》，东北财经大学出版社2011年版。

13. 许以洪、刘玉芳主编：《市场营销学（第2版）》，机械工业出版社2012年版。

14. 易开刚主编：《现代营销策划学》，上海财经大学出版社2011年版。

15. 钱旭湖、王龙编著：《市场营销管理：需求的创造与传递（第3版）》，机械工业出版社2013年版。

16. 李克劳、李严锋主编：《营销渠道管理》，武汉大学出版社2011年版。

17. 吕一林、王俊杰编著：《市场营销学教程（第五版）》，中国人民大学出版社2013年版。

18. 张晓、王丽丽主编：《市场营销策划：理论、实务、案例、实训》，东北财经大学出版社2012年版。

19. 梅清豪、陆军编著：《市场营销学原理》，电子工业出版社2006年版。

20. 徐汉文、袁玉玲主编：《市场营销策划》，清华大学出版社2011年版。

21. 胡介埙编著：《市场营销调研》，东北财经大学出版社2008年版。

22. 高徽、冯花兰编著：《市场调查与预测》，首都经济贸易大学出版社2008年版。

23. 甘碧群主编：《市场营销学》，武汉大学出版社2012年版。

24. 罗绍明主编：《市场营销实训指导》，机械工业出版社2009年版。

25. 兰苓主编:《市场营销学》,机械工业出版社 2008 年版。
26. 杨毅玲主编:《市场营销策划实务》,电子工业出版社 2013 年版。
27. 范莉莎主编:《市场营销基础》,北京邮电大学出版社 2007 年版。
28. 车慈慧主编:《市场营销》,北京师范大学出版社 2012 年版。
29. 赵轶编著:《市场营销》,清华大学出版社 2011 年版。
30. 彭石普编著:《市场营销理论与实训》,北京师范大学出版社 2011 年版。
31. 胡德华等著:《市场营销原理与实务》,清华大学出版社 2011 年版。
32. 许以洪、熊艳主编:《市场调查与预测》,机械工业出版社 2010 年版。
33. 李晴主编:《消费者行为学》,重庆大学出版社 2009 年版。
34. 薛长青主编:《市场营销实务》,北京大学出版社 2009 年版。
35. 高中玖、赵欣然主编:《市场营销学》,北京大学出版社 2009 年版。
36. 黎开莉、徐大佑主编:《市场营销学》,东北财经大学出版社 2009 年版。
37. 陈晓慧主编:《市场预测与决策》,武汉理工大学出版社 2008 年版。
38. 杨勇主编:《市场营销学实务教程》,中国财富出版社 2018 年版。
39. 陈宏威、周鹏义、刘燕等主编:《市场营销理论与实务(第二版)》,清华大学出版社 2017 年版。
40. 陈子清主编:《市场营销理论与实务》,上海财经大学出版社 2018 年版。
41. 何静、孔韬、王林主编:《市场营销理论与实务》,中山大学出版社 2018 年版。
42. 郭国庆主编:《市场营销学通论(第 7 版)》,中国人民大学出版社 2017 年版。